민법총칙

민법총칙

윤일구 지음

머리말

대학에서 민법을 강의한 지 15년이 지났다. 강단에서 항상 했던 고민 중 하나는 어떻게 하면 민법을 처음 수강하는 학생들에게 민법의 기본이론을 이해하기 쉽게 전달할 수 있을까? 하는 것이었다. 이에 몇 권의 책을 서술했는데, 2012년 출간했던 『민법 입문』에 대한 개정 필요성이 생겼고 드디어 『민법총칙』이라는 서명으로 세상에 빛을 보게 되었다.

항상 느끼는 것이지만, 저자의 능력 부족과 방대한 민법의 어려운 이론 앞에 너무 무모한 행동이지 않았을까? 하는 걱정이 앞서지만, 이 책을 통해서 학생들이 민법을 이해하고 그 위에 새로운 지식을 축적하는 데 조금이나마 도움이 된다면 저자에게는 큰 기쁨이 될 것으로 생각한다.

사회 구성원으로서 살아가는 우리는 다른 사람과 항상 분쟁의 상황에 놓일 수 있다. 이러한 분쟁을 해결하기 위한 하나의 기준으로서 민법이 존재하는데, 민법은 독일식 구성방법에 따라 재산법과 가족법 앞에 민법총칙을 두고 있다. 이러한 편별법은 법학을 간결하고 집약적인 구성을 가능하게 하나 민법을 처음 접한 학생들에게는 이해하기 어렵고 더 나아가 법학에 대한 흥미까지 잃게 하는 결과로 나아갈 수 있다. 따라서 저자도 이러한 인식을 하고 가능하면 쉽고 실생활에서 발생하는 사례를 들어 이해도를 높이려고 노력하였다. 또한, 너무나 이론

적인 학설의 대립은 간단하게 정리하거나 과감하게 배제하였다. 그리고 민법 공부는 성문법 규의 해석이 가장 기본이 되기 때문에 가능하면 관련된 곳에 민법의 조문을 기재하여 이해를 돕도록 하였다.

학자의 길을 가면서 부족한 제자이지만 스승님의 은혜는 항상 마음에 새기면서 살고 있는데, 좋은 글을 쓰기 위해서는 "많이 읽고(多讀), 많이 쓰고(多作), 많이 생각하라(多商量)"라는 구양수의 말을 자주 인용하셨던 은사님을 생각하며, 이 책이 발간될 수 있도록 항상 보살펴 주신 하나님의 은혜에 감사드리며, 책의 원고를 준비하느라 함께 시간을 보내주지 못한 콩이에게 미안한 마음을 전한다. 또한, 이 책의 출판을 흔쾌히 수락해 주신 한국학술정보 관계자님께 깊은 감사의 말씀을 전하며, 이 책이 민법을 처음 접하는 모든 학생에게 작은 도움이나마 될 수 있기를 기대해본다.

2023.9.30.

윤일구

목차

제2부 | 본론

제1부

총론(總論)

제1장
민법(民法)

제1절 법이란 무엇인가?

사람은 사회를 떠나서 살 수 없는 존재이다. 따라서 대부분 일정한 공동체에서 만족을 느끼며 삶을 영위한다. 하지만 이러한 공동체에서 부족한 재화와 사람들의 이기심에 의해 다른 사람과 분쟁이 발생할 가능성은 언제든지 존재한다. 만약 이러한 분쟁을 슬기롭게 해결하지 못한다면, 그 공동체는 분열되고 결국 무너지게 될 것이다. 따라서 사람은 이러한 분쟁을 해결하기 위해 다양한 방법을 모색해 왔는데, 그러한 역할은 법, 도덕, 관습, 종교[1] 등이 담당하고 있다. 하지만 법과 다른 분쟁의 해결 방법이 다른 점은 바로 강제력(强制力)이 있다는 것이다.

제2절 민법

민법은 문자 그대로 사람의 법 내지 시민의 법[2]이라고 할 수 있다. 따라서 민법이란 사회를 구성하는 사람들의 분쟁을 해결하기 위한 법이라고 할 수 있을 것이다. 물론 현대사회에서는 민법 이외에 다양한 법이 존재하는데, 이들과의 구별을 위해 민법의 특징을 살펴보면 다음과 같다.

---

1 이슬람 국가에서는 종교의 교리가 법으로 승격되는 경우가 많다. 예컨대 우리 민법은 중혼을 금지(§810)하지만, 다수의 이슬람 국가에서는 Koran에 근거하여 일부다처제를 허용하고 있다.
2 세계 3대 법전으로 알려진 유스티니아누스 황제의 로마법(4권의 책)은 주로 사법(私法)을 그 내용으로 하는데, 후세 프랑스 법학자인 고토프레두스가 1583년에 이를 한 권의 책으로 묶어 「시민법대전(Corpus Iuris Civilis)」이라는 서명으로 발행했다.

I. 민법은 사법(私法)

로마 시대 이래로 법을 사법과 공법(公法)으로 나누는데,[3] 민법은 수평적인 관계에 있는 사람들의 생활 관계를 규율하는 법으로서 사법으로 분류된다. 예컨대 편의점에서 음료를 구입하는 경우, 민법상 매매계약이 성립하는데,[4] 이러한 법률관계를 규율하는 것이 사법이다. 반면 타인의 물건을 훔친 경우, 절도죄가 성립하여 국가가 형벌권을 행사하는데, 이러한 관계는 수직적인 관계라고 할 수 있을 것이며, 이를 규율하는 형법(刑法)은 공법으로 분류된다.

II. 민법은 실체법(實體法)

민법은 일정한 법률관계가 형성되면 당사자 간에 권리와 의무가 발생하는 것을 규정하고 있는데, 이처럼 권리와 의무를 규정한 법을 실체법이라고 한다. 반면 실체법에서 규정한 권리가 침해되거나 의무가 이행되지 않았을 경우 이를 구제할 방법을 마련해 놓고 있는 법이 있는데, 이를 절차법(節次法)이라고 한다. 예컨대 매매계약이 체결되면, 매도인은 재산권을 이전하고 매수인은 매매대금을 지급해야 할 의무를 부담하게 되는데, 만약 매도인이 약정한 재산권을 이전하지 않는다면 매수인의 권리는 침해당할 것이며, 이를 구제받기 위해 법원에 소를 제기해야 하는데, 이러한 방법을 마련하고 있는 민사소송법이나 강제집행법이 바로 절차법이다.

III. 민법은 일반법(一般法)

우리 법에는 어떤 사안에 관하여 특별법이 있으면 그 특별법이 우선 적용되고 특별법이 없는 경우에 한하여 일반법이 적용된다는 "특별법 우선의 원칙"이 있다. 보통 민법의 특별법으로 상법이 거론되는데, 상법은 사법의 일종이지만 상인들의 이윤추구 및 거래의 신속성 등과 같은 특성이 있으므로 민법과 다른 점이 있다. 따라서 어떤 법률관계에 민법과 상법의 적용이 문제가 되면, 특별법인 상법이 우선하게 된다. 주의할 점은 이러한 관계는 상대적이라는 점이다.[5]

---

3 근래에는 사법과 공법의 성질을 모두 갖는 노동법과 같은 사회법(社會法)도 등장하였다.

4 §563[매매의 의의] 매매는 당사자 일방이 재산권을 상대방에게 이전할 것을 약정하고 상대방이 그 대금을 지급할 것을 약정함으로써 그 효력이 생긴다.

5 소멸시효와 관련하여 민법(§163 3호)이 상법(§64)보다 특별법이 되는 경우도 있다.

제2장

민법의 법원(法源)

제1절 법원의 의의

법원이란 법의 존재형식 또는 발현형태라고 한다. 즉 법률문제가 발생했을 때, 이에 적용할 법을 찾아야 하는데, 법이 일정한 재료에 문자로 기록되어 있다면 성문법(成文法)이라 하고 그러한 형태로 존재하지 않는다면 불문법(不文法)이라 한다.

성문법의 법원으로는 헌법, 법률, 명령, 대법원규칙, 조약, 자치법규(조례와 규칙)가 있는데, 여기서 민사와 관련된 규정들은 모두 민법의 법원이 된다. 그리고 불문법의 법원으로는 관습법, 판례법, 조리 등이 있다.

이와 관련하여 민법 제1조는 "민사에 관하여 법률에 규정이 없으면 관습법에 의하고 관습법이 없으면 조리에 의한다."라고 하여 법원에 관한 규정을 두고 있다. 즉 이에 따르면, 우리 민법은 성문법주의를 원칙으로 하고 예외적으로 불문법의 법원을 인정하고 있다.

제2절 불문법의 요소

I. 관습법

민법 제1조는 성문법 우선의 원칙을 취하면서 보충적으로 불문법의 요소인 관습법과 조리를 인정한다. 여기서 관습법이란 사회에서 상당 기간 계속되어 온 관행으로 사회구성원들이 이러한 관행을 법이라고까지 생각하는 것을 말하며, 이러한 사회구성원들의 법적 확신은 법원의 판결로 확인이 된다고 하겠다. 물론 위와 같은 관행은 법적 보호 가치가 있는 것에 국한될 것이다.

성문법의 경우, 일단 발효되면 개정 내지 실효 전까지 그 유효성이 유지된다. 하지만 사회는 부단히 계속 변화 및 발전하기 때문에 성문법은 이를 따라가기 힘들게 되며, 결국 법으로서 생명력을 서서히 잃게 되는데, 이러한 관습법은 어느 정도 법과 현실의 괴리를 메우는 역할을 하게 된다. 그렇다면 관습법이 성문법을 개폐할 수 있는가? 이에 대해 판례는 "관습법은 법원으로서 법령에 저촉되지 아니하는 한 법칙으로서 효력이 있는 것"이라고 하여 보충적 효력설을 취하고 있다.[6]

물권법에서 인정하는 명인방법, 분묘기지권 또는 동산의 양도담보와 같은 제도는 관습법에 그 기원을 두고 있다고 할 것이다.

II. 조리

조리(條理)란 사물의 본성 내지 사물의 이치를 뜻한다. 이는 불문법주의 국가에서는 하나의 법원이 되는데, 우리 민법 제1조에서도 이를 법원으로 인정하고 있다. 통상 분쟁이 발생하면 당사자는 법원에 재판을 청구하고 법관은 이에 대한 판결을 내려야 하는데, 법률이나 관습법에 근거가 없다면 결국 이러한 조리, 즉 법질서 전체의 관점에 비추어 가장 적합하다고 생각하는 결론을 내리게 될 것이다.

---

6   대판(전합) 2005.7.21. 2002다1178.

제3장

민법전의 성립과 구성

제1절 민법전의 성립

현행 우리의 민법전은 1958년 2월 22일 법률 제471호로 공포되고 1960년 1월 1일부터 시행되었다. 그렇다면 민법전의 제정 이전에는 어떤 법으로 개인들의 생활 관계가 규율되었을까? 얼핏 생각하면 조선 시대의 법이 일제강점기, 미 군정기를 거쳐 현재에 이르렀다고 판단할 수 있지만, 그렇지 않다. 엄밀히 말하면 현행민법전의 기초는 일본 민법이 우리나라에 적용된 이른바 구민법이다.[7] 즉 1910년 경술국치 후 일본은 우리나라에 시행할 법령과 관련하여 1912년 3월 18일 제령 제7호로 조선민사령(朝鮮民事令)을 제정하였고, 이에 따라 일본의 민법전 등이 의용되게 되었다. 하지만 주의할 점은 구민법은 순수한 일본의 것이 아니라는 것이며, 일본 역시 유럽의 근대민법전을 계수(繼受)하였다. 즉 일본 민법은 프랑스 민법, 독일 민법, 스위스 민법을 바탕으로 제정되었다. 이런 까닭에 우리 민법전은 외국법을 받아들인 계수법이라고 하겠다.

제2절 민법전의 개정

제정법 즉 성문법의 단점은 변화하는 사회에 신속한 대응이 어렵다는 것이다. 결국, 민법전의 규정이 현실의 간극을 메우기 위해서는 개정(改正)이라는 방법을 따라야 한다. 1960년 1월

---

7 의용민법(依用民法)으로도 불린다.

1일부터 시행된 우리 민법도 이러한 이유로 여러 차례의 개정이 있었다. 민법은 크게 재산법 영역과 가족법 영역으로 양분되는데, 지금까지의 개정은 주로 가족법 영역에 편중되어 있었다. 그 이유로는 양성평등이나 가족관계에서도 합리성이 존중됨에 따라 많은 개정의 필요성이 있었기 때문이다. 이하에서는 대표적인 개정 몇 가지만 살펴본다.

Ⅰ. 제7차 개정(1991.1.1. 시행)

1. 친족

(1) 친족의 범위(§777)와 관련하여, 혈족의 경우 부계와 모계의 구분 없이 8촌 이내로 조정하였다.

(2) 법정친자 관계로서 계모자(繼母者) 관계(§773)와 적모서자(嫡母庶子) 관계(§774)를 폐지하였다.

(3) 부부의 일방이 사망한 경우 생존 배우자가 재혼한 때에는 인척 관계가 종료되는 것으로 하였다(§775②).

2. 혼인

(1) 약혼의 해제 사유(§804)와 관련하여, 폐병을 삭제하고 불치의 정신병을 추가하였으며, 약혼 후 2년 이상의 생사불명을 1년으로 단축하였다.

(2) 부부의 동거 장소를 부(夫)의 주소나 거소에서 부부의 협의에 따라 정하도록 하고, 협의가 이루어지지 않으면 당사자의 청구에 따라 가정법원이 정하도록 하였다(§826②).

(3) 부부의 공동생활비용에 관하여 당사자 간에 약정이 없으면 부(夫)가 부담한 것을 부부의 공동부담으로 하였다(§833).

3. 이혼

(1) 협의이혼 후 자를 직접 양육하지 않는 부모 중 일방은 면접교섭권을 갖도록 하고(§837의 2), 그 규정을 재판상 이혼에도 준용하도록 하였다(§843).

(2) 협의이혼의 경우, 이혼배우자에게 재산분할청구권에 관한 규정을 신설하고(§839의 2), 이를 재판상 이혼에도 준용하도록 하였다(§843).

4. 입양

(1) 미성년자의 입양에 관하여 부모 또는 다른 직계존속이 없는 경우 후견인의 동의를 얻어야 하는데, 이 경우 가정법원의 허가를 받도록 하였다(§871).

(2) 배우자 있는 자가 입양을 할 때 배우자와 공동으로 하도록 하였으며, 배우자 있는 자가 양자가 될 때에는 다른 일방의 동의를 얻도록 하였다(§874).

(3) 사후양자(死後養子) 제도(§867), 서양자(婿養子) 제도(§876), 유언양자 제도(§880)를 폐지하였다.

5. 친권 및 후견

(1) 부모가 공동으로 친권을 행사하는 중 의견이 일치하지 않으면 부(父)가 행사하도록 한 것을 당사자의 청구에 의하여 가정법원이 정하도록 하였다(§909②).

(2) 기혼여자가 미성년자이거나 금치산 또는 한정치산의 선고를 받은 경우에 배우자 등이 후견인이 되도록 한 것을 기혼자가 금치산 또는 한정치산의 선고를 받은 때에는 배우자가 후견인이 되도록 개정하였다(§934).

6. 상속

(1) 상속인의 범위를 피상속인의 8촌 이내의 방계혈족에서 4촌 이내의 방계혈족으로 축소하였다(§1000①).

(2) 처가 사망한 경우(개정 전 §1002)와 부가 사망한 경우(개정 전 §1003), 상속방법이 상이한 것을 동일하게 변경하였다. 즉 배우자의 일방이 사망한 경우 직계비속 또는 직계존속이 있는 때에는 그 상속인과 공동상속인이 되고, 그 상속인이 없는 경우에는 단독상속인이 된다(§1003).

(3) 직계혈족 중 호주상속인이 있는 경우 그 상속분의 5할을 가산한 것을 직계비속 사이의 상속분 차등을 없애고 균등하게 상속하도록 하였다(§1009①).

(4) 기여분(寄與分)제도를 신설하였다(§1008의 2).

(5) 특별연고자(特別緣故者)에 대한 분여제도를 신설하였다(§1057의 2).

II. 제11차 개정(2002.1.14. 시행)

1. 상속회복청구권은 그 침해를 안 날로부터 3년, 상속개시일로부터 10년이 경과하면 소멸하였지만, 헌법재판소의 위헌결정[8]에 따라 그 침해를 안 날로부터 3년, 상속권의 침해행위가 있는 날부터 10년을 경과하면 소멸하도록 개정하였다(§999②).

2. 상속인이 상속채무가 상속재산을 초과하는 사실을 중대한 과실 없이 상속개시일부터 3월의 기간 내에 알지 못하고 단순승인을 한 경우에는 그 사실을 안 날로부터 3월 내에 한정승인을 할 수 있도록 하였다(§1019③).

III. 제12차 개정(2005.3.31. 시행)

1. 호주(戶主)에 관한 규정을 삭제했으며, 이에 따라 가족의 범위에 관한 규정도 새롭게 변경하였다(§779).

2. 자(子)는 부의 성과 본을 따르도록 한 규정을 원칙적으로 자는 부의 성과 본을 따르되 혼인신고 시 부모의 협의에 따라 모의 성과 본을 따를 수 있도록 하였다(§781①).

3. 동성동본 불혼 제도를 폐지하고 근친혼 제한의 범위를 조정하였다(§809).

4. 여성의 재혼금지기간을 폐지하였다(§811).

5. 종래 친생부인의 소는 부(夫)만이 제기할 수 있고 제소 기간도 출생을 안 날로부터 1년 내로 제한하였으나, 부인권자를 부부로 변경하고(§846) 제소 기간도 친생부인 사유를 안 날부터 2년 내로 변경하였다(§847①).

6. 친양자제도를 신설하였다(§908의 2~§908의 8).

IV. 제18차 개정(2013.7.1. 시행)

1. 기존 20세였던 미성년자의 연령을 19세로 하향 조정하였다(§4).

2. 행위무능력자에 대한 제도를 전반적으로 개정하였다. 즉 금치산자, 한정치산자, 무능력

---

8 헌법재판소는 동 규정에 대해 "진정상속인이 상속재산을 침해한 참칭상속인을 상대로 그 침해재산의 회복을 구하는 상속회복청구권에 대하여 '상속개시일부터 10년'이라는 단기의 행사 기간을 정한 것은 상속회복청구권이 원래 진정한 상속인의 권리를 심히 제한하여 오히려 참칭상속인을 보호하는 것을 가능하게 하므로 상속인의 재산권, 행복추구권 등을 침해하고 평등의 원칙에 위배된다."라는 이유로 위헌결정을 하였다(헌재 2001.7.19. 99헌바9 등).

자의 용어를 피성년후견인, 피한정후견인, 제한능력자로 변경하였으며, 제한능력자의 법률행위에 대한 효과도 변경하였다(§9~§14, §15).

3. 성년후견제도의 새로운 유형으로 특정후견제도를 도입하였다(§14의 2).

4. 새로운 성년후견제도의 도입에 따른 후견인에 관한 규정을 대폭 개정하였다. 예컨대 1 인에 한하였던 성년후견인의 수를 여러 명을 둘 수 있는 것으로 하고 법인(法人)도 후견 인이 될 수 있도록 하였다(§930②③).

5. 성년후견인의 선임과 관련하여, 기존의 법정후견인 제도 대신 가정법원에 의한 선임후 견인제도를 도입하였다(§936).

6. 후견인의 감독기관인 친족회(親族會)를 폐지하고 후견감독인제도를 도입하였다(§940의 2~§940의 7).

7. 법정성년후견제도와 함께 임의후견에 관한 후견 계약을 새롭게 도입하였다(§959의 14~§ 959의 20).

제3절 민법전의 구성과 내용

Ⅰ. 민법전의 구성

민법은 개인들의 다양하고 복잡한 생활 관계를 규율하고 있다. 그러므로 민법은 이러한 규정들을 일정한 형식에 따라 구성하고 정리할 필요가 있는데, 이를 민법전의 구성 내지 편별(編別)이라고 한다. 이러한 편별법에는 다음과 같은 두 가지가 있다.

1. 로마식 구성(Institutiones식 편별법)

민법전을 사람에 관한 인법(人法), 물건에 관한 물법(物法), 그리고 소권(訴權)에 관한 법으로 나누는 것을 로마식 구성이라고 한다. 이를 Institutiones식이라고 하는 것은 6세기 중엽 동로마 황제인 유스티니아누스에 의해 편찬된 로마법대전을 구성했던 법학제요[9]가 이러한 구성

---

9 법학제요(Institutiones)는 오늘날로 보면, 법학개론과 같은 책으로 당시 법학에 입문하는 학생들의 교육서로 사용이 되었다.

방식을 취하고 있었기 때문이다.

근대민법 중 이러한 구성을 취하고 있는 것은 프랑스 민법전(1804년)으로 제1권은 인(人)에 관한 법으로 자연인에 관한 법과 친족법을 내용으로 하고 있으며, 제2권은 물권법에 관한 내용을, 제3권은 채권법과 상속법을 내용으로 하고 있다.

2. 독일식 구성(Pandekten식 편별법)

로마식 구성과 구별되는 편별법으로 독일식 구성이 있는데, 이 구성법의 특징은 각칙(各則) 앞에 총칙(總則)을 둔다는 점이다. 우리 민법은 독일식 구성에 따르는데, 총칙을 맨 앞에 위치시키고 다음으로 물권법, 채권법, 친족법, 상속법 순으로 규정하고 있다. 이와 같은 편별법은 총칙 편에 각칙에서 언급되는 일반적이고 기초적인 개념을 망라하여 규정함으로써 동일한 내용을 중복하여 규정할 필요가 없다는 장점이 있는 반면, 그만큼 총칙에 규정되는 내용은 일반적이고 추상화되어서 초학자가 이해하기 어렵다는 단점도 있다.

II. 민법전의 내용

민법은 개인들의 생활 관계를 규율하는 법으로 사회생활에서 반드시 필요한 재화에 관한 법과 부부를 기본단위로 하여 이루어지는 혈연공동체에 관한 법으로 크게 나누어볼 수 있다.

우리 민법은 독일식 구성을 따르고 있으며, 총 5편으로 구성되어 있다. 그중 물권법과 채권법을 통칭하여 재산법이라고 하며, 친족법과 상속법을 통칭하여 가족법이라고 한다.

1. 총칙(§1~§184)

통칙(通則)에서 법원(§1)과 신의성실의 원칙(§2)에 관하여 규정하며, 권리의 주체로서 인(人)과 권리의 객체로서 물건(物件)을 규정한다. 그 밖에 권리의 변경·득실의 주요한 원인인 법률행위를 규정하며, 기간과 소멸시효를 규정하고 있다. 하지만 주의할 점은 Pandekten 체계에 따라 총칙의 규정들이 모두 재산법이나 가족법에 적용되는 것으로 생각하기 쉽지만, 가족법은 거래의 안전보다는 개인의 의사를 더 중시하며 또한 보수적이고 애정을 바탕으로 하므로 특별한 규정을 두고 있는 경우가 많다. 이런 이유로 총칙의 규정은 주로 재산법 영역에서 그 효력을 발휘한다고 하겠다.

2. 물권법(§185~§372)

재산법의 하나인 물권법은 권리의 주체가 물건을 직접·배타적으로 지배하는 것을 내용으로 하는 법이다. 물권법의 통칙 편에서는 물권법정주의(§185)와 부동산 및 동산에 관한 물권변동의 방법을 규정하고 있다. 그 밖에 점유권, 소유권, 그리고 용익물권, 담보물권을 규정한다.

3. 채권법(§373~§766)

물권법과 함께 재산법의 또 하나의 지주(支柱)인 채권법은 법률관계의 한 당사자가 상대방에 대하여 어떠한 것을 청구하는 것을 내용으로 하는 법이다. 채권법은 제1장에서 총칙을 규정하여 Pandekten 체계를 따르고 있다. 주로 채권관계는 두 가지 방법에 따라 형성이 되는데, 그중 하나는 당사자의 의사표시에 의한 경우와 그렇지 않은 경우 즉 법률의 규정에 따른 경우로 나누어 볼 수 있다. 채권법 제2장 계약에서는 전자와 관련하여 이를 규정하고 후자와 관련해서는 제3장부터 제5장까지 규정하고 있다(사무관리, 부당이득, 불법행위).

4. 친족법(§767~§979)

친족법도 제1장에 총칙을 두어 친족, 혈족, 인척을 규정하고 있으며, 제2장에서는 가족의 범위와 자의 성과 본을 규정하고 제3장 혼인에서 약혼 및 이혼을 규정하고 있다. 또한, 부모와 자(제4장), 후견(제5장), 부양(제7장) 순으로 규정되어 친족법은 총 6개의 장(章)으로 구성되어 있다.

5. 상속법(§997~§1118)

상속법은 총 3개의 장으로 구성되어 있으며, 피상속인의 사망을 원인으로 하는 상속에 관한 내용을 제1장에서, 유언에 관한 내용을 제2장에서 규정하고 있으며, 제3장에서는 민법 제5차 개정에서 신설된 유류분(遺留分)제도에 관하여 규정하고 있다.

제4장

민법의 기본원리

제1절 근대민법의 기본원리

법이란 그것이 제정될 당시의 정치 · 경제 · 사회상을 반영하고 있으며, 당연히 법 제정자는 이를 고려하게 된다. 또한 제정될 법의 적용대상을 염두에 두고 법을 제정하는데, 이러한 것들은 일정한 원리로서 나타나게 된다. 이와 같은 원리는 민법의 전 영역에 걸쳐서 투영된다고 할 수 있는데, 이를 파악하는 것은 민법의 이해에 필수적이다.

우리 민법은 고유법이 아닌 계수법으로 서구의 근대민법의 영향을 받았다. 일반적으로 근대민법의 시초로 불리는 프랑스 민법전은 그 이후 제정된 많은 민법에 영향을 끼쳤다. 이런 이유로 프랑스 민법전의 기본원리는 우리 민법의 기본원리로 이해할 수 있다.

중세유럽은 법의 발달에서 암흑의 시대였고 엄격한 신분제도로 인하여 계층 간의 이동은 거의 불가능했다. 그 후 중상주의 정책과 대항해시대로 말미암아 부를 축적한 시민들은 새로운 계급으로 부상하게 되고 이는 1789년의 프랑스 혁명으로 이어지게 된다.

이어 쿠데타로 정권을 장악한 나폴레옹은 앙시앵레짐(ancien regime) 시대의 법의 불통일로 인한 많은 불합리를 정리하고 프랑스 전통에 따라 법을 통일할 필요성 때문에 법전편찬을 지시하게 되었는데, 이것이 바로 프랑스 민법전이다.[10] 이와 같은 상황에서 제정된 프랑스 민법전은 추상적 인간상, 즉 합리적이고 평등한 개인을 법의 수범자(受範者)로 이해하고[11] 다음과

---

10 1804년 민법전의 공식명칭은 '프랑스인의 민법전'(Code civil des Français)이었으며, 그 후 속령(屬領)에도 적용됨으로써 나폴레옹에 의하여 1807년 '나폴레옹법전'(Code Napoléon)으로 개칭되었다.

11 프랑스 인권선언 제1조는 "사람은 출생 및 생존에 있어서 자유 및 평등의 권리를 갖는다"라고 규정하는데, 이러한 사상은

같은 기본원리를 바탕으로 제정되었으며, 다른 근대민법에 영향을 주었다.

Ⅰ. 사유재산권 존중의 원칙

유럽 중세시대에 생산기반인 토지는 모두 국왕의 소유였으며, 봉건제도를 통해 국왕은 근무와 성실의 대가로 봉신(封臣)들에게 토지를 수여하였다. 하지만 토지의 소유권은 여전히 국왕에게 있었으며, 더구나 하위 계급에는 이러한 기회조차 없었다. 이런 상황에서 혁명을 통해 권력의 한 축이 된 농민(시민)은 자신의 소유가 된 물건에 대하여 어떤 누구라도 제한을 가할 수 없도록 국가가 보호해 달라고 요청하게 되는데, 이것이 바로 사유재산권 존중의 원칙이다. 특히 사유재산권 중에서 가장 중요한 재산권이 소유권(所有權)이므로 소유권 절대의 원칙이라고도 한다.

우리 헌법은 제23조 제1항에서 "모든 국민의 재산권은 보장된다. 그 내용과 한계는 법률로 정한다"라고 하여 이러한 원리를 천명하고 있고, 민법 제211조는 "소유자는 법률의 범위 내에서 그 소유권을 사용, 수익, 처분할 권리가 있다"라고 하여 이를 구체적으로 규정하고 있다.

Ⅱ. 사적자치의 원칙

사적자치의 원칙이란 자유롭고 평등한 개인은 국가적 도움이나 간섭 없이 자기의 의사에 기초하여 법률관계를 형성할 수 있다고 하는 것이다. 근대민법의 제정 당시 경제적으로 자유주의가 강조되고 시장은 평등, 자유, 정의에 기초를 두고 운용되어야 한다는 작은 정부론(small government)이 등장하였다. 즉 국가는 개인의 생활 관계에 대한 개입을 최소화하고 외적의 방어나 치안의 유지에만 관심을 가져야 한다고 생각했는데(소위 夜警國家), 이와 같은 경제적 자유주의와 함께 나타난 근대민법의 기본원리가 사적자치의 원칙이다.

사적자치의 원칙의 구체적인 내용은 권리행사의 자유, 계약의 자유, 단체설립의 자유, 유언의 자유 등이 있다. 특히 계약의 자유는 계약체결의 자유, 상대방 선택의 자유, 계약 내용 결정의 자유, 계약방식의 자유를 그 내용으로 한다.

근대민법을 제정하는 데 커다란 사상적 기초가 되었다.

III. 과실책임의 원칙

과실책임의 원칙이란 자신의 귀책사유(고의, 과실)로 인한 위법한 행위로 타인에게 손해를 가한 경우에만 그에 대한 책임을 부담한다는 것이다. 지금의 관점에서 보면 당연한 원칙이지만, 중세시대에는 비합리적인 증거재판, 규문주의에 따른 피고인의 방어권 제한, 마녀사냥, 연좌제 등 무수히 많은 불합리성이 있었음을 본다면 당시의 이러한 원칙은 진일보한 것으로 평가할 수 있다.

우리 민법은 채무불이행(§390)과 불법행위(§750)에 대하여 과실책임의 원칙을 규정하고 있다. 따라서 채무자 또는 가해자에게 귀책사유가 없다면 손해배상책임이 발생하지 않는다.

제2절 기본원리의 현대적 수정

근대민법의 기본원리에 기초하여 각국의 근대민법전이 제정되고 그 효력이 지금까지 유지되고 있는데, 근래에 근대민법의 입법자들이 생각하지 못한 다양한 문제점들이 표출되기 시작하였다. 즉 근대민법이 수범자로 예정했던 평등하고 합리적인 판단을 해야 하는 추상적 인간상이 점차 현실에 맞지 않게 되었다는 점인데, 오히려 수범자들은 정치적·경제적·사회적인 면에서 불평등하므로 비합리적인 판단을 하는 경우가 빈번하게 발생하였다. 이런 이유로 근대민법의 기본원리는 현대에 와서 구체적인 인간상을 바탕으로 일정한 수정을 받게 되었다.

그렇지만 수정을 받은 근대민법의 기본원리는 폐지된 것이 아니라 그 근본은 여전히 현대민법에도 영향을 주고 있다는 것은 주의해야 한다.

I. 소유권 상대의 원칙

사유재산권 존중의 원칙에 따라 개인들은 자신이 갖는 권리를 자유롭게 행사할 수 있게 되었고 설령 권리행사과정에서 타인에게 피해를 가해도 용인이 되었다. 하지만 현대에 들어와서 이러한 원칙은 공공의 복리,[12] 신의성실(§2①), 권리남용금지(§2②) 등에 의해 제한을 받게 되

---

12   일본 민법은 제1조 제1항에서 "사권(私權)은 공공복지에 적합해야 한다"라고 규정하여 공공의 복리를 민법의 기본원칙으

었는데, 그 이유는 사회란 여러 구성원이 더불어 사는 곳으로 한 사람의 이기적인 행동, 즉 권리의 정당한 행사라고 할지라도 무제한 허용될 수 없기 때문이다. 예컨대 이러한 원칙은 공공사업을 위한 토지수용(土地收用)에서 잘 나타난다.

II. 계약공정의 원칙

평등한 인간을 대상으로 한 근대민법의 사적자치의 원칙은 법률관계의 당사자가 대등한 위치에 있을 때 그 효력을 발휘한다고 할 것이다. 그렇지만 현대에는 법률관계 당사자들의 경제력의 차이, 사회적 지위의 차이, 정보력의 차이, 지식의 차이 등에 의하여 보이지 않는 불평등이 존재하며 이는 그대로 법률관계에 영향을 미치게 되었다. 예컨대 금전소비대차계약에서 차주(借主)와 대주(貸主)의 관계, 주택임대차계약에서의 임대인과 임차인의 관계, 고용계약에서의 사용자와 노무자의 관계 등에서 이러한 불평등을 쉽게 찾을 수 있다. 이러한 경제적 약자를 보호하기 위해 각종 특별법(이자제한법, 주택임대차보호법, 근로기준법 등)이 제정되었으며, 민법상 반사회질서의 법률행위(§103), 불공정한 법률행위(§104)에 관한 규정을 통해 불평등을 해소하고 있다.

III. 중간책임 · 위험책임의 원칙

근대민법의 기본원리인 과실책임의 원칙 역시 현대에 와서 수정을 받게 되었는데, 문명의 발달과 기술력의 진보 등은 우리의 삶을 과거에 비해 편리하게 하였지만 이에 수반한 많은 위험을 증대시켰다. 즉 공장이나 원자력 발전소의 오염물질배출, 자동차 사고, 의료사고 등은 우리의 주변에서 빈번하게 발생하고 있는 위험의 요소라고 할 것이다. 예컨대 환자가 병원에서 수술을 받는 중에 사망했다면, 유족들은 병원을 상대로 불법행위에 기한 손해배상청구를 할 것인데, 유족들이 원하는 결과를 끌어내기 위해서는 과실책임의 원칙에 따라 병원 측의 수술 중에 존재했던 고의 내지 과실을 입증해야 한다. 하지만 이는 의학지식이 없는 일반인에게는 어려운 일이며 이는 결국 구제로부터 멀어지게 된다.[13]

로 삼고 있다. 우리 민법상 이러한 명문의 규정은 없지만, 헌법 제23조 제2항에서 "재산권의 행사는 공공복리에 적합하도록 하여야 한다"라고 규정하기 때문에 이를 인정할 수 있다.

13 이는 의료사고를 불법행위의 법리에 의하여 처리하는 경우이며, 의료계약을 기초로 한 채무불이행책임으로 이론구성을 하

이와 같은 불합리성을 제거하기 위해 입증책임의 완화 및 전환, 중간책임, 위험책임 등이 논의되고 있다. 중간책임과 위험책임에 대하여 예를 들어 설명하면 다음과 같다.

APT의 소유자가 이를 타인에게 임대를 해주었다. 그런데 태풍에 건물 창호가 떨어져 지나가던 행인이 상해를 입게 되었을 때, 피해자인 행인은 누구에게 법적인 책임을 물을 것인가의 문제가 발생한다. 행인의 경우 가해자를 정해서 그의 귀책사유가 있으면 이를 입증하여 손해배상을 청구하겠지만 위의 경우는 자연력에 의한 것이라서 곤란한 문제가 발생한다. 이와 관련하여 우리 민법 제758조는 공작물의 점유자, 소유자에 대한 책임을 규정하고 있는데, 일단 1차적으로는 건물의 점유자가 책임을 부담하고 그자가 손해의 방지에 필요한 조치를 충분히 했다면, 2차적으로 건물의 소유자가 책임을 부담하게 된다. 즉 점유자는 면책 가능성이 있는 책임을 부담하고(상대적 무과실책임: 중간책임) 소유자는 면책 가능성이 없는 책임을 부담하게 된다(절대적 무과실책임: 위험책임).

게 되면, 채무자(병원 측)가 자신들에게 귀책사유가 없음을 입증해야 한다. 그렇지만 현실에서 의료사고는 거의 불법행위 책임으로 논의가 되고 있다.

제5장

민법의 적용 범위

제1절 시기(時期)에 관한 적용 범위

법률이란 그것이 제정, 공포되고 효력이 발생한 시점부터 폐지될 때까지 효력을 갖는 것이 일반적이다. 그러므로 그 법률의 적용을 받게 되는 사항은 반드시 효력 발생 후 폐지 전까지의 기간 내에 이루어진 것에 국한된다. 이를 법률불소급(法律不遡及)의 원칙이라고 한다. 이러한 원칙이 인정되는 이유는 법적 안정성을 유지하고 기득권을 보호하기 위해서이다. 그렇다면 민법은 어떠한가? 특별한 규정이 없다면 일반적 법원리인 법률불소급의 원칙에 따라 시행 후인 1960년 1월 1일 이후에 발생한 민사관계에만 민법이 적용되어야 하지만, 민법은 부칙 제2조 본문에서 "본법은 특별한 규정 있는 경우 외에는 본법 시행일 전의 사항에 대하여도 이를 적용한다"라고 하여 소급효를 인정하고 있고, 단서에서는 "그러나 이미 구법(舊法)에 의하여 생긴 효력에 영향을 미치지 아니한다"라고 하여 기득권을 보호하고 있다.

제2절 인(人)에 관한 적용 범위

우리나라의 경우 주권은 국민에게 있고, 모든 권력은 국민으로부터 나오는 국민주권(헌법 §1②)에 의해, 제정된 민법은 우리 국민이라면 누구나 적용을 받게 된다. 이를 속인주의(屬人主義)라고 하며, 민법은 국내에 있는 국민뿐만 아니라 외국에서 대한민국의 국적을 갖는 사람에게도 적용이 된다.

또한, 민법은 영토주권의 결과, 대한민국의 영토 내에 있는 모든 외국인에게도 적용이 되는데, 이를 속지주의(屬地主義)라고 한다. 그런데 만약 한국인이 프랑스에서 일본인과 혼인한다면 어떤 법이 적용되어야 할 것인가? 이러한 섭외적 사법 관계에 적용될 사법을 준거법이라 하고, 이 준거법을 지정하는 법이 국제사법(國際私法)이다. 우리나라는 속인주의와 속지주의를 병용하고 있다.

제3절 장소에 관한 적용 범위

헌법 제3조는 "대한민국의 영토는 한반도와 그 부속도서로 한다"라고 하여 북한도 우리의 영토로서 명시하고 있다. 그러므로 민법은 원칙적으로 북한에도 적용된다고 할 것이다. 하지만 실질적으로 북한은 하나의 나라로서 북한법이 그들의 생활 관계에 적용된다고 볼 것이다. 그렇다면 북한에는 민법이 존재하는가? 북한은 1990년 「조선민주주의인민공화국 민법」을 제정하였으며, 같은 해 「조선민주주의인민공화국 가족법」을 제정하였다.

북한의 민법은 사회주의 색채를 띠고 있으며, 가족법을 민법전에서 분리하고 있다는 점에서 특색이 있다. 가족법과 관련하여 북한은 결혼이라는 용어를 사용하고, 약혼의 규정이 없으며, 사실혼을 법으로 금지하고 있다.

생각건대, 독일의 통일에서 볼 수 있듯이 우리도 통일에 대한 대비책으로 북한법에 관한 연구가 계속되어야 한다고 생각하며, 2012년 2월 10일 제정된 「남북 주민 사이의 가족관계와 상속 등에 관한 특례법」 등의 대비는 바람직하다고 하겠다.

제6장

민법의 적용과 해석

제1절 민법의 적용

　민법의 적용이란 생활 관계에서 발생하는 구체적인 사안에 민법의 개별규정을 적용하는 것을 말한다. 이와 같은 민법의 적용단계를 차례로 살펴보면, (1) 구체적인 사건의 내용을 확정하는 단계(사실문제), (2) 구체적인 사건과 관련된 민법의 의미나 내용을 명확하게 해석하는 단계(법률문제), (3) 민법의 규정을 대전제로 하고 구체적인 사건을 소전제로 하여 법적 판단을 하는 단계로 나누어 볼 수 있다. 실제의 재판과정에서는 법률문제, 사실문제, 법적 판단의 논리적 3단계를 거친다.

　예컨대 퀵보드를 타고 가던 A가 실수로 보행자 B를 치어 타박상을 입힌 경우, 민법의 적용과정을 살펴보자. 일단 이러한 A와 B 사이의 법률관계에 적용되는 민법의 규정은 제750조 불법행위에 관한 것으로, "고의 또는 과실로 인한 위법행위로 타인에게 손해를 가한 자는 그 손해를 배상할 책임이 있다"라고 명시하고 있다. 즉 B가 A에게 손해배상을 청구하기 위해서는 ① 고의 또는 과실, ② 위법행위, ③ 손해의 발생 등의 요건이 충족되어야 하는데, 이를 파악하는 것이 법률문제이다. 다음으로 A와 B 사이에 발생한 사안이 이러한 요건을 충족하는지를 파악하는 것이 사실문제이며, 법률문제와 사실문제를 거쳐 법원은 법적 판단을 한다.

제2절 민법의 해석

I. 민법의 해석의 의의

민법의 해석이란 구체적인 생활 관계에 추상적인 법규범을 적용하기 위해 법규범이 가지는 의미나 내용을 명확하게 확정하는 것을 말한다. 즉 법에 대한 해석이 선행되어야 이를 구체적인 생활 관계에 적용하여 법적 판단(법의 적용)을 할 수 있다. 그런데 법의 해석은 중요하면서도 어려운 점들이 많다. 왜냐하면, 법의 해석에 따라 적용되는 법조문이 달라지고 이에 따른 효과도 상이하게 되기 때문이며, 게다가 민법의 적용을 받는 개인들이 사용하는 용어나 법적인 개념은 법에서 예정하는 것과 많은 차이점을 보이기 때문이다.

예컨대 A가 B에게 물건을 빌린다고 했을 때, 이와 같은 사안이 소비대차(§598), 사용대차(§609), 임대차(§618) 등 어떤 계약과 관련된 것인지를 해석할 필요성이 존재한다. 만약 A가 B에게 빌린 물건이 책이나 자전거와 같은 비소비물이라면 이는 사용대차나 임대차의 대상이 되며, 만약 금전, 기름, 곡물과 같은 소비물이라면 이는 소비대차의 대상이 된다.

II. 해석의 기준(목표)

민법의 규정을 해석하는 데 있어서 항상 염두에 두어야 할 것이 있다. 즉 이를 해석의 기준 내지 목표라고 할 수 있는데, 그중 하나는 법적 안정성이고 다른 하나는 구체적 타당성이다. 법적 안정성이란 민법의 해석이 상황에 따라 달라지지 않아야 한다는 것이고 구체적 타당성이란 현실사회의 구체적인 실정이나 사회 구성원들의 법감정에 합치되어야 한다는 것이다. 예컨대 자녀를 유기하고 집을 나간 어머니가 30년이 지난 뒤 자녀의 사망보험금을 수령하기 위해 나타난 경우를 생각해보자. 만약 사망한 자녀가 미혼이라면, 당연히 상속권자는 직계존속인 어머니가 될 것이다. 이는 법적 안정성의 면을 충족한다. 그러나 사회 구성원들의 관점, 즉 구체적 타당성의 면에서는 그녀는 매정한 어머니로 이러한 결과를 바라지 않을 것이다.

이처럼 두 목표는 동시에 달성하기가 어려운 것으로 어느 하나를 강조하면 다른 하나가 희생될 가능성이 있다. 그러므로 가능한 민법의 해석에서 두 가지 목표를 조화시키기 위해서 노력하되, 그것이 어려운 경우에는 법적 안정성을 우선에 두고 구체적 타당성을 최대한 보장해

야 할 것이다.[14]

Ⅲ. 해석의 방법

민법의 해석방법은 유권해석과 학리해석으로 크게 나눌 수 있는데, 일반적으로 해석이라고 하면 후자를 가리킨다. 유권해석(有權解釋)은 문자 그대로 국가기관(입법부,[15] 행정부, 사법부)이 하는 해석이며, 학리해석(學理解釋)은 법률가가 이론에 따라 하는 해석이다. 독일의 법학자 Savigny는 법률의 해석에 관하여 4개의 방법과 기준을 제시했는데, 이하에서는 이를 참조하여 해석의 방법을 설명한다.

1. 문리적 해석

문리적 해석은 민법규정의 문자, 문언의 의미를 명확하게 하는 방법이다. 이러한 방법은 해석의 출발점이다.

2. 논리적 해석(체계적 해석)

민법을 하나의 논리적 체계로 파악하여 당해 법규와 다른 관련 규정과의 관계를 고려하여 체계적으로 조화를 이룰 수 있도록 하는 해석이다.

3. 역사적 해석

민법이 제정되는 과정에서 당시의 입법자료나 입법자의 의도를 파악하여 해석하는 방법이다.

4. 목적론적 해석

법의 목적이나 취지에 따라 당해 법규를 해석하는 방법이다.

---

14 대판 2009.4.23. 2006다81035.

15 입법해석의 예로서, 민법 제98조는 "본법에서 물건이라 함은 유체물 및 전기 기타 관리할 수 있는 자연력을 말한다"라고 규정하는데, 이는 입법자가 물건에 대한 해석(정의)을 민법전에 규정한 것이다.

Ⅳ. 해석의 기술

이상의 4가지의 해석방법에 따라 민법 규정을 해석할 때, 구체적으로 다음과 같은 기술에 따라 해석이 이루어질 수 있다. 규정의 문언을 문자가 가지는 의미보다 넓게 해석하는 것으로 확장해석이 있으며, 반대로 축소해석이 있다. 예컨대 권한을 넘은 표현대리(§126)에서의 "본인"에는 자연인뿐만 아니라 법인도 포함된다고 하는 것이 확장해석의 예라고 하겠다.

또한, 반대해석은 규정되지 않은 사안에 대하여 반대의 결과를 인정하는 것으로, 선의취득(§249)과 관련하여 "동산을 양수한 자"라고 규정하고 있으므로 이를 반대해석하면 부동산을 양수한 자는 선의취득을 할 수 없다고 해석하는 것이다.

그 밖에 물론(勿論)해석은 법 규정이 일정한 사안을 규정하고 있는 경우에 다른 사안에 대해서도 그 성질상 당연히 그 규정을 적용하는 해석기술이다. 그리고 유추(類推)해석은 당해 사안에 맞는 규정이 없는 경우, 이와 유사한 사안을 다룬 규정을 적용하는 것을 말한다. 예컨대 비법인사단의 경우 우리 민법이 명문의 규정을 두고 있지 않지만, 법인격을 전제로 한 규정을 제외하고 법인에 관한 규정을 적용하는 것이 유추해석의 예이다.

제2부

본론

제1장

법률관계(法律關係)

제1절 법률관계란?

사람은 사회 속에서 타인과 다양한 관계 즉 가족관계, 친구관계, 연인관계 등을 맺으며 살아간다. 그런데 이와 같은 관계 중에서 특별히 법으로 규율되는 관계가 법률관계이다. 타인과 법률관계가 형성되면 그로부터 일정한 권리와 의무가 발생하며, 당사자는 그러한 법의 지배 내지 구속을 받게 되는 점에서 여타의 관계와 구분된다.

이처럼 법률관계는 당사자 간에 권리와 의무가 발생하는 법의 규율을 받는 관계라고 할 수 있으며, 호의관계와 구별된다. 호의관계(好意關係)란 법적 의무가 없음에도 친절한 마음에 어떤 행위를 해주겠다고 약속을 하는 것이다.

예컨대 앞집에 부패하기 쉬운 생선이 택배로 도착했는데, 마침 앞집 주인이 없는 경우 대신해서 그 물건을 맡아주기로 약속한 경우, 퇴근길에 자기와 같은 방향인 동료를 태워주기로 약속한 경우(소위 호의동승) 등 일상생활에서 이와 같은 호의관계는 다수 존재한다. 호의관계가 법률관계와 구별되는 것은 당사자 간에 그 약속을 위반했을 경우 법적인 구속을 받지 않겠다고 생각한다는 점이다. 그러므로 택배를 맡아주기로 했다가 약속을 위반한다든지, 차에 태워주겠다고 약속했다가 그냥 혼자 가버린다든지 하더라도 법적인 제재를 받지 않는다. 물론 도덕적인 비난은 받을 수 있다.

이와 같은 호의관계에는 몇 가지 문제점이 있는데, 그중 하나는 법률관계와의 구별이 쉽지 않다는 점이다. 결국, 위의 사례에서 앞집 주인과 이웃 간에 구체적인 사정을 파악하여 당사자 간에 법적으로 구속당할 의사가 있었는지의 여부에 따라 결정해야 한다. 만약 법적 구속

의사가 있었다면 물건을 보관하지 않아서 부패한 경우에 대한 책임은 수치인(이웃)이 부담하게 된다.[1]

또 하나는 호의관계가 법률관계로 비화되는 경우도 생긴다는 점이다. 대표적인 경우가 호의동승의 문제이며, 운행 중에 운전자의 과실로 동승자에게 피해를 가한 경우에는 이에 대한 손해배상책임을 부담한다.[2]

제2절 권리(權利)와 의무(義務)

법률관계로부터 권리와 의무가 도출되는데, 그렇다면 권리와 의무는 어떤 것인가? 법률관계는 권리의 면에서 파악할 수도 있고 반대로 의무의 면에서 파악할 수도 있다. 역사적으로는 의무 본위에서 권리 본위로 발전해왔으며, 근대 이후에는 권리의 면에서 법률관계를 파악하고 있다.

Ⅰ. 권리

1. 권리의 의의

권리란 무엇인가에 관하여, 오랫동안 학자들 사이에서 권리의 본질론(本質論)이라는 주제로 다루어져 왔는데, 이하에서는 이에 대한 종래의 학설을 살펴본다.

(1) 의사설(意思說)

권리란 법으로 주어진 의사의 힘 또는 의사의 지배라는 견해로 의사의 우월적인 지위를 인정하는 견해이다. 이를 주장한 학자는 사비니(Savigny), 빈트샤이트(Windscheid) 등이다. 이 설의 문제점으로는 의사를 갖지 않는 자(유아, 정신병자 등)는 권리를 갖지 못한다는 결론에 이르게 되

---

1 제695조(무상수치인의 주의의무) 보수 없이 임치를 받은 자는 임치물을 자기 재산과 동일한 주의로 보관하여야 한다.
2 판례는 사고 차량에 무상동승하여 그 운행으로 인한 이익을 누리는 지위에 있었다 하더라도 특별한 사정이 없는 한 그 점만으로 피해자에게 과실이 있다고 할 수 없고, 또 동승한 사실만 가지고 동승자에게 자동차 보유성을 인정할 수도 없으므로, 호의로 동승한 사실만으로 손해액을 감액할 수는 없다고 한다(대판 1987.12.22.86다카2994; 대판 1999.2.9. 98다53141 등).

는데, 이들도 권리능력[3]이 있다는 점에서 비판을 받는다.

(2) 이익설(利益說)

권리란 법에 의하여 보호되는 이익이라는 견해이다. 이를 주장한 학자는 예링(Jhering)이다. 이 설에 따르면 권리는 이익이라는 등식이 성립하는데, 문제는 반드시 권리가 이익만을 내포하지는 않는다는 것이다. 예컨대 부모가 미성년의 자녀를 보호·교양하는 권리인 친권[4]은 권리인 동시에 의무의 성격을 띠고 있지만, 주로 친권자에게 이익이 없다는 이유로 이 설은 비판을 받는다.

(3) 권리법력설(權利法力說)

오늘날 지배적인 견해로 수용되고 있는 이 설에 따르면, 권리란 일정한 이익을 누리게 하기 위하여 법이 인정한 힘이라고 한다. 이를 주장한 학자는 에넥케루스(Enneccerus)이다.

생각건대, 이 설에 의할 경우 법이 제정되지 않으면 아무리 보호가 되어야 할 어떤 이익 내지 의사도 권리가 되지 못한다는 문제점이 있다(즉 자연법상의 권리).

2. 권리와 구별개념

(1) 권한(權限)

권한이란 타인에게 일정한 법적 효과를 발생하게 하는 행위를 할 수 있는 법률상의 지위나 자격을 의미한다. 예컨대 A가 B에게 자신의 주택을 매각할 것을 부탁하여 대리권을 수여한 경우, 그 후 B와 C 사이에 체결된 매매계약의 효력은 A에게 발생하게 되는데,[5] 이러한 경우 B에게는 A의 주택을 매각할 권한이 있다고 한다. 그 밖에 법인 이사의 대표권(§59), 선택채권에서의 선택권(§380) 등에서 그 예를 찾아볼 수 있다.

---

3 제3조(권리능력의 존속기간) 사람은 생존한 동안 권리와 의무의 주체가 된다.

4 제913조(보호, 교양의 권리 의무) 친권자는 자를 보호하고 교양할 권리 의무가 있다.

5 제114조(대리행위의 효력) ① 대리인이 그 권한 내에서 본인을 위한 것임을 표시한 의사표시는 직접 본인에 대하여 효력이 생긴다.

(2) 권능(權能)

권리의 내용을 이루는 개개의 법률상의 힘을 의미한다. 예컨대 A가 자동차를 가지고 있을 때, A가 자동차를 지배하는 권리는 소유권인데, 그 구체적인 내용으로서 A는 그 자동차를 사용하고 수익하고 처분할 수 있다.[6] 즉 이와 같은 소유권의 내용이 바로 권능이 된다.

(3) 권원(權原)

권원이란 어떤 법률상 또는 사실상의 행위를 정당화하는 근거를 의미한다. 예컨대 A가 B의 스마트폰을 수리해주고 수리비를 받을 때까지 그 스마트폰을 점유할 수 있는 유치권(§320)은 권원이라고 할 수 있다. 하지만 권원은 권리와 혼용되어 사용되는 경향이 있다.

(4) 반사적 이익

권리는 아니지만, 법률이 특정인 또는 일반인에게 어떤 행위를 명하는 경우, 그 외의 사람이 어떤 이익을 누리게 되는 경우가 있는데 이러한 이익을 반사적 이익 내지 권리반사(權利反射)라고 한다. 예컨대 담배꽁초, 쓰레기 등을 길거리에 함부로 버리지 못하도록 규정하고 이를 위반한 경우 벌금 등을 부과함으로써 깨끗한 생활환경을 조성하는 것처럼, 일반인은 관련 법규[7]에 의해 쾌적한 생활환경을 향유하지만, 불법오물투기자에 대하여 오물을 치우도록 할 권리는 발생하지 않는데, 이런 경우 일반인이 누리는 이익을 반사적 이익 내지 권리반사라고 한다.

Ⅱ. 의무

1. 의무의 의의

의무란 의무자 자신의 의사와 관계없이 일정한 행위(넓은 의미)를 해야만 하는 법률상의 구속(拘束) 내지 강제를 말한다. 그러므로 의무자가 그러한 행위를 하지 않으면 법이 일정한 강제력을 동원하여 그러한 행위의 결과 또는 이에 상응하는 결과를 만들어 내게 된다. 일반적으

---

6 제211조(소유권의 내용) 소유자는 법률의 범위 내에서 그 소유물을 사용, 수익, 처분할 권리가 있다.
7 「경범죄처벌법」 제3조 제11호(쓰레기 등 투기) 담배꽁초, 껌, 휴지, 쓰레기, 죽은 짐승, 그 밖의 더러운 물건이나 못쓰게 된 물건을 함부로 아무 곳에나 버린 사람

로 권리와 의무는 대응하여 존재한다.[8]

2. 의무의 종류

(1) 작위(作爲)의무

작위의무란 의무자가 의식적으로 적극적인 행위를 해야 하는 것을 의미한다. 작위의무의 예로서, 매매계약이 체결된 경우 매도인은 자신의 재산권을 매수인에게 이전해 줄 의무를 부담하고 반대로 매수인은 그에 대한 대가로서 대금을 지급해야 할 의무를 부담하게 되는데, 이러한 매도인과 매수인 각각의 의무는 작위의무이다.

(2) 부작위(不作爲)의무

작위의무와 대비되는 개념으로 의무자가 어떤 행위를 소극적으로 하지 않아야 하는 부작위의무가 있다. 예컨대 이웃 토지에 10층 이상의 건물을 신축하지 않겠다고 약정한 경우, 토지소유자에게는 이를 준수해야 할 부작위의무가 발생한다.

(3) 수인(受忍)의무

상대방이 일정한 행위를 하는 경우에 이를 너그러운 마음으로 참고 용서해야 하는 것을 수인의무 또는 인용(忍容) 의무라고 한다. 예컨대 집합건물에서 아래층 거주자는 위층 거주자의 통상 용도에서 발생하는 음향이나 진동 등에 대하여 이를 인용할 의무를 부담하는데,[9] 이러한 의무가 수인의무이다.

---

8 의무는 권리에 대응하여 존재하지만, 의무 없이 권리만 있거나 권리 없이 의무만 있는 경우도 있다. 전자의 예로서 취소할 수 있는 피성년후견인의 법률행위에 대하여 본인이나 성년후견인이 갖는 취소권(§140)이 있으며, 후자의 예로서 책임무능력자가 타인에게 손해를 가한 경우에 감독자가 부담하는 손해배상 의무(§755)가 있다.

9 제217조(매연 등에 의한 인지에 대한 방해금지) ① 토지소유자는 매연, 열기체, 액체, 음향, 진동 기타 이에 유사한 것으로 이웃 토지의 사용을 방해하거나 이웃 거주자의 생활에 고통을 주지 아니하도록 적당한 조처를 할 의무가 있다. ② 이웃 거주자는 전항의 사태가 이웃 토지의 통상의 용도에 적당한 것인 때에는 이를 인용할 의무가 있다.

제3절 사권(私權)의 분류

법을 공법과 사법으로 나누는 것처럼, 권리도 공법상의 권리(公權)와 사법상의 권리(私權)로 나눌 수 있다. 민법은 사법에 속하기 때문에 민법상의 권리는 사권이다. 이처럼 사권의 분류에 관한 논의를 하는 주된 이유는 법률관계에서 발생하는 권리를 보다 정확하게 파악하여 법률관계를 보다 명확하게 하기 위해서이다. 사권은 여러 기준에 따라 다양하게 분류될 수 있다.

I. 내용에 의한 분류

1. 재산권

재산권은 경제적으로 가치 있는 것에 대한 권리의 취득과 지배에 관한 내용을 주된 것으로 한다. 이러한 재산권에는 물권과 채권이 있으며, 그 밖에 오늘날 무체재산권에 관한 중요성이 부각되고 있다.

(1) 물권(物權)

사람이 특정 물건에 대하여 행사하는 배타적 권리를 물권이라고 한다. 한마디로 사람과 물건과의 관계를 말한다. 우리 민법은 물권법정주의(物權法定主義; §185)에 의하여 점유권, 소유권, 지상권, 지역권, 전세권, 유치권, 질권, 저당권의 총 8가지의 물권을 인정한다. 그 밖에 관습법상의 물권으로는 분묘기지권, 관습법상의 법정지상권 등이 있다.

(2) 채권(債權)

특정인(채권자)이 특정인(채무자)에게 일정한 행위를 청구할 수 있는 권리를 채권이라고 한다. 한마디로 사람과 사람과의 관계를 말한다. 채권은 물권과 다르게 사적자치의 원칙이 강하게 적용되는 영역으로 그 종류는 무수히 많다.

채권은 크게 두 가지 방법에 따라 발생하는데, 첫 번째는 당사자의 의사표시에 따른 법률행위에 의해서, 두 번째는 당사자의 의사표시와는 관계없이 법률의 규정에 따라서 발생한다. 전자의 대표적인 것으로는 계약이 있으며, 후자에 속하는 것으로는 사무관리(§734), 부당이득(§741), 불법행위(§750)가 있다.

(3) 무체재산권(無體財産權)

사람의 정신적인 창조물인 저작, 발명 등을 독점적으로 이용하는 것을 내용으로 하는 재산
권이다. 이를 지적재산권이라고 하는데, 특허권, 실용신안권, 디자인권, 상표권, 저작권 등을
포함한다. 이에 관한 권리는 민법이 아닌 특별법에서 규율한다.

2. 가족권

가족권은 혈연적·인연적 관계, 즉 친족관계에서 발생하는 권리를 말하며, 친족권, 상속권
이 여기에 속한다. 구체적으로 친족권은 친족관계, 가족관계, 혼인관계, 친자관계, 후견관계,
부양관계 등에서 발생하는 권리이며, 상속권은 상속, 유류분에 관한 권리이다.

가족권은 재산권과 다르게 의무적 색채가 강하며, 일정한 신분적 관계에서 발생하기 때문
에 일반적으로 양도와 상속이 제한되는 일신전속성(一身專屬性)을 띤다는 차이점이 있다.

3. 사원권

이는 단체의 구성원이 그 구성원으로서 갖는 권리를 포괄적으로 말하는데, 민법상 사단법
인의 사원의 권리가 대표적이다.

사원권에는 자익권(自益權)과 공익권(共益權)의 두 가지가 있는데, 전자는 단체의 구성원이
단체로부터 경제적 이익을 받는 것을 내용으로 하며, 후자는 단체의 구성원이 단체의 의사 형
성이나 활동에 참여하는 것을 내용으로 한다. 민법상 법인의 대부분은 비영리법인으로 법인
의 시설을 이용할 수 있는 권리 등은 자익권에 해당하며, 사원총회에서의 결의권 등은 공익권
에 해당한다.

4. 인격권

인격권이란 인격의 주체로서 개인이 갖는 권리이다. 이러한 인격권은 생명, 신체, 명예, 신
용, 성명, 정조, 초상, 사생활에 관한 권리 등을 내용으로 한다. 우리 헌법 제10조는 인간의 존
엄과 가치를 보장하고 있는데, 민법상 일반적으로 인격권을 인정하는 규정은 없지만, 제751

조, 제764조 등과 같은 간접적인 규정을 두고 있다.[10] 한 가지 유의할 것은 인격권이라고 해서 자연인만 향유하는 권리는 아니고 성질상 법인이 향유하는 권리, 예컨대 명예, 신용, 성명 등에 관한 인격권은 법인에도 인정된다.

5. 환경권

전통적인 견해는 내용에 따라 이상의 네 가지의 사권을 인정하지만, 새로운 사권으로서 환경권이 논의될 수 있다. 지금까지 환경권은 공권으로서 인식되었지만, 사권으로도 파악할 수 있으며 이러한 환경권은 재산권적인 측면과 인격권적인 측면이 있다는 특색을 보인다. 환경권의 내용으로는 일조권, 조망권, 통풍권 등이 있다.

하지만 판례에 따르면, 사법상의 권리로서 환경권이 인정되려면 그에 관한 명문의 규정이 있거나 관계 법령의 취지 및 조리에 비추어 권리의 주체, 대상, 내용, 행사방법 등이 구체적으로 정립될 수 있어야 한다고 하여 소극적인 입장이다.[11]

II. 작용(효력)에 의한 분류

1. 지배권(支配權)

지배권이란 권리자가 타인의 행위 개입 없이 일정한 객체에 대하여 직접 지배력을 행사할 수 있는 권리를 말한다. 타인의 행위 개입이 없다는 의미는 다른 이의 협력 없이 곧바로 그러한 권리를 행사할 수 있다는 것이며, 채권과 같은 권리는 채무자의 급부 이행이 필수적이기 때문에 지배권이라고 보기 어렵다.

지배권에 속하는 권리는 물권, 무체재산권, 친권, 후견권 등이 있으며, 인격권에 대해서는 견해의 대립이 있지만, 인격권의 주체는 자신의 생명, 신체, 자유 등에 대한 직접 지배권을 행사할 수 있다고 봐야 하므로 인격권도 지배권이라고 할 수 있다.

이와 같은 지배권의 효력으로서는 대내적으로는 직접적 지배력과 대외적으로는 불가침의

---

10   제751조(재산 이외의 손해의 배상) ① 타인의 신체, 자유 또는 명예를 해하거나 기타 정신상 고통을 가한 자는 재산 이외의 손해에 대하여도 배상할 책임이 있다.

11   대판 1995.9.15. 95다23378.

효력이 있다. 예컨대 어떤 물건을 소유하는 자는 대내적으로 그 물건에 대한 직접적 지배 즉 사용, 수익, 처분을 자유롭게 할 수 있는 반면, 제3자가 그 권리의 행사를 방해했을 때, 물권적 청구권[12]이나 손해배상청구권[13]을 통해 그러한 침해행위를 배제하거나 책임을 물을 수 있다.

2. 청구권(請求權)

청구권이란 권리자가 특정인에 대하여 일정한 행위를 요구할 수 있는 권리를 말하는데, 채권적 청구권이 대표적이다.

일반적으로 청구권은 채권의 속성과 관련하여 논의되는데, 유의할 것은 청구권은 채권의 중요한 내용이지만 동의어가 아니라는 점이다. 왜냐하면, 채권의 내용에는 청구력, 급부 보유력, 그 외에 채권자대위권, 채권자취소권 등이 포함되기 때문이다. 또한, 청구권은 물권법상의 물권적 청구권, 친족법상의 부양청구권(§974), 상속법상의 상속회복청구권(§999)처럼 채권 이외의 권리로부터도 발생하기 때문에 청구권과 채권은 다르다.

그 밖에 청구권이라는 명칭이 사용되지만, 실질은 형성권인 경우가 있는데, 지상물매수청구권(§283), 지료증감청구권(§286), 매매대금감액청구권(§572), 차임증감청구권(§628) 등이 그 예이다.

3. 형성권(形成權)

형성권이란 권리자의 일방적인 의사표시로 법률관계를 발생·변경·소멸시키는 권리를 말한다. 이러한 형성권의 성질 때문에 항상 그 행사 기간을 제한하는 것이 문제가 된다.

형성권은 행사방법과 관련하여 두 가지로 분류할 수 있는데, 법률행위의 동의권(§5), 취소권(§140), 추인권(§143), 상계권(§492), 계약의 해제·해지권(§543), 매매의 일방예약완결권(§564), 약혼 해제권(§805), 상속포기권(§1041) 등처럼 권리자의 의사표시만 있으면 효력을 발생하는 형성권과 채권자취소권(§406), 재판상 이혼권(§840), 친생부인권(§846), 입양취소권(§884), 재판상 파양권(§905) 등처럼 법원의 판결을 받아야 효력이 발생하는 형성권이 있다. 후자처럼 법원의 판

---

12 제213조(소유물반환청구권) 소유자는 그 소유에 속한 물건을 점유한 자에 대하여 반환을 청구할 수 있다. 그러나 점유자가 그 물건을 점유할 권리가 있는 때에는 반환을 거부할 수 있다.

13 제750조(불법행위의 내용) 고의 또는 과실로 인한 위법행위로 타인에게 손해를 가한 자는 그 손해를 배상할 책임이 있다.

결을 요구하는 것은 그 형성권의 행사로 발생하는 효과가 제3자에게도 영향을 미치기 때문에 권리자의 자의적인 형성권의 행사를 법원의 신중한 판단에 맡기도록 한 것이다.

4. 항변권(抗辯權)

항변권이란 상대방의 권리행사에 대해 그 작용을 저지할 수 있는 방어적 권리를 말한다. 항변권은 상대방의 권리(청구권)를 인정하면서 그 작용을 저지하는 것으로 상대방의 권리(청구권) 자체를 부인하거나 소멸을 주장하는 것은 이의(異議)로 항변권과는 다르다.

예를 들어 대리시험을 치르고 금전을 요구한 경우에 대리시험 자체가 반사회질서에 해당하는 법률행위로서 무효[14]이기 때문에 청구권 자체가 발생하지 않아 이를 거부할 수 있는데, 이는 이의라고 할 수 있다.

항변권은 그 효력의 지속과 관련하여 두 가지로 나누어 볼 수 있는데, 청구권의 행사를 일시적으로 저지할 수 있는 연기적 항변권과 영구적으로 저지할 수 있는 영구적 항변권이 있다. 연기적 항변권으로는 보증인의 최고·검색의 항변권(§437), 동시이행의 항변권(§536) 등이 있고 영구적 항변권으로는 상속인의 한정승인 항변권(§1028)이 있다.

Ⅲ. 기타의 분류

1. 절대권(絕對權)·상대권(相對權)

의무자의 범위에 따른 분류 방법으로, 절대권은 모든 사람에 대하여 주장할 수 있는 권리인데, 반대로 생각하면 모든 사람은 그러한 권리를 침해할 수 있다는 의미도 된다. 반면 상대권은 특정인에 대해서만 주장할 수 있는 권리이며, 그러한 권리는 특정인에 의해서만 침해받을 수 있다. 예컨대 A가 자기의 자전거를 B에게 무상으로 대여해 준 경우,[15] A는 계약종료 시 B에게 자전거의 반환을 청구할 수 있는데, 이러한 A의 권리는 상대권이다. 즉 A의 권리는 B의 자전거 반환 거절로 침해당할 수 있다. 물권, 무체재산권, 친권 등은 절대권이며, 채권은 상

---

14   제103조(반사회질서의 법률행위) 선량한 풍속 기타 사회질서에 위반한 사항을 내용으로 하는 법률행위는 무효로 한다.

15   제609조(사용대차의 의의) 사용대차는 당사자 일방이 상대방에게 무상으로 사용, 수익하게 하기 위하여 목적물을 인도할 것을 약정하고 상대방은 이를 사용, 수익한 후 그 물건을 반환할 것을 약정함으로써 그 효력이 생긴다.

대권이다.

2. 일신전속권(一身專屬權) · 일신비전속권(一身非專屬權)

타인에 대한 양도 · 상속이 가능한지의 여부에 따른 분류 방법이다. 권리의 성질상 타인에게 귀속될 수 없는 권리가 일신전속권이며, 그렇지 않은 권리가 일신비전속권이다. 가족권, 인격권은 전자의 예이며, 물권, 채권과 같은 재산권은 후자에 속한다.

3. 주된 권리 · 종된 권리

권리의 독립성에 의한 분류 방법으로, 하나의 권리가 다른 권리를 전제로 하여 발생하는 경우가 있는데, 이때 전제가 되는 권리를 주된 권리라고 하며 그것에 종속되는 권리를 종된 권리라고 한다. 예컨대 A가 자신의 태블릿을 B에게 담보로 제공하고 금전을 차용한 경우,[16] B의 금전채권(피담보채권)은 주된 권리이고 B가 점유하고 있는 태블릿에 대한 권리 즉 질권(質權)은 종된 권리이다. 이러한 경우 일반적으로 종된 권리는 주된 권리에 종속되기 때문에 법률적 운명을 같이한다. 즉 피담보채권이 변제로 소멸하게 되면 질권도 함께 소멸하게 된다. 그 밖에 원본채권과 이자채권, 보증채무에서 주채무자에 대한 채권과 보증인에 대한 채권은 주된 권리와 종된 권리의 예이다.

제4절 권리의 경합(競合)과 충돌(衝突)

Ⅰ. 권리의 경합

사회생활에서 발생한 하나의 사실이 여러 개의 법률요건을 충족하여 수 개의 권리를 발생시키는 경우가 있는데, 이를 권리의 경합이라고 한다. 권리의 경합에서 발생한 수 개의 권리는 동일한 목적을 갖기 때문에 그중 하나의 권리를 행사하여 목적을 달성하면 나머지 권리는

---

16 제329조(동산질권의 내용) 동산질권자는 채권의 담보로 채무자 또는 제삼자가 제공한 동산을 점유하고 그 동산에 대하여 다른 채권자보다 자기 채권의 우선변제를 받을 권리가 있다.

소멸한다. 하지만 유의할 점은 수 개의 권리는 각자 독립성을 갖기 때문에 존속이나 소멸에서 영향을 받지 않는다는 점이다.

권리의 경합은 지배권의 경합, 청구권의 경합, 형성권의 경합, 항변권의 경합으로 세분될 수 있지만, 청구권의 경합이 주로 문제 된다. 예컨대 A가 자신의 주택을 B에게 임대를 해주었는데,[17] B의 귀책사유에 의해 주택이 훼손된 경우, A는 B에게 채무불이행에 따른 손해배상을 청구하거나 불법행위에 따른 손해배상청구권을 행사할 수 있다.

권리의 경합과 구별할 개념으로 법조경합(法條競合) 내지 법규의 경합이 있는데, 이는 하나의 사실이 수 개의 법규가 정하는 요건을 충족시키지만, 그중 하나의 법규가 다른 하나를 배제하여 그 법규만이 적용되는 것을 말한다. 예컨대 공무원의 직무수행 중의 불법행위로 인하여 국민에게 손해를 가한 경우에 「민법」 제756조의 사용자책임[18]과 「국가배상법」 제2조가 경합하게 되는데, 특별법인 후자가 적용되게 된다. 특히 법조경합은 일반법과 특별법의 관계에서 빈번하게 발생한다.

II. 권리의 충돌

동일한 객체에 대하여 서로 다른 주체 사이에 대립하는 여러 개의 권리가 발생한 경우를 말한다. 이러한 권리의 충돌에서는 관련된 모든 자가 동일한 객체로부터 만족을 얻을 수 없으므로 권리 사이의 순위가 문제가 된다. 예컨대 한 아이의 친권에 관한 솔로몬의 재판에서처럼 한 아이에 대하여 두 여성의 친권은 서로 대립하여 충돌한다고 볼 수 있다.[19]

권리의 충돌은 재산법 영역과 가족법 영역에서 나타날 수 있지만, 주로 재산법에서 문제가 된다.

---

17 제618조(임대차의 의의) 임대차는 당사자 일방이 상대방에게 목적물을 사용, 수익하게 할 것을 약정하고 상대방이 이에 대하여 차임을 지급할 것을 약정함으로써 그 효력이 생긴다.

18 제756조(사용자의 배상책임) ① 타인을 사용하여 어느 사무에 종사하게 한 자는 피용자가 그 사무집행에 관하여 제삼자에게 가한 손해를 배상할 책임이 있다. 그러나 사용자가 피용자의 선임 및 그 사무감독에 상당한 주의를 한 때 또는 상당한 주의를 하여도 손해가 있을 경우에는 그러하지 아니하다.

19 친권자는 자를 보호하고 교양할 권리 의무가 있는데(§913), 이러한 권리 의무를 다하기 위하여 제3자가 불법적으로 자를 억류하고 있는 경우에는 자의 인도청구권을 행사할 수 있다.

1. 물권과 물권

동일한 객체 위에 소유권과 제한물권이 충돌하면 제한물권이 우선한다. 왜냐하면, 제한물권은 소유권에 대한 제한을 목적으로 하기 때문이다. 예컨대 A의 토지 위에 B가 나무를 심기 위해서 당사자 간에 지상권설정계약이 체결되었는데,[20] 그 후 A가 변심하여 기간만료 전 B에게 당해 토지의 인도를 구한 경우, 그 토지에 대하여 A의 권리(소유권)와 B의 권리(지상권)가 충돌하지만, 제한물권인 지상권이 우선하게 된다.

그 밖에 제한물권과 제한물권이 충돌하는 경우에는 일반적으로 먼저 성립한 물권이 우선한다.[21]

2. 물권과 채권

동일한 객체 위에 물권과 채권이 충돌하는 경우에는 물권이 우선한다. "매매는 임대차를 깨뜨린다"라는 법언은 이를 의미한다. 예컨대 직장생활을 하기 위해 도시로 올라온 A는 B 소유의 주택에 월세를 지급할 것을 약정하고 이사를 하였다. 그런데 얼마 후 B가 그 주택을 C에게 매각한 경우, A는 새로운 주인인 C에 대하여 주택의 사용에 대한 권리를 주장할 수 없게 되는데, 그 이유는 C의 소유권은 물권이지만 A의 임차권은 채권이기 때문이다.[22]

3. 채권과 채권

채권 상호 간의 충돌에서는 채권자평등의 원칙이 적용된다. 그러므로 충돌하는 채권들의 발생 원인, 발생 시기, 금액 등에 상관없이 모든 채권은 평등하게 다뤄진다.

예컨대 A에 대해 시간적 차이를 두고 B, C, D가 돈을 빌려준 경우, 만약 A가 모든 채무를 변제하지 못하고 파산(破産)한다면, 각각의 채권자는 자신의 채권액에 비례하여 변제를 받게

---

20 제279조(지상권의 내용) 지상권자는 타인의 토지에 건물 기타 공작물이나 수목을 소유하기 위하여 그 토지를 사용하는 권리가 있다.

21 제333조(동산질권의 순위) 수 개의 채권을 담보하기 위하여 동일한 동산에 수 개의 질권을 설정한 때에는 그 순위는 설정의 선후에 의한다.

22 이와 관련하여 주택임차인을 보호하기 위한 「주택임대차보호법」이 제정되어 시행되고 있는데, 이 경우 A가 주택의 인도와 주민등록을 마치면 다음 날부터 제3자에게 대항할 수 있고(§3①), 계약서에 확정일자인을 갖추면 보증금을 우선 변제받을 수 있다(§3의 2②).

된다. 하지만 유의할 점은 이러한 채권자평등은 파산의 경우에 한하며, 실제에서는 먼저 자신의 채권을 실행하여 채무자로부터 변제를 받을 수 있는데, 이를 선행주의(先行主義)라고 한다.

제5절 권리의 행사와 제한

I. 권리의 행사의 의의

권리의 행사란 권리자가 자신의 권리의 내용을 실현하는 것을 말하는데, 이는 사실행위, 법률행위, 준법률행위 등 다양한 형태로 나타난다. 예컨대 소유자가 자신의 재산권을 사용하는 것은 사실행위이며, 그 소유물을 타인에게 매각하기로 계약하는 것은 법률행위이다. 또한, 매도인이 소유물을 먼저 인도하고 대금은 나중에 받기로 약정한 경우, 상당한 기간이 지나 매도인이 매수인에게 대금청구를 하는 최고(催告)는 준법률행위에 해당한다.

권리의 행사는 권리자 본인이 하는 것이 원칙이지만, 행사상의 일신전속권[23]이 아닌 한 타인에게 행사하게 할 수 있다. 특히 법률행위의 경우에는 대리인(代理人)을 통해서 그 권리를 행사할 수 있다.

II. 권리의 행사방법

권리는 권리의 종류에 따라 행사방법도 달라진다. 즉 ① 지배권은 객체를 지배해서 사실상 이익을 향유하는 모습으로 행사되는데, 자신의 물건을 사용 · 수익 · 처분하는 것이 그 예이다. ② 청구권은 특정 상대방에 대하여 일정한 행위를 요구하고 그 이행을 수령하는 방법으로 나타나는데, 소비대주가 자신이 빌려준 금전의 반환을 청구하고 이를 수령하는 것이 그 예이다. ③ 형성권은 권리자가 일방적 의사표시를 함으로써 행사하는데, 미성년자인 자녀가 친권자의 동의 없이 행한 계약을 친권자가 취소하는 것이 그 예이다. ④ 항변권은 청구권자의 청구권 행사에 대하여 그것을 거절하는 방식으로 행사되는데, 동시이행항변권이 그 예이다.

---

23   예컨대 생명침해로 인한 위자료(제752조), 재판상 이혼청구권(제840조) 등

Ⅲ. 권리행사의 제한

근대민법의 3대 원리에 기초를 둔 우리 민법은 권리행사의 자유를 원칙으로 하고 있으며, 로마법 이래 "자기의 권리를 행사하는 자는 그 누구도 해하는 것이 아니다(Qui suo iure utitur, neminem laedit)"라는 법 격언도 이를 의미한다. 이와 같은 원칙은 근대민법의 제정 당시 자유주의 · 개인주의 사상과 맞물려 강조되었다. 그렇지만 현대에 이와 같은 원칙은 다소 제한이 될 수밖에 없는데, 개인들은 자신들의 권리를 보다 확실하게 보장받기 위하여 정부를 구성하고 그들의 권리를 위임해준 것이다(社會契約說). 이러한 개인들로 구성된 사회에서 자신의 권리만을 주장하고 타인의 인용(忍容)만을 강요한다면 무질서의 혼란에 빠지게 될 것이며, 이러한 의미에서 개인의 무한한 권리의 주장은 인정될 수 없다고 할 것이다. 또한 권리라는 것은 사회 구성원들 간의 상호 합의(合意) 내지는 승인(承認)이 정당성의 근거라고 할 것이다. 요컨대 권리의 행사에서 타인을 배려하는 것이 고려되어야 하며, 이것이 서로의 권리를 최대한 보장하는 방법이다.

이와 관련하여 민법 제2조 제1항은 "권리의 행사와 의무의 이행은 신의에 좇아 성실히 하여야 한다."라고 규정하고, 제2항은 "권리는 남용하지 못한다."라고 규정하고 있다. 이는 위에서 살펴본 권리의 사회성 · 공공성을 반영한 것으로 볼 수 있다. 그러므로 이러한 신의성실의 원칙(신의칙)은 개인들의 권리행사에서 조정의 역할을 한다고 볼 것이다.

1. 신의성실(信義誠實)의 원칙

(1) 의의

신의성실의 원칙이란 모든 사람은 사회공동체의 일원으로서 상대방의 신뢰를 헛되이 하지 않도록 성의를 가지고 행동해야 하는 것을 말한다. 본래 신의칙은 채권법을 지배하는 원리였으나 이를 사법 전체에 영향을 미치는 일반조항으로 규정한 것은 스위스 민법(1912년 시행)이 처음이며, 우리 민법도 이를 명문화하였다. 사법 분야를 규율하는 신의칙은 점차 그 적용 범위를 확장하여 공법 분야[24]에도 영향을 주고 있다.

신의성실의 원칙은 도덕적 · 윤리적인 평가를 법적 가치판단의 내용으로 도입한 것이며,

---

24 「민사소송법」 제1조 제2항은 "당사자와 소송관계인은 신의에 따라 성실하게 소송을 수행하여야 한다."라고 규정한다. 또한, 「국세기본법」 제15조는 "납세자가 그 의무를 이행할 때에는 신의에 따라 성실하게 하여야 한다. 세무공무원이 직무를 수행할 때에도 또한 같다."라고 하여 신의성실의 원칙을 규정한다.

이는 일반인에 대한 행위규범이며, 법관을 구속하는 재판규범이기도 하다.

(2) 기능

신의성실의 원칙에 관한 규정은 구체적인 요건이나 효력에 관하여 규정하고 있지 않다. 결국 신의칙 위반의 요건이나 효력은 관습이나 판례 등에 의해 보충될 수밖에 없는데, 이러한 규정을 일반(一般)규정 또는 백지(白紙)규정이라고 한다. 그런데 권리행사 자유의 원칙을 제한하는 신의칙은 일반규정이기 때문에 자칫 남용될 우려가 있으며, 이러한 부작용을 방지하기 위해 그 구체적인 내용이 미리 논의되어야 한다. 여기서 한 가지 유의할 점은 신의칙 규정이 일반조항인 것처럼 그 기능에 대한 다양한 견해가 있고 또한 중첩되는 부분이 있다는 것이다.

1) 해석기능

신의칙은 권리와 의무의 내용을 보다 구체적으로 정하는 기능을 한다. 즉 신의칙은 명확하게 정해지지 않은 권리와 의무의 내용을 보완해주는 역할을 한다. 특히 신의칙은 계약관계에서 중요할 역할을 담당하는데, 판례에 따르면, 분양자가 아파트 단지 인근에 쓰레기 매립장이 건설 예정인 사실을 수분양자에게 고지해야 할 신의칙상의 의무가 있다고 판시한다.[25]

2) 형평기능

신의칙은 구체적인 사안에 법률을 획일적으로 적용함으로써 발생하는 문제점을 회피하여 그 엄격성을 완화하는 역할을 한다. 예컨대 2,000만 원의 매매대금에 관하여 채무자가 약 10만 원을 부족하게 지급하면서 부족분에 대해 일정한 지연이자를 지급하기로 한 경우, 채권자가 위와 같은 상황에서 매매계약을 해제하는 것은 신의칙에 위반되는 것이다.[26]

3) 보충기능

법이란 모든 사안에 관하여 규정할 수 없으므로 불가피하게 틈이 존재하는데, 신의칙은 이러한 틈을 보충하는 기능이 있다. 예컨대 A가 운영하는 음식점에서 아르바이트하는 B는 어느

25　대판 2006.10.12. 2004다48515.

26　대판 1971.3.31. 71다352,353,354.

날 실수로 손님 C에게 뜨거운 물을 엎질러 화상을 입혔다. 이에 A는 민법상 C에 대해 사용자 책임[27]을 부담하게 되는데, 이 경우 B에 대해 전액 구상권(求償權)을 행사한다면, 이는 신의칙에 반한다고 할 것이다.

4) 수정기능

수정기능이란 기존의 성문법규나 법률행위의 내용을 변경한다는 신의칙의 기능이다. 예컨대 교통사고를 당한 피해자가 무지하여 당시의 피해만 보고 손해배상금을 받고 합의를 하였는데, 그 후 후발손해가 발생한 경우에 과연 합의 시에 후발손해에 대한 배상청구권을 포기한다고 약정한 것이 유효한 것인지 문제가 된다. 이에 관하여 판례와 학설은 원칙적으로 후발손해에 대해서 손해배상청구권을 부정하고 특별한 사정이 있는 경우에 긍정하는데, 이때 일부 학설은 신의칙을 근거로 제시한다. 이를 신의칙의 수정기능이라고 할 수 있다. 그렇지만 위의 예와 같은 법률행위의 내용이 아닌 명확히 규정되어 있는 성문법규를 신의칙의 원칙에 기해 변경하는 것은 소극적으로 인정되어야 할 것이다.

(3) 파생원칙

1) 사정변경의 원칙

법률행위의 기초가 된 사정이 그 후 당사자가 예견할 수 없었던 중대한 변경으로 인하여 처음 정해진 법률행위의 효과를 그대로 유지하는 것이 부당한 경우에 당사자는 법률행위의 내용을 변경하거나 계약을 해제·해지할 수 있다는 원칙이다. 민법은 사정변경의 원칙에 대한 명문의 규정을 두고 있지 않지만 이를 반영한 개별규정이 존재한다.[28]

사정변경의 원칙에 관하여 판례는 "여기에서 말하는 사정이라 함은 계약의 기초가 되었던 객관적인 사정으로서, 일방당사자의 주관적 또는 개인적인 사정을 의미하는 것은 아니다. 또한, 계약의 성립에 기초가 되지 아니한 사정이 그 후 변경되어 일방당사자가 계약 당시 의도

---

27 제756조(사용자의 배상 책임) ① 타인을 사용하여 어느 사무에 종사하게 한 자는 피용자가 그 사무집행에 관하여 제삼자에게 가한 손해를 배상할 책임이 있다. 그러나 사용자가 피용자의 선임 및 그 사무감독에 상당한 주의를 한 때 또는 상당한 주의를 하여도 손해가 있을 경우에는 그러하지 아니하다.
②사용자에 갈음하여 그 사무를 감독하는 자도 전항의 책임이 있다.
③전2항의 경우에 사용자 또는 감독자는 피용자에 대하여 구상권을 행사할 수 있다.

28 민법 제218조, 제286조, 제557조, 제627조, 제628조, 제661조, 제689조 등.

한 계약목적을 달성할 수 없게 됨으로써 손해를 입게 되었다 하더라도 특별한 사정이 없는 한 그 계약 내용의 효력을 그대로 유지하는 것이 신의칙에 반한다고 볼 수도 없다"라고 하여 비교적 상세한 요건을 제시하고 있다.[29]

생각건대, 판례는 계약의 구속력을 근거로 사정변경의 원칙의 적용에 대해 다소 소극적인 입장을 보이는 것 같지만,[30] 계속적 채권 관계, 특히 계속적 보증 관계와 관련해서는 당해 원칙의 적용에 적극적이다.[31]

2) 실효(失效)의 원칙

권리자가 권리를 오랫동안 행사하지 않고 있으므로 상대방이 이제는 그 권리행사가 없을 것이라고 믿을 만한 정당한 사유가 있는 경우에 그러한 권리의 행사는 인정되지 않는다는 원칙이다. 즉 상대방에게 권리가 행사되지 않으리라는 정당한 기대가 생긴 경우에 적용된다.

판례는 면직 후 10년 가까이 법적 구제절차를 취한 일이 없고, 「1980년 해직공무원의 보상 등에 관한 특별조치법」에 의한 보상금을 수령하고 8개월이 지난 후 면직무효확인의 소와 임금 또는 임금 상당 손해배상청구의 소를 제기하는 것은 신의칙에 반한 것이어서 실효의 원칙에 따라 권리행사가 허용되지 않는다고 하였다.[32]

실효의 원칙은 소멸시효에 걸리지 않는 권리를 장기간 행사하지 않은 후 새삼스럽게 권리를 행사하는 경우에 그러한 권리의 행사를 인정하지 않는 데 유용하다.[33]

3) 모순행위 금지의 원칙

어떤 행위에 의하여 어떤 사실의 존재를 표시한 자는 그것을 믿고 자신의 이해관계를 변경한 자에 대하여 기존의 표시한 것에 반하는 주장을 하지 못한다는 원칙이다. 이는 영미법상의 금반언(禁反言)의 원칙과 유사하다. 우리 민법에서 모순행위 금지의 원칙을 반영한 것으로는 제125조의 대리권수여의 표시에 의한 표현대리와 제452조의 채권양도의 통지와 금반언의 규

---

29 대판 2007.3.29. 2004다31302.

30 대판 1991.2.26. 90다19664.

31 대판 2002.5.31. 2002다1673.

32 대판 1992.11.3. 92다13080.

33 소유권은 소멸시효의 대상이 아니지만(§162), 취득시효의 대상이다(§245, §246).

정이 있다.

(4) 효과

일반적으로 권리의 행사가 신의칙에 위반되면 이는 권리남용이 되며, 이러한 권리의 행사는 합당한 것으로 취급되지 않는다. 또한 의무의 이행이 신의칙에 위반되면 의무 불이행이 되는데, 예를 들어 신의칙상 인정되는 부수적 의무를 위반한 경우 채무불이행으로 다루어질 수 있다.

2. 권리남용금지의 원칙

(1) 의의

권리남용금지의 원칙이란 권리행사가 외관상 적법한 권리행사인 것처럼 보이지만 실제로 신의칙에 위반되어 정당한 권리행사로 볼 수 없는 경우를 말한다. 민법 제2조 제2항은 이를 명문으로 규정하고 있으며, 제1항의 신의칙과 표리의 관계에 있다.

본래 권리남용금지의 원칙은 물권법의 영역에서 발달한 것인데, 민법 전체에 영향을 주는 원칙으로 그 적용 범위가 확장되었다.

(2) 요건

권리남용금지의 원칙은 신의성실의 원칙과 동일하게 일반조항으로 그 요건이나 효과를 규정하지 않고 있다. 결국, 이는 학설, 판례 등에 의한 보충이 이루어져야 한다. 이와 관련하여 연혁적으로 권리남용이 되기 위해서는 객관적 요건과 주관적 요건이 모두 필요하다는 입장에서 객관적 요건만 있으면 권리남용이 성립한다는 방향으로 발전해왔다. 객관적 요건만 필요하다고 해석하는 입장은 권리남용자의 상대방을 보다 용이하게 보호할 수 있다는 장점이 있는데, 그 이유는 상대방 측에서 권리남용자의 주관적 요건 즉 권리자의 타인을 해할 의사나 목적을 입증하기란 쉽지 않기 때문이다.

1) 객관적 요건

객관적 요건으로는 첫째, 권리의 행사가 있을 것 둘째, 그러한 권리행사가 신의칙에 위반될 것이라는 두 요건이 필요하다.

일단 권리남용이 되기 위해서는 권리자의 권리행사가 있어야 하는데, 여기서 말하는 권리란 엄격한 의미의 권리뿐만 아니라 법적 지위의 주장도 포함된다고 한다. 예컨대 법인의 권리주체성을 악용하여 채무를 면탈할 목적으로 형해법인(形骸法人)의 법인격을 주장하는 것은 이러한 법적 지위를 주장하는 것으로 권리남용에 해당한다고 할 것이다.

또한, 권리의 불행사가 권리남용이 되는가에 대해 학설의 대립이 있지만, 불행사된 권리가 권리의 성격뿐만 아니라 의무의 성격도 가지고 있을 때,[34] 이러한 권리의 불행사 내지 불성실한 행사는 권리남용이 될 수 있다. 그러나 일반적으로 권리자는 권리행사의 자유가 있으므로 이를 행사하지 않았다고 해서 권리남용으로 구성하기는 어렵다.

다음으로 외관상 권리의 행사처럼 보이지만 신의칙에 위반되어 정당한 권리의 행사로 볼 수 없어야 한다. 이 요건은 권리남용 여부를 판단할 수 있는 기준이 되지만 상당히 추상적이어서 다양한 기준에 의해 개별적으로 판단되어야 한다. 예컨대 수십 년 동안 마을에서 공동작업장으로 사용하고 있는 토지의 주인이 그 토지를 사용하지도 않으면서 그 토지에 대한 사용을 금지한 경우처럼 권리남용을 판단하기 위한 하나의 기준으로 권리자의 이익과 상대방의 불이익을 비교 형량하는 것도 하나의 기준이 될 수 있다.

2) 주관적 요건

권리의 행사가 권리남용이 되기 위한 두 번째 요건으로서 주관적 요건, 즉 가해 의사가 필요한 것인가의 여부에 관하여 학설은 대립하고 있으며, 판례도 다양한 태도를 보인다.

일단 학설은 대부분 권리남용이 되기 위해서는 객관적 요건만으로 충분하며, 가해의 의사나 목적은 그 요건이 아니라고 한다. 이는 결국 권리행사의 상대방에게 입증책임을 경감시켜 그의 보호로 연결된다.

이와 관련하여 판례는 다양한 태도를 보이는데, 그중 주목할 만한 것은 "주관적 요건은 권리자의 정당한 이익을 결여한 권리행사로 보이는 객관적 사정에 의하여 추인할 수 있다"라고 하여 주관적 요건에 대한 완화를 시도하고 있다는 점이다.[35] 이는 권리행사의 자유를 권리의

---

34 친권은 지배권으로서 권리의 성격도 있지만, 의무의 성격도 함께 내포하고 있다.

35 대판 1993.5.14. 93다4366; 대판 1998.6.26. 97다42823; 대판 2003.11.27. 2003다40422; 대판 2005.3.24. 2004다71522, 71539.

공공성 및 사회성에 따라 제한하는 현재의 조류에 부합한다고 할 것이다.

(3) 효과

권리의 행사가 남용으로 판단되면 적법한 권리의 행사로 인정받지 못하며, 그에 따른 법률효과도 발생하지 않는다. 권리남용에 따른 구체적인 법적 효과는 권리에 따라 다르게 나타난다. 예컨대 권리의 남용에 의하여 타인에게 손해가 발생한 경우에는 손해배상책임을 부담할 수 있으며, 친권의 남용[36]과 같은 경우에는 남용된 권리가 박탈되는 경우도 있다. 하지만 남용된 권리의 박탈과 같은 경우는 그러한 효과가 법률에 규정된 경우에 한하여 예외적으로 인정돼야 할 것인데, 왜냐하면 권리남용의 금지는 권리의 행사 제한에 주안점을 두기 때문이다.

제6절 권리의 보호

I. 서설

권리자의 권리가 침해된 경우, 이에 대한 구제를 논의하는 것이 권리의 보호 문제이다. "권리 위에서 잠자는 자는 보호받지 못한다"라는 법 격언처럼 본래 권리는 권리자 자신이 주장·보호하는 것이 원칙이다. 하지만 이는 과거 국가권력이 성립하지 않았거나 완전하지 않았을 때 인정되었던 것으로 이를 사력구제(私力救濟)라고 부른다. 근대에 국가권력의 완성과 법률의식의 향상으로 이러한 사력구제는 예외적인 것이 되었고 이제는 국가의 힘에 의한 구제 즉 공력구제(公力救濟)가 원칙이 되었다.

II. 사력구제

권리의 보호와 관련하여 공력구제가 원칙이지만 국가에 의한 권리 구제를 받을 수 없는 예외적인 경우에 한하여 개인에 의한 구제를 인정하고 있다. 하지만 권리의 침해와 관련하여 우리 민법은 사후구제가 원칙이고 사전예방은 예외적으로 인정되는데, 이는 재고의 여지가 있

---

36   민법 제924조(친권의 상실 또는 일시 정지의 선고), 제925조(대리권, 재산관리권의 상실의 선고) 등.

다고 할 것이다. 왜냐하면, 권리란 침해 전에 미리 예방이 이루어져야 이상적이라고 할 것이기 때문이다.[37]

민법은 불법행위와 관련하여 정당방위와 긴급피난의 규정을 두고 있고 점유권과 관련하여 자력구제의 규정을 두고 있다.

1. 정당방위

민법 제761조 제1항은 "타인의 불법행위에 대하여 자기 또는 제삼자의 이익을 방위하기 위하여 부득이 타인에게 손해를 가한 자는 배상할 책임이 없다."라고 규정하여 정당방위를 인정하고 있다. 예컨대 A가 자신을 상해하려는 B에 대하여 도리어 폭행을 가한 경우, 결과적으로 A가 B를 폭행하여 불법행위가 성립한 것처럼 보이지만 이러한 경우는 위법성이 조각되어 불법행위가 성립하지 않고, 그 결과 A는 B에 대하여 손해배상의 의무가 발생하지 않는다.

2. 긴급피난

정당방위와 함께 민법 제761조 제2항은 "전항의 규정은 급박한 위난을 피하기 위하여 부득이 타인에게 손해를 가한 경우에 준용한다."라고 규정하여 위법성 조각 사유로 긴급피난을 인정하고 있다. 예컨대 개 물림 사고를 피하려고 타인의 창문을 깨뜨리고 몸을 피한 경우, 긴급피난자는 창문에 대한 손해배상책임을 부담하지 않게 된다. 하지만 정당방위는 불법행위를 한 자와 정당방위로 손해를 입는 자가 동일인이기 때문에 문제가 없으나, 긴급피난의 경우에는 위난을 발생시킨 자 내지는 환경과 긴급피난으로 손해를 입는 자가 상이할 수 있다는 점이 문제가 된다.

생각건대, 긴급피난의 원인에 타인의 행위가 개입한 경우 그 타인에게 귀책사유가 있다면 현행민법의 규정을 통하여 해결하고, 타인의 행위가 개입되지 않았거나 자연력에 의한 손해의 경우에 일방적으로 피해자에게 모든 책임을 부담시키는 것은 합리적이지 않기 때문에 손해의 적절한 분담이 필요할 것이다.

---

37   우리 민법은 권리침해에 대한 예방적 수단으로 점유권(§206)과 소유권(§214) 등에서 이를 인정한다.

3. 자력구제

자력구제란 권리를 실현시키기 위하여 국가기관의 구제를 기다릴 여유가 없는 경우에 권리자 스스로가 이를 실현하는 행위이다. 예컨대 채무자가 공항을 통해 해외로 도피하려는 때에 채권자가 그를 억류하는 행위가 이에 해당한다. 이와 같은 의미에서의 일반적인 자력구제는 우리 민법이 인정하고 있지 않으나 점유의 침탈[38]과 관련하여 규정을 두고 있는데, 학설은 이를 근거로 점유침탈 이외의 경우에도 자력구제를 인정한다.

통설에 따르면, 자력구제는 주로 과거의 침해에 대한 회복인 점에서 정당방위, 긴급피난과 다르다고 한다.

III. 공력구제

1. 재판

권리침해가 발생한 경우, 권리자는 법원에 재판을 신청하여 권리의 구제를 받게 된다. 법원은 사실관계를 확정하고 관련된 법규의 내용을 명확하게 한 다음 결론을 내리게 되는데, 이것이 판결이다. 이러한 판결이 있었음에도 불구하고 이에 따르지 않는 경우에는 그 판결에 기하여 강제력을 동원하여 권리를 실현시킬 수가 있는데, 이를 강제집행이라고 한다. 그리고 강제집행의 실효성을 확보하기 위하여 보전처분 즉 가압류나 가처분을 할 수도 있는데,[39] 이를 규정한 민사에 관한 절차법으로는 「민사소송법」과 「민사집행법」이 있다.

우리나라는 심급제도, 즉 국민의 자유와 권리 보호에 신중을 기하고, 공정하고 정확한 재판을 받게 하려고 소송당사자나 소송관계인이 같은 사건에 대해서 서로 다른 종류의 법원에서 여러 차례 재판을 받을 수 있도록 하고 있는데, 민사사건과 관련해서는 3심제를 취하고 있다.

2. 조정

조정이란 판사 및 특별한 지식·경험이 있는 자로써 구성되는 조정위원회가 분쟁당사자를

---

38 민법 제209조(자력구제) ① 점유자는 그 점유를 부정히 침탈 또는 방해하는 행위에 대하여 자력으로써 이를 방위할 수 있다. ② 점유물이 침탈되었을 경우에 부동산일 때에는 점유자는 침탈 후 직시 가해자를 배제하여 이를 탈환할 수 있고 동산일 때에는 점유자는 현장에서 또는 추적하여 가해자로부터 이를 탈환할 수 있다.

39 「민사집행법」 제276조, 제300조.

상호 양보하게 하고 필요하면 중재 의견을 제시하여 당사자 간의 분쟁을 해결하는 제도이다. 이러한 조정제도의 장점으로는 재판절차에 비하여 비용과 시간이 절약되며, 당사자 간에 감정을 남기지 않는다는 점이 있지만, 확실성이 없으므로 조정이 이루어지지 않으면 재판절차로 넘어가게 된다는 단점도 있다.

민사 분쟁에 관한 조정을 규정한 법으로는 「민사조정법」이 있는데, 이 법에 따르면 민사에 관한 분쟁의 당사자는 법원에 조정을 신청할 수 있고, 수소법원(受訴法院)은 필요하다고 인정하면 항소심 판결 선고 전까지 소송이 계속 중인 사건을 결정으로 조정에 회부할 수 있다. 그 밖에 가사조정에 관하여는 「가사소송법」이 이를 규정하고 있다.

3. 중재

조정과 유사한 제도로서 중재가 있는데, 이는 당사자가 합의(중재계약)를 통해 선임한 제3자의 결정에 따라 분쟁을 해결하는 제도이다. 조정과의 차이점은 강제력이 있다는 것인데, 왜냐하면 이는 당사자 간의 합의 즉 계약이기 때문이다.

사법상의 분쟁을 적정·공평·신속하게 해결하기 위하여 「중재법」이 제정되어 있으며, 동법 제3조 1호에 의하면 "중재"란 당사자 간의 합의로 재산권상의 분쟁 및 당사자가 화해에 의하여 해결할 수 있는 비재산권상의 분쟁을 법원의 재판에 의하지 아니하고 중재인(仲裁人)의 판정에 의하여 해결하는 절차를 말한다. 그리고 중재판정의 효력과 관련하여 "중재판정은 양쪽 당사자 간에 법원의 확정판결과 동일한 효력을 가진다."라고 규정한다.[40]

---

40 중재법 제35조(중재판정의 효력)

제2장

권리의 주체(主體)

제1절 총설

사회생활을 하면서 맺는 법률관계로부터 권리와 의무가 나온다. 그리고 이러한 권리와 의무는 그것을 누리거나 부담하는 자를 전제로 하는데, 이를 권리의 주체 또는 의무의 주체라고 한다. 일반적으로 권리 본위에 따른 법의 구성으로 권리의 주체라는 표현을 주로 사용한다.

권리의 주체와 관련하여 민법은 총칙 편에서 인(人)과 법인(法人)을 규정하고 있다. 유의할 점은 인(人)이라는 단어와 관련하여 넓은 의미에서 자연인(自然人)과 법인을 포함하는 개념으로 사용되는 경우도 있고 자연인만을 인이라고 하는 경우도 있다는 것이다.

제2절 자연인(自然人)

Ⅰ. 권리능력(權利能力)

1. 의의

자연인이란 우리 민법상 그 개념이 규정되어 있지 않지만, 출생과 동시에 권리능력을 가지는 개인을 의미한다. 즉 엄격하게 말하면, 자연인이란 살아있는 인격체이면서 법이 인정하는 권리능력을 갖는 자이기 때문에 무조건 살아있는 사람이라고 해서 자연인이라고는 할 수 없다. 그러므로 자연인은 법적인 개념이다. 아무튼, 이러한 논의의 기본이 되는 권리능력이란 권리의 주체가 될 수 있는 지위 또는 자격을 의미하며, 이를 인격 또는 법인격이라고 한다.

민법은 권리의 주체가 될 수 있는 자격을 두 가지로 한정하고 있는데, 그것은 바로 자연인과 법인이다. 예를 들어 견주가 자신의 반려견에게 금전을 증여한다고 의사표시를 한 경우, 과연 그 증여계약이 성립할 것이며, 또한 계약이 성립한다고 할 때 그 법적 효과가 반려견에게 귀속될 수 있을 것인지 문제가 된다. 우리 민법의 해석에 따르면, 일단 반려견이 승낙의 의사표시를 할 수 없으므로 증여계약이 성립하지 않고, 보다 본질적으로 동물에 대해서는 권리능력을 인정하지 않기 때문에 이러한 법적 효과를 누릴 수도 없다. 이처럼 우리 민법은 자연인과 법인에 대해서만 권리능력을 인정하는데, 명심해야 할 것은 권리능력이라는 것은 실제로 어떤 구체적인 권리를 향유하고 있다는 개념은 아니고 권리의 주체가 될 수 있는 추상적인 가능성을 의미하는 것이다. 이런 의미에서 갓 태어난 아기는 아무것도 소유하고 있지 않지만, 권리능력은 갖는다.

2. 권리능력의 시기(始期)

(1) 출생 시기

민법 제3조는 "사람은 생존한 동안 권리와 의무의 주체가 된다."라고 하여 자연인의 권리능력에 대하여 명시하고 생존하기 시작한 때부터 권리능력을 갖는다고 규정하고 있다.

그렇다면 사람은 언제 출생한 것으로 봐야 하는가? 이에 대해 민법은 침묵하고 있으며, 결국 이는 학설과 판례에 맡겨져 있다. 이와 관련하여 대부분의 학설은 태아가 모체로부터 완전히 분리된 시점에 출생한 것으로 보는데, 이를 전부노출설이라고 한다. 그러므로 태아가 살아서 출생하기만 한다면 기형이든 조산이든 묻지 않고 권리능력을 취득하게 된다.

사람의 출생 시기는 권리능력의 취득 시기, 연령, 출생신고 기간의 기산점 등과 관련하여 의미가 있을 뿐만 아니라 상속과 관련해서도 중요한 의미가 있다. 예컨대 A가 자신의 배우자 B와 어머니 C를 남겨놓고 사망을 했는데, 얼마 후 태아 D가 출생했다가 며칠 뒤 사망한 경우, A의 직계비속인 D가 며칠이라도 생존했다면 상속인은 D가 되고 C는 상속인이 될 수 없게 되며, 그 결과 B가 단독 상속을 하게 된다. 반면 D가 사산(死産)하였다면 상속인은 B와 C가 된다.

(2) 출생의 증명

사람이 출생하게 되면, 「가족관계의 등록 등에 관한 법률」이 정하는 바에 의해 출생 후 1개월 이내에 출생지 등에서 신고를 해야 하며(§44, §45) 이를 위반한 경우에는 과태료의 제재를 받는다(§122). 하지만 이와 같은 가족관계등록부상의 기재는 추정력을 갖는 데 그치며 반증에 의하여 번복될 수 있다.

(3) 태아의 권리능력

권리능력의 시기와 관련된 중요한 쟁점 중의 하나가 이른바 '태아의 권리능력'의 문제이다. 민법 제3조의 규정을 문리해석하면, 아직 포태 중인 태아는 권리능력을 갖지 못하는 것으로 되고, 이러한 해석을 엄격하게 적용하면 여러 문제를 발생시킬 수 있다. 예를 들어 태아로 있는 동안 상속이 개시된 경우, 일단 태아인 신분에서는 권리능력이 없으므로 상속을 받지 못하고 나중에 태어난 후 상속인들을 상대로 상속회복청구(§999)를 해야 하는 번거로움이 있다.

이와 같은 태아의 권리 보호를 위해 각국은 그의 이익을 보호하는 제도를 두고 있는데, 여기에는 두 가지 입법주의가 있다.

1) 태아의 보호에 관한 입법주의

(가) 일반적 보호주의

모든 법률관계에서 태아의 이익이 관련되는 한 태아를 이미 출생한 것으로 보는 것으로 로마법에 기원을 두며, 현재 스위스 민법의 태도이다.

(나) 개별적 보호주의

태아의 이익에 관련된 특정한 법률관계에 관해서만 개별규정을 두어, 그 법률관계에 한정해서만 태아를 출생한 것으로 보는 것이다. 프랑스, 독일, 우리 민법의 태도이다. 태아의 보호와 관련하여 두 가지 입법주의는 태아의 이익과 사회의 이익(거래의 안전) 중 어느 쪽에 중심을 둘 것인가와 관련되어 있으며, 개별적 보호주의는 후자에 중심을 둔다고 볼 수 있다.

2) 태아의 보호에 관한 사항

민법은 개별적 보호주의에 따라 태아의 이익이 관련된 곳에서 태아를 출생한 것으로 보고 있다.

(가) 불법행위에 의한 손해배상청구

민법 제762조는 "태아는 손해배상의 청구권에 관하여는 이미 출생한 것으로 본다"라는 규정을 두고 있다. 이 규정의 손해배상청구권이란 두 가지를 포함하는데, 하나는 태아 자신이 직접 입은 손해에 관한 것이고 다른 하나는 태아의 직계존속 사망에 따른 정신적 손해에 대한 것이다. 예컨대 임신 중 외부의 폭행이나 약물투여에 의하여 태아가 입은 상해는 전자에 관한 것이고[41] 임신 중 아버지의 사망으로 출생 후 입게 되는 정신적 충격은 후자에 관한 것이다.[42]

그 밖에 타인의 불법행위로 아버지가 사망한 경우에 발생하는 재산상의 손해는 민법 제762조가 아닌 제1000조 제3항에 의해 태아에게 상속되는 것으로 본다.

(나) 재산상속

법정상속 순위를 규정하는 민법 제1000조 제3항은 "태아는 상속순위에 관하여는 이미 출생한 것으로 본다"라고 규정하여 태아도 상속인이 될 수 있도록 하고 있다.

(다) 대습상속(代襲相續)

대습상속이란 상속인이 될 직계비속 또는 형제자매가 상속개시 전에 사망하거나 결격자가 된 경우에 그 직계비속 및 배우자가 그에 갈음하여 상속하는 것(§1001, §1003②)으로 여기의 직계비속에는 당연히 태아도 포함된 것으로 본다.

(라) 유증(遺贈)

유증은 유언으로 재산을 타인에게 무상으로 증여하는 행위로 이는 단독행위이기 때문에 수증자의 의사표시가 필요하지 않다. 그러므로 이러한 유증은 태아도 받을 수 있다(§1064). 그리고 유증의 효력은 유언자가 사망한 때로부터 발생하기 때문에 반드시 유언 당시에 포태되어 있을 필요는 없다.

---

41   대판 1968.3.5. 67다2869.

42   대판 1962.3.15. 4294민상903; 대판 1993.4.27. 93다4663.

(마) 유류분(遺留分)

법률상 상속인에게 보장되는 상속재산의 비율을 유류분이라고 한다. 피상속인의 직계비속의 경우 그 법정상속분의 2분의 1을 보장받게 되는데(§1112), 여기의 직계비속에는 당연히 태아도 포함된다고 해석된다.

그 밖에 태아의 보호와 관련하여 논의가 되고 있는 것을 살펴본다.

(바) 사인증여(死因贈與)

증여자의 사망을 원인으로 하여 효력이 발생하는 증여를 사인증여라고 한다. 즉 증여자가 자신의 재산을 수증자에게 증여하되 자신이 사망한 경우에 재산이 이전하도록 하는 증여계약의 일종이다. 이는 유증과 유사하므로 유증에 관한 규정을 준용하고 있다(§562). 그리고 유증에서 태아의 권리능력을 인정하기 때문에 사인증여에도 당연히 이를 인정해야 한다는 견해와 반대하는 견해가 대립한다.

생각건대, 사인증여는 계약이기 때문에 증여자와 수증자의 의사표시가 모두 요구된다. 태아의 경우에는 증여의 의사표시에 대응하는 수증의 의사표시를 할 수 없으므로 계약이 성립할 수 없다. 반면 유증은 단독행위이기 때문에 태아의 의사표시가 없어도 그 효력이 발생한다. 이런 이유에서 사인증여의 경우 태아의 권리능력을 인정할 수 없지만, 태아의 보호라는 측면에서 본다면 유증과 유사한 사인증여에도 태아의 권리능력을 인정할 수 있다는 견해도 일응 타당성이 있다.

이와 같은 논의는 일반 증여에도 적용될 수 있는데(이른바 生前贈與), 판례는 민법이 태아에게 제한적으로 권리능력을 인정하고 있으며, 또한 태아인 동안에는 법정대리인이 있을 수 없으므로 법정대리인에 의한 수증행위도 할 수 없다고 하여 태아의 수증 능력을 인정하지 않는다.[43]

(사) 인지청구권

인지(認知)란 혼인 외의 자를 그의 부(父)나 모(母)가 자기의 자녀로 승인하여 법률상 친자관

---

43 대판 1982.2.9. 81다534.

계를 발생시키는 단독행위이다(§855). 이러한 인지는 자의 부모만이 할 수 있으며, 자의 경우에는 인지청구의 소(§863)를 제기하여 친자관계를 형성시킬 수 있다. 이처럼 인지(임의인지)의 경우, 부모는 태아에 대해서도 당연히 인지할 수 있다고 해석되지만, 인지청구권(강제인지)에 대해서는 의문이다. 왜냐하면, 태아의 경우에는 아직 출생 전이어서 인지청구의 소를 제기할 수가 없기 때문이다.

3) 해석론

민법은 태아의 보호와 관련되는 사항에서 "태아는 ~관하여는 이미 출생한 것으로 본다." 라는 개별적인 규정을 두고 있다. 이에 대한 해석을 둘러싸고, 문제 되는 사항과 관련한 시점에 태아가 특정 권리를 취득한 것으로 볼 것인가 아니면 태아가 출생할 때까지 기다린 후에 이미 발생한 특정 권리를 취득한 것으로 볼 것인가의 대립이 있다. 전자가 해제조건설이고 후자가 정지조건설이다. 본래 해제조건 또는 정지조건이라는 것은 조건의 종류로서 민법총칙의 부관(附款)과 관련하여 논의되는 것들이다. 우선 조건이라는 것은 장래의 발생 여부가 불확실한 사실에 법률효과를 의지하는 것으로 그 조건이 법률효과를 발생시키는 것이면 정지조건이고, 반대로 소멸시키는 것이면 해제조건이라고 한다.

(가) 해제조건설

태아의 권리 보호 규정의 해석과 관련하여, 해제조건설이란 일단 태아의 출생 전에 태아에게 특정한 권리능력을 인정하고 만약 태아가 사산된 경우(조건)에는 그 권리능력이 소급하여 상실된다는 견해이다. 이 견해에 따르면 태아는 자신의 이익과 관련된 권리를 우선 취득하기 때문에 태아의 보호에 유리한 측면이 있다. 하지만 사산한 경우에는 소급하여 태아의 권리능력이 상실되므로 거래의 안전에는 해가 되거나 사안을 복잡하게 하는 측면도 있다. 예를 들어 A는 배우자 B와 아버지 C를 남기고 사망했는데, 당시 B가 D를 포태하고 있는 경우, 해제조건설에 따르면 상속인은 B 그리고 태아 D가 되며, 각각 상속분을 갖게 된다. 하지만 D가 사산되었다면 그의 상속권은 소급하여 소멸하고 상속인은 B, C가 된다. 결국, C는 태아 D에게 있던 상속분을 반환받아야 하는 문제가 생긴다.

다수의 학설은 태아의 권리보호의 측면에서 해제조건설을 취하고 있다.

(나) 정지조건설

정지조건설에 따르면 태아가 출생하기 전에는 권리능력이 없으나 살아서 출생하면(조건) 이전의 권리 발생 시로 소급하여 권리능력을 인정하는 견해이다. 이러한 의미에서 인격소급설이라고도 한다. 이 견해는 태아가 살아서 출생할 때까지는 이미 발생한 권리를 태아에게 귀속시키지 않기 때문에 태아의 권리 보호보다는 거래의 안전을 중시하는 견해라고 볼 수 있다.

판례는 "태아가 특정한 권리에 있어서 이미 태어난 것으로 본다는 것은 살아서 출생한 때에 출생 시기가 문제 사건의 시기까지 소급하여 그때 태아가 출생한 것과 같이 법률상 보아준다고 해석하여야 상당하므로 그가 모체와 같이 사망하여 출생의 기회를 못 가진 이상 배상청구권을 논할 여지없다"라고 하여 정지조건설을 취하고 있다.[44]

3. 권리능력의 종기(終期)

(1) 사망

사람은 생존하는 동안 권리능력을 갖는다(§3). 그러므로 사람은 사망으로 권리능력을 상실하게 되며, 이는 유일한 권리능력의 소멸원인이 된다. 사람이 사망하면 상속이 개시되고, 유언의 효력이 발생하며 잔존 배우자의 재혼이 가능하게 되는 등 다양한 민법상의 법률효과가 발생한다.

민법은 사망의 시기와 관련하여 아무런 규정을 두고 있지 않다. 하지만 학설은 전통적으로 이견 없이 ① 호흡이 정지되고, ② 심장의 박동이 멈추며, ③ 양안의 동공이 확대되는 세 가지 징후에 의하여 사망을 결정하는 심장사설을 취하고 있다(이른바 三微候說). 그러나 현대의학의 발달에 의하여, 특히 인공호흡기의 보급을 통하여 '맥박이 뛰는 사체(死體)'라고 하는 기이한 현상인 뇌사가 알려지고, 또한 뇌사환자로부터의 장기이식이 실시된 이후 이러한 뇌사설(腦死說)을 새로운 사망의 개념으로 인정하고자 하는 논의가 전개되었다. 이러한 뇌사와 관련된 사항을 규정하는 법으로「장기 등 이식에 관한 법률」이 1999년부터 제정되어 시행되고 있으며, 뇌사자의 사망원인에 대해서는 "뇌사자가 이 법에 따른 장기 등의 적출로 사망한 경우에는 뇌사의 원인이 된 질병 또는 행위로 인하여 사망한 것으로 본다."라고 규정하고 있다(§21①).

---

44 대판 1976.9.14. 76다1365.

권리능력의 종기와 관련하여 사망의 시기에 대해 전통적인 심장사설을 따를 것인지 아니면 뇌사설을 따를 것인지는 상당히 어려운 문제이다. 이는 단순히 법학의 문제뿐만 아니라 윤리적, 종교적, 철학적인 관점에서도 첨예한 대립을 낳는 주제이기 때문이다. 생각건대 사망의 시기는 종전대로 심장사설을 따르되, 「장기 등 이식에 관한 법률」에 따라 뇌사판정이 이루어진 경우에는 예외가 인정된다고 하겠다.

(2) 사망의 증명

사망의 신고는 동거하는 친족이 사망의 사실을 안 날부터 1개월 이내에 진단서 또는 검안서를 첨부하여야 한다(「가족관계의 등록 등에 관한 법률」§84). 신고의무가 있는 사람이 위 기간 내에 신고하지 않으면 과태료의 제재를 받는다(§122). 출생의 경우와 마찬가지로 이와 같은 가족관계등록부상의 기재는 추정력을 갖는 데 그치며 반증에 의하여 번복될 수 있다.

(3) 동시사망의 추정

민법 제30조는 "2인 이상이 동일한 위난으로 사망한 경우에는 동시에 사망한 것으로 추정한다."라고 하여 동시사망의 추정에 관하여 규정하고 있다. 사망과 관련하여 민법상 다양한 법률효과가 발생하기 때문에 사망의 여부나 시기는 상당히 중요한데, 이를 확정하기 어려운 경우를 위해 민법이 두고 있는 규정이다.

예컨대 A는 배우자 B, 자녀 C, 어머니 D와 함께 살아가는데, 어느 날 C와 함께 제주도로 여행을 가던 중 풍랑에 선박이 좌초되어 A와 C는 사망하였다. 이 경우 A의 사망으로 인하여 상속이 개시되는데(C는 무산자), A와 C의 사망 시기에 따라서 상속인이 바뀌는 문제점이 생긴다. ① 먼저 A가 사망하고 그 뒤 C가 사망한 경우, 상속인은 제1순위 상속권자인 C와 배우자인 B가 되는데, 결국 C의 사망으로 인하여 B는 단독상속권자가 된다. ② 반면 C가 사망하고 그 뒤 A가 사망한 경우, C는 무산자이기 때문에 상속문제는 발생하지 않고 A의 재산은 제2순위 상속권자인 D와 배우자 B가 공동으로 상속하게 된다.

하지만 민법 제30조를 적용하게 되면, 우선 동시사망의 추정을 받는 자 상호 간에는 상속의 문제가 생기지 않게 되며, D와 B가 공동상속인이 되는 결과가 발생한다. 또한, 본 규정의 효과는 추정(推定)으로 본래 이러한 사실을 번복하기 위해서는 반대되는 사실의 입증 즉 반증

을 들어 이를 깨뜨릴 수 있지만, 판례는 그 정도를 강화하고 있다.[45]

그 밖에 본조는 "동일한 위난"의 경우에 적용이 된다고 규정하고 있는데, 상이한 위난의 경우에도 적용할 것인가의 문제가 있다. 이에 관하여 적용 긍정설과 적용 부정설이 대립한다. 생각건대, 여러 사람이 상이한 위난으로 사망한 경우에도 사망의 선후가 밝혀지지 않는다면, 본조의 규정을 유추하여도 무리가 없을 것으로 보인다.

(4) 인정사망(認定死亡)

인정사망이란 수해, 화재나 그 밖의 재난으로 인하여 사망한 사람이 있는 경우, 이를 조사한 관공서는 지체 없이 사망지의 시·읍·면의 장에게 통보하여야 하는데(「가족관계의 등록 등에 관한 법률」§87), 이러한 통보로 가족관계등록부에 사망의 기록이 되는 것을 말한다. 이러한 제도를 둔 이유는 사망의 개연성이 높은 경우에 실종선고 제도를 이용하게 하는 것은 불합리하기 때문이다.

후술하는 실종선고제도와 본 제도의 차이점은 전자의 경우, 일정한 요건이 갖추어지면 사망한 것으로 간주하지만, 인정사망의 경우는 사망의 추정에 머무른다. 따라서 실종선고를 취소하기 위해서는 재판절차를 거쳐야 하지만, 인정사망의 경우에는 반증, 즉 생존하거나 다른 시점에 사망한 사실 등에 의하여 가족관계등록부의 사망에 대한 기재는 당연히 효력을 잃게 된다.

II. 행위능력

1. 의사능력(意思能力)

(1) 의의

권리능력을 갖고 있더라도 실제 법률관계에서 어떤 특정의 권리나 의무를 보유하기 위해서는 일정한 정도의 지적 능력을 갖추어야 하는데, 이러한 능력이 의사능력이다. 예컨대 화폐의 가치를 모르는 유아가 성인이 주는 과자를 먹기 위해 자신이 소유하고 있던 1만 원을 건넨

---

45   대판 1998.8.21. 98다8974에 따르면, 교통사고와 관련하여 "사망의 선후에 의하여 관계인들의 법적 지위에 중대한 영향을 미치는 점을 감안할 때 충분하고도 명백한 입증이 없는 한 위 추정은 깨어지지 아니한다고 보아야 한다."라고 판시하여 단순한 반증이 아닌 충분히 명확한 반증임을 요한다고 한다.

경우, 과연 매매계약의 효력이 발생할 것인지 의문이다. 왜냐하면, 이 경우 유아는 자신의 행위에 대한 의미와 그 결과를 잘 이해하지 못하기 때문이다. 이는 우리 민법의 기본원리인 사적자치의 원칙과도 부합하지 않는다. 즉 개인들의 합리적인 의사에 의해 타인과 법률관계를 형성하고 법은 이에 법적 효과를 부여하는 것이 이러한 원칙이 실현되는 모습인데, 위의 사례는 그렇지 못하기 때문이다.

이에 우리 민법은 명문상 의사능력을 인정하지 않지만 이를 당연한 개념으로 인정하고 있다. 정리하면 의사능력이란 자기 행위의 의미와 결과를 합리적으로 판단할 수 있는 정신적 능력 또는 판단능력을 말한다.

(2) 의사능력의 판단

의사능력의 유무를 판단할 때, 명문의 규정이 없는 관계로 구체적인 사안에서 개별적으로 판단할 수밖에 없다. 판례에 따르면, "의사능력이란 자신의 행위 의미나 결과를 정상적인 인식력과 예기력을 바탕으로 합리적으로 판단할 수 있는 정신적 능력 내지는 지능을 말하는 것으로서, 의사능력의 유무는 구체적인 법률행위와 관련하여 개별적으로 판단되어야 하므로, 특히 어떤 법률행위가 그 일상적인 의미만을 이해하여서는 알기 어려운 특별한 법률적인 의미나 효과가 부여되어 있는 경우 의사능력이 인정되기 위하여는 그 행위의 일상적인 의미뿐만 아니라 법률적인 의미나 효과에 대하여도 이해할 수 있을 것을 요한다."라고 판시한다.[46] 그리고 판례는 대체로 7세 미만의 연령을 의사무능력자로 판단하고 있다.

(3) 효과

의사능력이 없는 자(예컨대 유아, 만취자, 백치 등) 즉 의사무능력자의 법률행위의 효과에 관하여 명문의 규정은 없지만, 판례와 학설은 무효로 본다. 이러한 무효의 주장은 의사무능력자뿐만 아니라 상대방 및 모든 이들도 주장할 수 있다. 그리고 의사무능력자가 그가 한 법률행위가 무효라고 주장하기 위해서는 본인이 행위 당시 의사능력이 없었다는 것을 입증해야 한다.

---

46 대판 2009.1.15. 2008다58367; 그 밖에 의사능력의 판단에 관한 판례로는 2002.10.11. 2001다10113; 2006.9.22.2006다29358.

2. 행위능력(行爲能力)

(1) 의의

사적자치의 원칙을 기본으로 하는 우리 민법은 의사능력 제도를 통하여 능력이 부족한 자를 보호하고 있다. 하지만 이러한 의사능력 제도는 몇 가지 문제점을 다음과 같이 내포하고 있는데, 첫 번째는 입증책임의 문제로서 의사무능력자는 당해 법률행위를 무효로 하기 위해서는 이를 입증해야 하는데 이는 쉬운 일이 아니며, 이를 입증하지 못하면 결국 의사무능력자의 보호는 이루어지지 못한다. 둘째로는, 거래 안전의 문제로서 의사무능력자와 거래한 상대방 또는 제3자는 법률행위 당시 그자에게 의사능력이 있는지의 여부를 확인하기 어렵고, 나중에 의사능력이 없어서 그 법률행위가 무효가 된다면 거래 상대방은 불측의 손해를 입게 되는 점이 있다.

위와 같은 문제점을 해결하기 위해 인정된 것이 행위능력 제도이며, 행위능력은 의사능력을 획일적으로 객관화시켜 놓은 제도라고 할 수 있다.

행위능력이란 민법상 단독으로 유효한 법률행위를 할 수 있는 능력을 말한다. 그리고 이러한 능력이 없는 자를 제한능력자라고 하며, 민법상 능력이라고 하면 이는 통상 행위능력을 의미한다. 또한, 행위능력 제도와 관련된 규정은 그 존재 이유처럼 의사무능력자 본인뿐만 아니라 거래의 안전에도 영향을 미치기 때문에 강행규정(強行規定)이라고 할 것이다.

(2) 제한능력자(制限能力者)

민법은 제한능력자로서 ① 미성년자, ② 피성년후견인, ③ 피한정후견인, ④ 피특정후견인의 총 4가지의 형태를 규정한다. 그리고 미성년자를 제외한 나머지 세 유형은 성년에 관한 것으로, 전자와 관련된 후견을 미성년후견이라고 하며, 후자와 관련된 후견을 성년후견이라고 한다. 즉 후견(後見)이란 위와 같은 자에게는 정신적 제약으로 인해 사무를 처리할 능력이 부족하기 때문에 이들의 능력을 보충하여 제한능력자를 보호하는 것을 의미한다.

1) 미성년자

(가) 성년기(成年期)

민법 제4조는 "사람은 19세로 성년에 이르게 된다."라고 규정하여 성년연령을 명시하고 있다. 그러므로 19세에 이르지 못한 자는 미성년자이며, 제한능력자가 된다. 연령을 계산할 때는 출생일을 산입하여 만(滿) 나이로 계산한다(§158). 예를 들어 2024년 7월 1일에 출생한 사람의 경우 기산일인 출생일을 산입하여 역에 의해 계산하면 2043년 6월 30일 24시부터 성년이 된다.

그 밖에 민법은 성년연령에 달하지 않더라도 성년으로 보는 성년의제(成年擬制) 제도를 두고 있다. 즉 민법 제826조의 2에 의하면 "미성년자가 혼인을 한 때에는 성년자로 본다."라고 한다. 제5차 개정 때 이러한 규정을 신설한 이유는 종전에 혼인한 미성년자이더라도 성년이 되기까지는 친권이나 후견의 영향을 받기 때문에 혼인의 독립성을 해친다는 지적이 있었기 때문이다. 그리고 민법은 혼인적령을 18세로 규정(§807)하고 있으므로 미성년자가 성년의제를 받게 되는 경우는 만 18세의 자가 혼인을 한 경우로 한정된다. 또한, 혼인으로 성년의제를 받은 자가 성년기 전에 혼인이 해소되거나 취소된 때에는 그자를 미성년자로 환원시킬 것인가의 문제가 있지만, 계속해서 성년자로 본다는 것이 지배적인 견해이다.

19세에 달하게 되면 민법상 성년이 되는데, 성년이 된 자는 부모의 동의 없이 약혼(§800) 및 혼인(§808)이 가능하며 입양(§866)을 할 수 있다.

(나) 미성년자의 행위능력

미성년자는 제한능력자로서 그는 단독으로 유효한 재산상의 법률행위를 하지 못하는 것이 원칙이다. 따라서 미성년자가 유효한 법률행위를 하기 위해서는 법정대리인의 동의를 얻어야 하며 이를 위반한 경우에는 취소(取消)할 수 있다(§5).

법정대리인의 동의를 얻지 않고 이루어진 법률행위를 취소권자(§140)가 취소할 수도 있고 그렇지 않을 수도 있는데, 만약 취소가 있으면 당해 법률행위 시로 소급하여 무효가 되는 효력이 있다(§141). 반면 취소하지 않으면 유효인 상태가 계속된다. 예컨대 14세의 중학생이 부모님의 동의 없이 고가의 노트북을 구매하기로 하는 계약을 체결하였다면, 미성년자 본인이나 부모님이 이를 취소할 수 있게 되며, 그 계약에 따라 인도받은 노트북을 상당 기간 사용하여 중고품이 되었다 하더라도 취소가 되면 미성년자는 그 상태대로 노트북을 반환하고 매매대금을 돌려받을 수 있게 된다.[47]

그리고 이때 판매자는 미성년자의 행위에 부모님의 동의가 있었다고 주장할 수 있는데, 판례에 따르면 이 경우 그에 관한 입증책임은 법률행위의 유효를 주장하는 자에게 있다고 한다.[48]

이처럼 동의를 얻지 못하거나 사후 추인을 얻지 못한 재산상의 법률행위는 취소할 수 있지만, 민법은 미성년자가 단독으로 유효한 행위를 할 수 있는 예외를 다음과 같이 규정하고 있다.

가) 권리만을 얻거나 의무만을 면하는 행위(§5① 단서)

이를 인정하는 이유는 미성년자에게 이익만을 주기 때문이며, 부담 없는 증여를 받는 행위(§554), 채무면제의 청약에 대한 승낙,[49] 제3자를 위한 계약에서 수익의 의사표시(§539②), 서면에 의하지 않은 증여의 해제(§555) 등이 여기에 속한다. 반면 어떤 행위가 미성년자에게 이익도 가져오고 동시에 부담 내지 손해도 가져오는 경우에는 허용되지 않는데, 부담부 증여(負擔附贈與)를 받는 행위(§561), 경제적으로 유리한 매매계약을 체결하는 행위, 상속을 승인하는 행위 등이 여기에 속한다. 요컨대 권리만을 얻거나 의무만을 면하는 행위는 미성년자가 단독으로 하여도 유효한 행위가 되지만, 그렇지 않은 경우는 반드시 법정대리인의 동의를 얻어야 유효한 행위가 된다.

나) 처분이 허락된 재산의 처분행위(§6)

민법은 "법정대리인이 범위를 정하여 처분을 허락한 재산은 미성년자가 임의로 처분할 수 있다."라고 규정한다. 그러므로 미성년자의 전 재산의 처분과 같은 광범위한 재산의 처분은 허용되지 않는다고 할 것이다. 그리고 이는 미성년자를 제한능력자로 규정한 취지에도 반한다.

이와 관련하여, 법정대리인이 사용 목적을 정하여 재산처분을 허락한 경우, 미성년자가 이러한 목적에 반하는 처분행위를 했을 때, 그 처분행위의 효력을 어떻게 볼 것인가의 문제가 있

---

47 민법 제141조 후단은 "제한능력자는 그 행위로 인하여 받은 이익이 현존하는 한도에서 상환(償還)할 책임이 있다."라고 규정한다.

48 대판 1970.2.24. 69다1568.

49 민법 제506조는 채권의 소멸 사유로 면제의 요건과 효과를 규정하고 있는데, 이 규정에 따르면 채무의 면제는 채권자의 의사표시만으로 이루어진다. 즉 단독행위이다. 그러나 계약자유의 원칙상 채권자와 채무자 간의 계약으로도 성립할 수 있다.

다. 견해의 대립이 있지만, 사용 목적에 반하여 처분이 허락된 재산을 처분하였다고 해서 이를 취소하는 것은 거래의 안전에 반하므로 그 처분행위는 유효하다고 해석하는 것이 타당하다.

다) 영업이 허락된 미성년자의 그 영업에 관한 행위(§8①)

미성년자가 법정대리인으로부터 허락을 얻은 특정한 영업에 관하여는 성년자와 동일한 행위능력이 있다. 여기서 영업이란 영리를 목적으로 하는 독립적·계속적 사업을 말하며, 반드시 상업에 한정되지는 않는다. 그리고 법정대리인이 영업을 허락함에서는 반드시 영업은 특정되어야 하는데, 그 이유는 만약 포괄적인 영업을 허락하는 것은 제한능력 제도의 존재의의에 반하기 때문이다. 또한, 어떤 영업 일부만을 허락하는 것은 "특정한 영업"이 아니라고 할 것이다(예컨대 의류 판매업에서 1만 원 이하의 물건만 팔 수 있도록 하는 것).

영업이 상업인 경우에는 제3자를 보호하기 위해서 상업등기를 해야 하며(「상법」 §6), 이를 통해 제3자는 허락의 여부를 확인할 수 있다. 그리고 "영업에 관하여는" 영업을 함에서 직·간접으로 필요한 모든 행위를 의미한다고 할 것이며, 이러한 범위 내에서는 법정대리인의 동의권, 대리권도 소멸한다고 해석된다.

라) 대리행위(§117)

민법 제117조는 "대리인은 행위능력자임을 요하지 아니한다."라고 규정하여 미성년자가 타인의 대리인으로서 법률행위를 한 경우, 그 행위는 유효한 것으로 해석된다. 그 이유는 이러한 경우 법률행위의 효력은 미성년자 자신이 아닌 타인에게 직접 귀속되므로 미성년자 본인을 보호하기 위한 제한능력 제도의 취지에 위배되지 않기 때문이다.

마) 취소행위(§140)

미성년자가 행한 법률행위는 그의 법정대리인뿐만 아니라 제한능력자인 미성년자 본인도 취소할 수 있다.

바) 유언행위(§1061, §1062)

민법은 유언적령을 17세 이상으로 규정하고 있고 유언에 제한능력자에 관한 규정을 적용하지 않기 때문에 17세 이상의 미성년자가 행한 유언은 유효하다.

사) 회사의 무한책임사원이 된 미성년자의 행위(상법 §7)

「상법」 제7조는 "미성년자가 법정대리인의 허락을 얻어 회사의 무한책임사원이 된 때에는 그 사원 자격으로 인한 행위에는 능력자로 본다."라고 규정한다.

아) 근로계약의 체결과 임금의 청구(근로기준법 §67, §68)

「근로기준법」 제67조 제1항은 "친권자나 후견인은 미성년자의 근로계약을 대리할 수 없다."라고 규정하는데, 이에 따르면 미성년자의 근로계약은 미성년자 자신만이 체결할 수 있다는 의미가 된다. 그리고 미성년자가 근로계약을 체결할 때 법정대리인의 동의를 얻어야만 하는가에 관해 견해의 대립이 있지만, 이 경우에도 미성년자의 보호를 위하여 법정대리인의 동의를 얻어야 할 것이다. 그리고 미성년자는 독자적으로 임금을 청구할 수 있다(§68).

(다) 미성년자의 법정대리인

본인의 수권(授權) 없이 법률상 발생하는 대리를 법정대리라고 하는데, 미성년자의 법정대리인에는 친권자와 후견인의 두 종류가 있다.

가) 친권자

민법 제909조 제1항은 "부모는 미성년자인 자의 친권자가 된다."라고 규정한다. 여기서 친권이라고 하는 것은 자녀를 보호하고 교양할 권리 의무를 총칭하는 말이다.[50] 부모가 혼인 중인 경우, 친권은 부모가 공동으로 행사하는 것을 원칙으로 하고 의견이 일치하지 않는 경우에는 당사자의 청구로 가정법원이 이를 정한다(동조②).

나) 미성년후견인

미성년자에게 친권자가 없거나 친권자가 친권의 전부 또는 일부를 행사할 수 없는 경우에는 미성년후견인을 두어야 한다(§928). 그러므로 미성년자에게는 1차적으로 친권자가 법정대

---

50 친권에는 거소지정권(§914), 징계권(§915), 재산관리권(§916, §918) 등이 포함된다.

리인이 되며, 2차적으로 미성년후견인이 법정대리인으로 된다. 그리고 미성년후견인의 수는 한 명으로 하며, 자연인에 한정된다고 할 것이다(§930①).

미성년후견인은 우선 미성년자의 친권자인 부모가 유언으로 미성년후견인을 지정할 수 있으며(§931①), 이러한 지정후견인이 없는 경우에 가정법원은 직권으로 또는 미성년자, 친족, 이해관계인, 검사, 지방자치단체의 장의 청구에 의하여 미성년후견인을 선임하도록 규정한다(§932①).

(라) 법정대리인의 권한

친권자나 미성년후견인은 미성년자의 법률행위에 대해서 그 부족한 능력을 보충해 주는 역할을 하게 되는데, 이러한 지위에서 법정대리인은 다음과 같은 권리를 갖는다.

가) 동의권

미성년자는 법정대리인의 동의를 얻게 되면 단독으로 유효한 법률행위를 할 수 있다(§5①). 그러므로 법정대리인은 동의권을 갖는다. 그리고 범위를 정하여 처분을 허락한 재산이나 영업에 관하여 "허락"이라는 용어를 사용하지만, 이는 동의와 같은 의미이다.

하지만 미성년자가 법정대리인의 동의를 얻어 법률행위를 하더라도 반드시 의사능력은 있어야만 한다. 즉 의사능력이 없는 경우, 그 법률행위는 무효이다.

후견인은 미성년자에게 영업에 관한 행위, 금전을 빌리는 행위, 의무만을 부담하는 행위 등 재산상의 중요한 행위에 동의를 할 때에는 후견감독인이 있으면 그의 동의를 받아야 하는 제한이 있다(§950①).

나) 대리권

법정대리인은 미성년자의 재산에 관한 법률행위에 대하여 미성년자를 대리한다(§920, §949①). 그러나 미성년자의 행위를 목적으로 하는 채무를 부담할 경우에는 미성년자 본인의 동의를 얻어야 한다(§920 단서, §949②). 예컨대 미성년자 A가 일주일에 한 번 독지가 C의 은행 업무를 도와주고 그에 대한 대가로 장학금을 받기로 하는 계약을 A의 부모인 B와 C가 체결한 경우, 위 계약은 미성년자에게 이익이 되기는 하지만 그자의 행위가 목적이 되기 때문에 법정대리인은 반드시 미성년자의 동의를 얻어 그 계약을 체결해야 한다.

법정대리인과 미성년자의 이익이 상반되는 행위에 대해서는 법정대리인의 대리권이 제한되며, 이 경우 법정대리인은 법원에 미성년자의 특별대리인 선임을 청구해야 한다(§921).[51] 그리고 영업을 허락한 경우에는 그 범위에서 대리권이 소멸한다(§8).

다) 취소권

법정대리인은 미성년자가 동의를 얻지 않고서 행한 법률행위를 취소할 수 있다(§5②, §140). 또한, 법정대리인은 취소할 수 있는 법률행위를 추인(追認)할 수 있다(§143). 여기서 추인이란 일단 행해진 불완전한 법률행위를 뒤에 확정하여 효력을 갖게 하는 일방적 의사표시를 말한다. 즉 취소권의 포기라고 할 수 있다.

2) 피성년후견인(被成年後見人)

(가) 의의

기존의 금치산자(禁治産者)제도에 대응하는 것으로 민법은 성년후견제도(좁은 의미)를 도입하였으며, 이러한 성년후견을 받는 자를 피성년후견인이라고 한다. 즉 질병, 장애, 노령, 그 밖의 사유로 인한 정신적 제약으로 사무를 처리할 능력이 지속적으로 결여된 자로서, 일정한 자의 청구로 성년후견개시의 심판을 받은 자를 말한다(§9①). 그러므로 정신적 제약으로 사무를 처리할 능력이 지속적으로 결여된 자라고 하더라도 법원에 의한 심판이 없으면 그자는 피성년후견인이 아니다.

(나) 요건

가) 실질적 요건

성년후견개시의 심판을 청구하기 위해서는 대상자가 정신적인 제약으로 사무를 처리할 능력이 지속적으로 결여된 상태여야 한다. 이러한 의사능력이 부족한 상태는 일시적으로 회복되는 경우가 있더라도 대체로 그러한 상태에 있는 것을 말한다.

51　대판 1964.8.31. 63다547에 따르면, 친권자가 미성년자와 이해 상반되는 행위를 특별대리인에 의하지 않고 한 경우에는 무권대리행위라고 판시한다.

나) 형식적 요건

실질적 요건이 갖추어진 경우에 본인, 배우자, 4촌 이내의 친족, 미성년후견인, 미성년후견감독인, 한정후견인, 한정후견감독인, 특정후견인, 특정후견감독인, 검사 또는 지방자치단체의 장이 가정법원에 성년후견개시의 심판을 청구하여야 한다(§9①). 본인은 의사능력이 회복되었을 때에 단독으로 청구할 수 있고 검사는 대상자에게 연고자가 없는 경우 공익의 대표자로서 청구권자가 된다. 또한, 지방자치단체의 장이 포함된 것은 사회복지행정의 관점에서 바람직한 것으로 판단된다.

(다) 절차

성년후견개시의 심판은 「가사소송법」과 「가사소송규칙」의 규정에 따른다. 가정법원은 원칙적으로 이러한 정신적 제약을 판단하기 위하여 의사에게 감정을 시켜야 하고(「가사소송법」§45의 2), 심판이 확정되면 후견등기부에 등기할 것을 촉탁해야 한다(§9).

(라) 피성년후견인의 능력

원칙적으로 피성년후견인의 법률행위는 취소(取消)할 수 있다(§10①). 그러나 가정법원은 취소할 수 없는 피성년후견인의 법률행위의 범위를 정할 수 있다(동조②). 개정 전 금치산자의 재산상의 법률행위는 법정대리인의 동의가 있더라도 언제나 취소할 수 있는 것으로 파악하여, 제한능력자의 잔존능력을 전혀 고려하지 않았지만, 개정법에서는 이를 고려하여 피성년후견인이 단독으로 유효하게 법률행위를 할 수 있는 범위를 법원이 정할 수 있게 하였다.

또한, 일용품의 구입 등 일상생활에 필요하고 그 대가가 과도하지 않은 법률행위는 피성년후견인이 단독으로 할 수 있으며, 이를 성년후견인이 취소할 수 없도록 하였다(동조④). 이러한 일상생활에 관한 행위로는 슈퍼마켓에서 물건을 구입하거나 공공요금을 지불하는 행위 등이며, 실제로는 개개의 사례별로 판단하여야 할 것이다.

(마) 성년후견인

피성년후견인의 법정대리인은 성년후견인이다. 가정법원은 성년후견개시의 심판이 있는 경우에는 직권으로 성년후견인을 선임한다(§929, §936①). 성년후견인은 미성년후견인과 다르게 여러 명을 둘 수 있으며(§930②), 법인(法人)도 성년후견인이 될 수 있다(동조③).

또한, 후견인의 사무를 감독하기 위하여 가정법원은 필요하다고 인정하면 직권으로 또는 피성년후견인, 친족, 성년후견인, 검사, 지방자치단체의 장의 청구로 성년후견감독인을 선임할 수 있다(§940의 4①). 개정 전 민법은 후견인의 감독기관으로서 친족회(親族會)를 두었으나 이를 폐지한 대신 성년후견감독인 제도를 도입하였다. 하지만 성년후견감독인은 임의기관이기 때문에 성년후견인에 대한 감독기관이 없이 성년후견이 개시될 수 있다는 문제점이 있다.

(바) 성년후견인의 권한

성년후견인은 피성년후견인의 신상(身上)에 관한 사항, 재산관리에 관련된 권한 및 의무 등을 부담한다. 구체적으로는 재산조사와 목록작성(§941), 피성년후견인의 신체침해를 수반하는 의료행위에서 본인의 동의가 불가능한 경우의 동의권(§947의 2③), 재산관리에 대한 대리권(§949①), 가정법원이 취소할 수 없는 것으로 정한 것 이외의 법률행위에 대한 취소권(§10①②, §140) 등이 있다.

다만 성년후견인이 피성년후견인을 대리하여 피성년후견인이 거주하고 있는 건물 또는 그 대지에 대하여 매도, 임대, 전세권 설정, 저당권 설정, 임대차의 해지, 전세권의 소멸, 그 밖에 이에 준하는 행위를 하는 경우에는 가정법원의 허가를 받아야 한다(§947의 2⑤). 본 규정의 취지는 주거환경의 변화가 피성년후견인 본인에게 미치는 영향이 크기 때문이다. 또한, 성년후견인과 피성년후견인 간의 이익이 상반되는 경우에는 법원에 특별대리인의 선임을 청구해야 한다(§949조의 3, §921).

(사) 성년후견종료

성년후견개시의 원인이 소멸한 때에는 가정법원은 일정한 자의 청구로 성년후견종료의 심판을 한다(§11). 조문의 문언상 성년후견종료의 심판을 할 것인지에 관하여 법원의 재량이 있는 것으로 해석되지만, 새로운 성년제도의 이념인 자기결정권의 존중과 잔존능력의 활용이라는 측면에서 이러한 원인이 소멸한 경우에 법원은 반드시 종료심판을 해야 한다고 할 것이다.

3) 피한정후견인(被限定後見人)

(가) 의의

피한정후견인은 정신적 제약으로 사무를 처리할 능력이 부족한 자로서 일정한 자의 청구로 가정법원으로부터 한정후견개시의 심판을 받은 자를 말한다(§12①). 이러한 한정후견제도는 종전의 한정치산자제도에 대응하는 것으로 새로운 성년후견제도(넓은 의미)의 한 유형이다.

(나) 요건

가) 실질적 요건

질병, 장애, 노령 그 밖의 사유로 인한 정신적 제약으로 사무를 처리할 능력이 부족한 사람이 한정후견의 대상이 된다. 앞서 살펴본 성년후견의 대상에 이르지는 않았으나 판단능력이 부족한 경우를 말한다.[52]

이와 관련하여 사무처리 능력이 지속적으로 결여되어 있는지(성년후견) 아니면 사무처리 능력이 부족한지(한정후견)는 판단능력에 대한 정도의 차에 불과하기 때문에 가정법원이 양자를 판단함에 있어 그들의 정신적인 상태뿐만 아니라 성년후견제도의 목적을 생각하면서 타당한 결정을 해야 할 것이다. 그러므로 성년후견개시의 청구가 있더라도 한정후견개시를 심판할 수 있고 반대의 경우도 가능하다.

나) 형식적 요건

위와 같은 실질적 요건이 갖추어지면 일정한 자, 즉 본인, 배우자, 4촌 이내의 친족, 미성년후견인, 미성년후견감독인, 성년후견인, 성년후견감독인, 특정후견인, 특정후견감독인, 검사 또는 지방자치단체의 장이 가정법원에 한정후견개시의 심판을 청구하여야 한다(§12①).

(다) 절차

한정후견개시의 심판은 「가사소송법」과 「가사소송규칙」의 규정에 따른다. 가정법원은 원

---

52 제18차 개정 전 한정치산자의 실질적 요건에는 ① 심신이 박약하거나(심신박약자), ② 낭비자인 경우가 포함되었지만, 개정법에서는 낭비자를 요건에서 제외하였다. 하지만 개정법의 해석에 의해서도 낭비가 심하여 가족의 생활을 궁박하게 할 염려가 있는 자는 정신적 제약으로 사무처리 능력이 부족한 것으로 판단되어 한정후견개시의 심판이 개시될 수도 있을 것이다.

칙적으로 이러한 정신적 제약을 판단하기 위하여 의사에게 감정을 시켜야 하고(「가사소송법」§45의 2), 심판이 확정되면 후견등기부에 등기할 것을 촉탁해야 한다(§9).

(라) 피한정후견인의 능력

한정후견개시의 심판과 함께 가정법원은 피한정후견인이 한정후견인의 동의를 받아야 하는 행위의 범위를 정할 수 있는데(§13①), 그러한 범위에 속한 행위에 대해서 피한정후견인은 반드시 한정후견인의 동의를 받아야 한다. 만약 동의를 받지 않으면 그 법률행위를 취소할 수 있다(동조④). 결국, 피한정후견인의 능력은 가정법원이 정한 범위에 따라 결정되며, 범위 외의 행위에 대해서는 피한정후견인의 능력은 제한을 받지 않게 된다.

또한, 일용품의 구입 등 일상생활에 필요하고 그 대가가 과도하지 않은 법률행위는 피한정후견인이 단독으로 할 수 있으며, 이를 한정후견인이 취소할 수 없도록 하였다(동조④ 단서).

(마) 한정후견인

피한정후견인의 법정대리인은 한정후견인이다. 민법 제959조의 2는 "가정법원의 한정후견개시의 심판이 있는 경우에는 그 심판을 받은 사람의 한정후견인을 두어야 한다."라고 규정하며, 가정법원은 직권으로 한정후견인을 선임한다(§959조의 3). 그리고 후견인은 여러 명을 둘 수 있으며, 법인도 가능하다. 성년후견과 마찬가지로 가정법원은 필요하다고 인정하면 직권으로 또는 일정한 자의 청구로 한정후견감독인을 선임할 수 있다(§959의 5).

(바) 한정후견인의 권한

한정후견인은 피한정후견인의 재산관리나 신상 등에 관한 여러 권한을 갖는다. 예컨대 한정후견인은 가정법원의 심판에 의해 대리권을 수여받을 수 있으며(§959조의 4), 가정법원은 한정후견인이 피한정후견인의 신상에 관하여 결정할 수 있는 권한의 범위를 정할 수 있다(동조②). 그리고 한정후견인의 동의가 필요한 법률행위에 대한 동의권을 가지며, 한정후견인의 동의가 필요한 법률행위를 동의 없이 했을 때 취소권을 가진다. 그리고 한정후견의 사무에 관하여는 주로 성년후견에 관한 규정이 준용된다(§959의 6).

(사) 한정후견종료

한정후견개시의 원인이 소멸한 경우에는 가정법원은 본인, 배우자, 4촌 이내의 친족, 한정후견인, 한정후견감독인, 검사 또는 지방자치단체의 장의 청구로 한정후견종료의 심판을 한다(§14).

4) 피특정후견인(被特定後見人)

(가) 의의

피특정후견인이란 정신적 제약으로 일시적 후원 또는 특정한 사무에 관한 후원이 필요한 자로서 일정한 자의 청구로 가정법원의 특정후견의 심판을 받은 자를 말한다(§14의 2①). 이는 기존의 제한능력 제도가 획일적으로 그들의 능력을 제한한 것에 대하여 잠정적인 제도 이용자의 탄력적인 수요충족을 위해 마련된 제도이다.

피특정후견인의 행위능력의 제한은 제한능력 제도 중에서 가장 완화된 형태이고 대부분의 행위는 스스로의 판단에 따라 가능하며, 심판에 의해 정해진 특정의 행위에 대해서만 특정후견인의 관여가 필요한 것이다.

(나) 요건

가) 실질적 요건

질병, 장애, 노령, 그 밖의 사유로 인한 정신적 제약으로 일시적 후원 또는 특정한 사무에 관한 후원이 필요한 사람이 특정후견의 대상이 된다. 성년후견이나 한정후견의 대상과는 다르게 일반적인 사무는 가능하나 복잡하고 기술적인 사무에 대해서만 한시적으로 타인의 도움을 얻을 수 있는 특징이 있다. 예컨대 주택임대차에 관한 계약(「주택임대차보호법」상의 대항력 요건 취득 등), 근저당권의 설정에 관한 계약 등에 있어 조력이 필요한 경우이다.

나) 형식적 요건

실질적 요건이 구비되면, 일정한 자의 청구 즉 본인, 배우자, 4촌 이내의 친족, 미성년후견인, 미성년후견감독인, 검사 또는 지방자치단체의 장의 청구가 필요하다.

(다) 절차

특정후견에 관한 요건이 갖추어지면 법원은 특정후견의 심판을 하는데, 이때 심판은 본인의 의사에 반하여 할 수 없다(§14의 2②). 왜냐하면, 특정후견 제도 자체는 다른 후견제도와 다르게 일시적이고 특정한 사무에 대한 후원을 목적으로 하며 또한 다른 제한능력자와 다르게 일반적인 행위능력이 인정되는 자를 대상으로 하기 때문이다. 그리고 법원은 이러한 심판을 하는 때에 특정후견의 기간 또는 사무의 범위를 정해야 한다(동조③).

(라) 피특정후견인의 능력

피특정후견인은 법원에서 정한 특정한 사무 외에는 행위능력자로 다루어진다.

(마) 특정후견인

가정법원은 피특정후견인의 후원을 위하여 필요한 처분을 명할 수 있는데(§959의 8) 이러한 처분의 예로서, 가정법원은 특정후견인을 선임하여 피특정후견인을 후원하거나 대리하게 할 수 있다(§959의 9). 특정후견인은 여러 명을 둘 수 있으며, 법인도 가능하다(동조②).

또한, 가정법원은 필요하다고 인정하면 직권 또는 일정한 자의 청구로 특정후견감독인을 선임할 수 있다(§959의 10①).

(바) 특정후견인의 권한

가정법원은 피특정후견인의 후원을 위하여 필요하다고 인정하면 기간이나 범위를 정하여 특정후견인에게 대리권을 수여하는 심판을 할 수 있다(§959조의 11①). 특정후견인은 선량한 관리자의 주의의무로써 특정후견 사무를 처리해야 한다(§959조의 12).

(사) 특정후견종료

특정후견심판은 일시적 후원 또는 특정한 사무에 관해 내려지고 가정법원은 기간을 정하여 특정후견인에게 대리권을 수여하기 때문에 그러한 기간이 지나거나, 또는 특정한 임무가 종료되면 특정후견도 종료된다.

(3) 제한능력자의 상대방 보호

1) 상대방 보호의 필요성

제한능력자가 행한 법률행위는 취소의 가능성이 있고 이러한 취소권은 전적으로 제한능력자 측에 있다. 그러므로 제한능력자와 거래한 상대방은 제한능력자 측에서 취소할 것인지의 여부에 따라 불안한 지위에 놓이게 된다. 따라서 민법은 제한능력자의 보호와 형평을 유지하기 위해서 제한능력자와 거래한 상대방의 보호를 위한 몇 가지 제도를 두고 있다.

2) 상대방 보호를 위한 제도

(가) 최고권(催告權)

제한능력자의 상대방은 제한능력자 측에 일정한 기간을 정하여 취소할 수 있는 법률행위를 취소할 것인지 아니면 추인할 것인지의 여부에 관한 확답을 촉구할 수 있다(§15). 이를 최고권이라고 하며, 이의 법적 성질은 준법률행위이며 형성권이다.

제한능력자의 상대방은 취소할 수 있는 행위를 지적하고 1개월 이상의 유예기간을 정하여 추인 여부의 확답을 요구한다. 여기서 만약 제한능력자의 상대방이 이러한 최고를 제한능력자에게 한다면 대항할 수 없으므로 반드시 상대방은 법정대리인이나 능력이 회복된 제한능력자에게 해야 한다(§112).

최고는 준법률행위이므로, 본인의 의사와 무관하게 법에서 규정한 효력이 발생한다. 즉 제한능력자가 능력자가 된 후 그러한 최고를 받은 다음 그 기간 내에 확답을 발송(發送)하지 않거나(§15①), 법정대리인이 그러한 최고를 받은 다음 그 기간 내에 확답을 발송하지 않으면 그 취소할 수 있는 행위를 추인한 것으로 본다(동조②). 여기서 추인이라는 것은 취소하지 않겠다는 포기의 표시이다.

그러나 단독으로 추인하지 못하고 특별한 절차를 밟아야 하는 경우, 정해진 기간 내에 그 절차를 밟은 확답을 발송하지 아니하면 취소한 것으로 본다(동조③). 특별한 절차라고 함은 예를 들어 후견인이 피후견인을 대리하여 금전을 빌리는 행위를 하는 경우, 후견감독인이 있으면 그의 동의를 받아야 하는 것이 그것이다.[53]

---

[53] 민법 제950조 ① 후견인이 피후견인을 대리하여 다음 각 호의 어느 하나에 해당하는 행위를 하거나 미성년자의 다음 각 호의 어느 하나에 해당하는 행위에 동의를 할 때는 후견감독인이 있으면 그의 동의를 받아야 한다. 1. 영업에 관한 행위 2. 금전을 빌리는 행위 3. 의무만을 부담하는 행위 4. 부동산 또는 중요한 재산에 관한 권리의 득실변경을 목적으로 하는 행위 5.

(나) 철회권(撤回權)

제한능력자의 상대방은 제한능력자와 체결된 계약(契約)이 추인되기 전까지 그 의사표시를 철회할 수 있으며(§16①), 이를 통해 상대방은 그 계약의 구속력에서 벗어날 수 있다. 그러나 상대방이 계약 당시에 제한능력자임을 알았을 경우에는 철회권을 행사할 수 없는데(동조 단서), 그 이유는 이러한 상대방은 스스로 위험을 감수한 것이기 때문이다.

철회권은 법정대리인뿐만 아니라 제한능력자에게도 할 수 있다(동조③). 그리고 상대방의 철회권 행사가 있으면 계약이 처음부터 성립하지 않았던 것으로 된다. 그러므로 이미 이행이 된 경우에는 부당이득(§741)으로 이를 반환해야 하고 아직 이행 전이라면 이행할 필요가 없다.

(다) 거절권(拒絶權)

제한능력자의 단독행위(單獨行爲)는 제한능력자 측의 추인이 있을 때까지 상대방이 거절할 수 있다(§16②). 상대방의 거절이 있으면 그러한 단독행위는 무효가 된다. 그리고 철회권과 마찬가지로 거절권도 법정대리인뿐만 아니라 제한능력자에게도 할 수 있다. 하지만 제한능력자의 단독행위 시에 상대방이 제한능력자임을 알았을 경우라도 거절권을 행사할 수 있다고 할 것이다.

(라) 취소권의 배제

법률행위 시 제한능력자가 속임수로써 자기를 능력자로 믿게 하였거나 미성년자나 피한정후견인이 속임수로써 법정대리인의 동의가 있는 것으로 믿게 한 경우에는 제한능력자의 취소권이 배제된다(§17). 그러므로 사술(詐術)을 사용한 경우 그 법률행위는 유효가 된다. 이러한 제한능력자는 능력자와 다름없으므로 보호할 필요가 없다.

위 규정 중 사술로써 능력자로 믿게 한 경우에는 모든 제한능력자가 포함되지만, 법정대리인의 동의가 있는 것으로 믿게 한 경우에는 피성년후견인이 제외된다. 왜냐하면, 피성년후견인은 법정대리인의 동의를 얻어서 유효한 법률행위를 할 수 없고 단지 법원이 단독으로 유효하게 법률행위를 할 수 있도록 정한 범위 내의 행위만을 할 수 있기 때문이다. 요컨대 피성년후견인이 법정대리인의 동의가 있는 것으로 상대방에게 믿게 하였더라도 취소권은 박탈되지

소송행위 6. 상속의 승인, 한정승인 또는 포기 및 상속재산의 분할에 관한 협의.

않는다.

속임수라는 것은 남을 속이는 것으로 이러한 기망수단이 어느 정도에 이르러야 취소권을 박탈할 수 있을 것인지의 문제가 있다. 이에 관하여 다수설은 가족관계증명서나 법정대리인의 동의서 위조와 같은 적극적인 기망수단뿐만 아니라 착각을 유발하거나 이를 강하게 하는 것도 이에 해당한다고 한다. 반면 판례는 "사술을 쓴 것이라 함은 적극적으로 사기수단을 쓴 것을 말하는 것이고 단순히 자기가 능력자라 사언함은 사술을 쓴 것이라고 할 수 없다."라고 판시하여 기망수단이 적극적일 것을 요한다.[54] 그리고 기망에 대한 입증책임은 제한능력자의 상대방이 부담한다고 한다. 기망수단의 정도와 관련한 학설과 판례의 입장은 제한능력자를 보호할 것인가 아니면 상대방 및 거래의 안전을 보호할 것인가에 초점이 맞춰져 있다. 이런 관점에서 다수설은 거래의 안전에, 판례는 제한능력자의 보호에 주안점을 두고 있다.

(마) 그 밖의 제도

민법은 취소할 수 있는 법률행위에 관하여 일정한 사유가 있으면 추인한 것으로 본다는 규정을 두고 있다(§145: 법정추인). 예를 들어 미성년자가 친권자의 동의 없이 태블릿 PC를 구매하기로 계약을 체결했는데, 이 사실을 알게 된 친권자가 매도인에 대하여 대금을 지급하고 태블릿 PC의 인도를 청구하는 경우, 그 이후에는 미성년자 측에서 추인한 것으로 간주되어 더 이상 위 매매계약을 취소할 수 없게 된다.

또한 취소권은 추인할 수 있는 날로부터 3년, 법률행위를 한 날로부터 10년 이내에 행사하지 않으면 소멸하게 된다(§146: 취소권의 소멸). 그러므로 제한능력자 측에서 위 기간 내에 취소권을 행사하지 않으면 취소권이 소멸함으로 상대방이 보호된다.

III. 책임능력(責任能力)

1. 의의

책임능력이란 법률상 책임을 변식할 수 있는 정신 능력 내지 지능을 말하며, 불법행위능력이라고 한다. 민법 제750조는 "고의 또는 과실로 인한 위법행위로 타인에게 손해를 가한 자는

---

54 대판 1971.12.14. 71다2045; 대판 1955.3.31. 1954민상77.

그 손해를 배상할 책임이 있다."라고 규정하고 있는데, 이러한 불법행위에 따른 손해배상청구를 하기 위해서는 반드시 불법 행위자에게 책임능력이 있어야 한다. 만약 가해자에게 이러한 능력이 없다면, 그에게 손해배상청구권을 행사할 수 없다.

2. 책임무능력자

민법은 책임무능력자에 대해 몇 가지 규정을 두고 있지만(§753, §754), 구체적인 연령에 대한 언급은 없다. 따라서 개별적인 사안에 따라 구체적으로 판단해야 하는데, 통상 책임능력이 없는 자의 예로서는 어린이, 정신병자 등을 들고 있다.

판례에 따르면, 학교폭력과 관련된 사건에서 "가해 학생들은 위 사고 당시 만 12세 전후의 초등학교 6학년 학생들로서 자신의 행위로 인한 법률상 책임을 변식할 능력이 없는 책임무능력자라 할 것이므로"라고 판시하였으며,[55] 만 14세 8개월의 중학교 3학년으로서 부모의 전면적인 보호·감독 아래 있는 자가 교실에서 동급생인 피해자의 배를 발로 걸어차는 등으로 상해를 입힌 경우, 그들에게 책임능력을 인정하였다.[56] 판례의 입장을 종합해 보면 13세를 전후하여 책임능력 유무를 판단하는 것으로 보인다.

Ⅳ. 주소(住所)

1. 서설

사람은 일정한 장소를 근거로 생활을 하며 법률관계를 형성한다. 그러므로 법률관계의 처리도 일정한 장소를 기준으로 하는 것이 편리하며 합리적이라고 할 수 있다. 이와 관련하여 민법은 주소, 거소, 가주소에 관한 규정을 마련하고 있다.

2. 입법주의

주소란 생활의 근거가 되는 곳을 말하는데(§18①) 이러한 주소와 관련하여 몇 가지 입법 태도가 있다.

---

55   대판 2007.4.26. 2005다24318.
56   대판 1992.5.22. 91다37690.

(1) 형식주의 · 실질주의

주소를 정하는 방법은 형식적인 표준에 의해 획일적으로 정하는 방법과 실제 생활하는 근거지를 표준으로 하는 방법으로 나눌 수 있다. 전자를 형식주의, 후자를 실질주의라고 한다. 예컨대 형식주의는 본적지, 등록기준지, 출생지 등에 따라 일괄적으로 주소를 정하는 태도인데, 현대사회에서는 유지되기가 힘들다. 따라서 현행민법은 실질주의를 택하고 있다.

(2) 객관주의 · 주관주의

어떤 장소가 생활의 주된 근거지가 된다는 사실(정주의 사실)만으로 주소를 정하는 것이 객관주의이며, 주관주의는 정주(定住)의 사실 이외에 정주의 의사도 필요하다는 태도이다. 우리 민법은 이에 관한 규정을 두고 있지 않지만, 주소를 결정하는 데 있어서 정주의 사실만으로 족하다고 보는 것이 다수의 견해이다. 왜냐하면, 주관주의에 의하면, 정주의 의사가 없는 즉 의사능력이 없는 자들(예컨대 유아, 정신병자)에게는 주소란 없으며 이에 관한 특별한 규정을 두어야 하는데, 우리 민법에는 이런 규정이 없기 때문이다.

(3) 단수주의 · 복수주의

주소의 개수에 대한 입법 태도로서 단수주의는 한 곳의 주소만 인정하며, 복수주의는 한 곳 이상의 주소를 인정하는 주의이다. 우리 민법은 "주소는 동시에 두 곳 이상 있을 수 있다."라고 규정하여 복수주의를 취하고 있다(§18②).

3. 법률상 주소의 기능

민법상 주소가 문제 되는 것은 부재 및 실종의 표준(§22, §27), 변제의 장소(§467②), 상속개시의 장소(§998) 등이고 민법 이외의 법률에서 주소가 문제 되는 것은 재판관할의 표준(「민사소송법」§3), 부가기간(「민사소송법」§172②), 어음행위의 장소(「어음법」§2), 국제사법상의 국제재판 관할을 결정하는 표준(「국제사법」§3), 귀화요건(「국적법」§5), 주민등록의 대상자(「주민등록법」§6①) 등이다.

4. 거소(居所) · 가주소(假住所)

민법은 주소 이외에 거소와 가주소의 개념을 규정하고 있다. 거소란 주소처럼 밀접한 관계가 있는 장소는 아니지만, 일정 기간 계속하여 임시로 머무르는 곳으로, 민법은 "주소를 알 수 없으면 거소를 주소로 본다."라고 규정한다(§19).

또한 "어느 행위에서 가주소를 정한 때에는 그 행위에 관하여는 이를 주소로 본다."라고 규정하여 가주소를 규정한다(§21). 예를 들어 서울에 거주하는 A와 부산에 거주하는 B가 계약을 체결하는 장소 내지 이행 장소로 대전을 정한 경우, 대전은 가주소가 된다. 하지만 엄격한 의미에서 가주소는 생활의 근거가 되는 곳이 아니므로 본래 의미의 주소는 아니라고 할 것이다.

V. 부재(不在)와 실종(失踪)

1. 서설

사람은 일정한 장소를 기반으로 법률관계를 맺고 생활하는데, 이러한 자가 그의 주소나 거소를 떠나 돌아오지 않는 경우에는 그를 위하여 일정한 법적 조치를 해줄 필요가 있다. 즉 종래의 주소나 거소를 떠난 자를 부재자라고 하며 민법은 이를 위해, 첫 번째로 종전 주소나 거소에 남겨진 재산의 관리에 관한 규정을 두고 있으며, 두 번째로 부재자의 생사가 불분명할 때 일정한 절차를 거쳐 사망한 것으로 보는 규정을 두고 있다. 전자를 부재자의 재산관리제도, 후자를 실종선고제도라고 한다.

2. 부재자의 재산관리

(1) 의의

부재자란 "종래의 주소나 거소를 떠난 자"인데(§22①) 본 제도에 있어서 부재자는 종래의 주소나 거소를 떠나 당분간 돌아올 가망성이 없어서 그의 재산이 관리되지 못하고 방치된 자만을 의미한다. 부재자라도 재산이 없거나, 또는 여러 방법으로 재산관리가 이루어지고 있다면 본 제도는 적용될 여지가 없다.[57] 그리고 부재자는 법인이 아닌 자연인만을 의미한다. 이처럼 민법이 부재자의 재산관리제도를 둔 이유는 부재자 및 이해관계인을 보호하기 위함이다.

---

57 대판 1960.4.21. 4292민상252에 따르면, 일본에 유학하여 소재가 분명할 뿐만 아니라 타인을 통하여 자신의 재산을 관리하는 자에 대하여 부재자가 아니라고 한다.

(2) 부재자가 재산관리인을 두지 않은 경우

1) 부재자의 재산관리

법원은 이해관계인이나 검사의 청구로 재산관리에 필요한 처분을 명하여야 한다(§22①). 여기서 이해관계인이란 부재자의 재산보전에 법률상 이해관계를 가지는 자를 말하는데, 예를 들어 추정상속인, 배우자, 채권자, 보증인 등이 이에 속한다.

청구에 따라 가정법원이 할 수 있는 필요한 처분으로는 재산관리인의 선임(「가사소송규칙」§41), 재산관리인에 대한 재산 상황의 보고 및 관리의 계산(동 규칙 §44①), 부재자 재산의 매각(동 규칙 §49) 등이다. 이 중에서 가장 주된 것은 재산관리인의 선임이다.

2) 재산관리인

가정법원에 의해 선임된 재산관리인은 일종의 법정대리인이다(선임관리인). 그렇지만 관리인은 언제든지 사임할 수 있고 법원도 개임할 수 있다(「가사소송규칙」§41, §42). 재산관리인의 권한은 법원의 명령으로 정해지지만, 그 이외의 경우에는 민법 제118조가 규정하는 관리행위만 가능하며 그 밖의 행위에 대해서는 법원의 허가를 받아야 한다(§25). 관리행위란 보존행위, 이용행위, 개량행위를 말하며, 법원의 허가를 필요로 하는 행위에는 처분행위가 있다. 예를 들어 부재자 재산관리인의 부동산소유권이전등기 말소청구,[58] 부재자의 건물에 대한 차임청구 등은 법원의 허가가 필요하지 않다. 하지만 재산관리인이 법원의 허가 없이 부재자의 토지를 매매한 것은 처분행위로 무효가 된다.[59]

3) 재산관리인의 권리 · 의무

재산관리인은 가정법원이 선임하지만, 그 직무의 성질상 위임(委任)에 관한 규정이 준용된다. 이에 따라 재산관리인은 보수청구권(§26②), 필요비와 그 이자, 과실 없이 받은 손해에 대한 배상청구권(§688) 등의 권리를 갖는다. 또한, 재산관리인은 선량한 관리자의 주의의무(§681), 재산목록작성의무(§24①), 부재자의 재산보존을 위하여 가정법원이 명하는 처분의 수행(§24②), 법원이 명하는 담보의 제공(§26①) 등의 의무를 부담한다.

---

58 대판 1964.7.23. 64다108.
59 대판 1977.3.22. 76다1437.

4) 관리의 종료

재산관리인에 의한 부재자의 재산관리 종료는 더 이상 관리의 필요가 없게 된 경우에 발생한다. 즉 부재자가 그 후에 재산관리인을 정한 경우(§22②), 부재자가 직접 자신의 재산을 관리할 수 있게 된 경우, 그의 사망이 분명하게 되거나 실종선고가 있는 경우에는 가정법원은 사건본인 또는 이해관계인의 청구로 그 명한 처분을 취소하여야 한다(「가사소송규칙」§50).

가정법원에 의한 명령의 취소는 장래에 향하여만 효력을 발생하며 소급하지 않는다.[60] 판례에 따르면, "법원에 의하여 부재자의 재산관리인에 선임된 자는 그 부재자의 사망이 확인된 후라 할지라도 위 선임 결정이 취소되지 않는 한 그 관리인으로서의 권한이 소멸하는 것이 아니다"라고 판시한다.[61]

(3) 부재자가 재산관리인을 둔 경우

1) 원칙

본래 부재자의 재산관리제도는 종전 주소지에 남겨진 부재자의 재산을 본인과 이해관계인을 위하여 관리하는 제도이기 때문에 부재자 본인이 이미 자신의 관리인을 임명하여 재산관리를 하는 경우에는 법원이 개입할 여지가 없다.

이 경우 관리인의 권한은 부재자와 관리인 사이의 계약(위임계약)에 따라 결정되며, 만약 정함이 없다면 민법 제118조가 적용된다.

2) 예외

그러나 민법은 다음의 두 가지의 경우, 가정법원의 개입을 허용하고 있다. 첫 번째는 재산관리인의 권한이 본인의 부재중에 소멸한 경우(§22① 후문), 두 번째는 부재자의 생사가 분명하지 않게 된 경우이다. 이때 법원은 재산관리인, 이해관계인 또는 검사의 청구로 재산관리인을 개임할 수도 있고(§23), 그대로 두고 감독만 할 수도 있다. 후자의 경우 가정법원은 선임관리인과 동일한 권리와 의무를 인정할 수 있다.

---

60 대판 1970.1.27. 69다719.
61 대판 1971.3.23. 71다189.

3. 실종선고(失踪宣告)

(1) 의의

부재자가 오랫동안 주소를 떠나 생사가 불분명하여 사망의 개연성이 커진 경우에 이를 방치하면 이해관계인들에게 불이익을 주기 때문에 일정한 절차를 거쳐 그자를 사망한 것으로 보는 제도를 실종선고제도라고 한다.

(2) 요건

가정법원은 다음의 요건을 갖추게 되면 반드시 실종선고를 하여야 한다.

1) 부재자의 생사 불분명

실종선고를 위한 첫 번째 요건으로, 부재자의 생사(生死)가 명확하지 않아야 한다. 이러한 생사 불분명의 상태는 모든 사람에게 그런 상태일 필요는 없으며, 실종선고의 청구권자와 법원에 불분명의 상태이면 된다.

2) 실종 기간의 경과

실종선고는 일정 기간 생사 불분명의 상태가 지속되어야 가능한데, 이러한 기간을 실종 기간이라고 한다. 민법은 제27조에서 두 가지 유형의 실종 기간을 인정하고 있다.

(가) 보통실종

일반적인 형태의 실종에서는 5년의 기간이 경과하여야 실종선고를 청구할 수 있다(§27①). 이 기간의 기산점에 관하여 명문의 규정이 없지만, 부재자의 생사를 증명할 수 있는 최후의 시기(예컨대, 마지막 편지를 발송했을 때)로 본다.

(나) 특별실종

특별실종은 사망의 개연성이 높은 형태의 사안에 관한 것으로 1년의 기간을 규정하고 있다(§27②). 이에는 전지에 임한 자(전쟁 실종), 침몰한 선박 중에 있던 자(선박 실종), 추락한 항공기

중에 있던 자(항공기 실종),[62] 기타 사망의 원인이 될 위난을 당한 자(위난 실종)의 4가지를 열거하고 있다. 이와 같은 특별실종의 기산점은 전쟁의 종지(終止) 후, 선박의 침몰, 항공기의 추락, 기타 위난이 종료한 후가 된다.

전쟁 실종과 관련하여 학설은 강화조약을 체결한 때가 아니고 사실상 전쟁이 끝나는 때, 즉 항복선언, 정전·휴전 선언이 있는 때라고 해석한다. 또한, 전지에 임한 일반인의 경우, 전쟁 실종에 포함될 것인가에 관하여 학설의 대립이 있다. 생각건대, 특별실종은 보통실종에 비하여 사망의 개연성이 높은 경우이므로, 전지에 있었던 일반인에게도 적용 가능할 것으로 본다.

3) 실종선고의 청구

법원에 부재자의 이해관계인이나 검사의 청구가 있어야 한다. 여기서 이해관계인이란 부재자의 법률상 사망으로 인하여 직접 신분상 또는 경제적으로 권리를 얻거나 의무를 면하게 되는 자를 의미한다. 예를 들어, 부재자의 추정상속인, 부재자의 배우자, 유증의 수증자, 연금 채무자, 생명 보험금의 수취인 등이 이에 포함된다. 판례는 "부재자에 대하여 실종선고를 청구할 수 있는 이해관계인은 그 실종선고로 인하여 일정한 권리를 얻고 의무를 면하는 등의 신분상 또는 재산상의 이해관계를 갖는 자에 한한다"라고 판시한다.[63] 예컨대 조부 A가 부재자인 경우, 만약 아버지인 B가 생존 중이라면 손자 C는 B보다 후순위 상속권자이기 때문에 위와 같은 청구를 할 수 없다.

4) 공시최고

위의 3가지 요건이 갖추어지면, 가정법원은 6개월 이상의 기간을 정하여 부재자 본인이나 부재자의 생사를 아는 자에 대하여 신고하도록 공고하여야 한다(「가사소송규칙」§53, §54, §55). 가정법원은 위 공시최고 기간이 경과할 때까지 신고가 없으면 실종선고를 한다.

(3) 효과

1) 사망의 간주(看做)

실종선고를 받은 자는 실종 기간이 만료한 때에 사망한 것으로 본다(§28). 즉 민법은 사망으

---

62 항공기 실종은 1984년 민법 제6차 개정 시 추가되었다.
63 대결 1992.4.14. 자92스4, 92스5, 92스6.

로 추정하지 않고 간주(또는 의제)하기 때문에 실종선고가 있은 후, 이를 번복하기 위해서는 단순히 실종자가 살아있다거나 다른 시기에 사망했다는 것을 입증하면 되는 것이 아니고 실종선고가 취소돼야 한다. 판례는 "실종선고를 받은 자는 실종 기간이 만료한 때에 사망한 것으로 간주되는 것이므로, 실종선고로 인하여 실종 기간만료 시를 기준으로 하여 상속이 개시된 이상 설사 이후 실종선고가 취소되어야 할 사유가 생겼다고 하더라도 실제로 실종선고가 취소되지 아니하는 한, 임의로 실종 기간이 만료하여 사망한 때로 간주되는 시점과는 달리 사망 시점을 정하여 이미 개시된 상속을 부정하고 이와 다른 상속 관계를 인정할 수는 없다"라고 판시한다.[64]

2) 사망으로 간주되는 시기

민법은 실종자가 사망한 것으로 보는 시기를 실종 기간이 만료한 때로 규정한다. 그러므로 실종 기간의 만료 시점과 실종선고 시점 사이에 발생한 사안이 법률문제를 발생시킬 수도 있다. 예를 들어 부 A의 사망 전에 자녀인 B의 생사 불분명의 상태가 계속되어 실종 기간이 만료되었는데, A의 사망 후 B에 대한 실종선고가 이루어진 경우 B는 피상속인 A의 상속인이 될 수 있을 것인가? 민법에 따르면 실종선고의 효력은 실종 기간 만기 시로 소급하기 때문에 상속인 B는 피상속인 A의 사망 전에 사망한 것으로 간주된다. 결국, B는 상속을 받지 못한다.[65]

3) 사망간주의 범위

실종선고를 받은 자는 사망한 것으로 보게 되지만, 본 제도는 실종자의 권리능력을 박탈하는 것이 아니다.[66] 그러므로 실종선고의 효과는 실종자의 기존 주소를 중심으로 하는 법률관계(재산 관계, 가족관계)에 영향을 미칠 뿐이고 다른 장소에서의 사법적 법률관계나 공법적 법률관계에는 영향을 미치지 않는다. 또한, 기존의 주소로 귀환하여 행한 사법상 법률관계도 영향을 받지 않는다.

---

64 대판 1994.9.27. 94다21542; 또한 대판 1995.2.17. 94다52751은 "민법 제28조는 '실종선고를 받은 자는 민법 제27조 제1항 소정의 생사불명기간이 만료된 때에 사망한 것으로 본다'라고 규정하고 있으므로 실종선고가 취소되지 않는 한 반증을 들어 실종선고의 효과를 다툴 수는 없다."라고 판시한다.

65 대판 1982.9.14. 82다144.

66 민법상 권리능력의 소멸 사유는 사망뿐이다.

(4) 실종선고의 취소

1) 서설

실종선고가 있게 되면 실종자는 사망한 것으로 간주되므로, 실종자가 생환하거나 다른 시기에 사망한 것이 입증되더라도 실종선고의 효과를 다투지 못한다. 그러므로 이러한 효과를 번복하기 위해서는 실종선고의 취소가 있어야 한다.

2) 실종선고 취소의 요건

우선 실종선고를 취소하기 위해서는 ① 실종자의 생존한 사실(§29①), ② 실종 기간의 만료 시와 다른 시기에 사망한 사실(§29①), ③ 실종 기간의 기산점 이후의 다른 시기에 생존한 사실에 대한 증명이 있어야 한다. ③의 경우는 명문의 규정이 없지만, 실종 기간의 기산점(예컨대 최후의 소식이 있었던 시점)이 다르게 되면, 사망으로 간주되는 시점도 변경되기 때문에 당연히 인정된다.

다음으로 위의 증명과 함께 본인, 이해관계인 또는 검사의 청구가 있어야 한다. 이때는 공시최고의 절차가 필요 없는데, 그 이유는 이미 일정한 사실의 증명이 있기 때문이다. 이상의 요건이 갖추어지면 가정법원은 반드시 실종선고를 취소하여야 한다.

3) 실종선고 취소의 효과

(가) 원칙

실종선고가 취소되면 처음부터 실종선고가 없었던 것과 같은 효과가 발생한다. 따라서 실종자의 생존으로 인해 실종선고가 취소되면, 실종선고로 인하여 생긴 법률관계(재산 관계, 가족 관계)는 소급하여 무효가 된다. 그리고 실종 기간의 만료 시와 다른 시기에 사망한 사실에 의해 실종선고가 취소되면, 그 시기를 기준으로 다시 사망에 의한 법률관계가 확정된다. 마지막으로 실종 기간의 기산점 이후의 다른 시기에 생존한 사실에 의해 실종선고가 취소되면, 일단 선고 전의 상태로 법률관계가 회복되고, 만일 이해관계인이 원하면 다시 새로운 실종선고를 청구해야 한다.

(나) 예외

실종선고의 취소에 따라 위의 원칙을 관철한다면, 법원의 실종선고를 믿고 행동한 이해관계인들은 예측하지 못한 불이익을 받게 될 염려가 있으므로 다음의 예외를 인정하고 있다.

민법 제29조 제1항 단서는 "그러나 실종선고 후 그 취소 전에 선의로 한 행위의 효력에 영향을 미치지 아니한다."라고 규정하여 예외를 인정하고 있다. 즉 ① "실종선고 후 그 취소 전에 한 행위"여야 하며, ② 그 행위가 "선의(善意)"로 이루어졌어야 한다. 그러므로 실종 기간 만료 후 실종선고 전에 행한 행위는 보호받지 못한다.

다음으로 그 행위는 "선의"로 행하여졌어야 하는데, "선의"라고 하는 것은 실종선고가 사실에 반함을 알지 못하는 것을 말한다. 이와 관련해서는 몇 가지로 나누어 생각해볼 수 있다.

첫째 단독행위(單獨行爲)의 경우, 다수설에 의하면 행위자만 선의이면 족하다고 한다. 예컨대 실종선고로 인하여 상속인이 된 A가 피상속인(실종자) B의 채무자인 C에 대하여 채무면제의 의사표시를 한 경우, A만 선의이면 상대방인 C가 악의더라도 채무는 소멸한다고 한다.

둘째 계약(契約)의 경우, 다수설에 의하면 당사자 쌍방 모두가 선의여야 하며 일방 당사자만이 선의이면 행위에 영향을 미친다고 한다. 예컨대 위의 사례에서 A가 상속받은 가옥을 D에게 매각한 경우, 그 후 B의 생환으로 실종선고가 취소되었다고 생각해보자. 만약 계약의 당사자인 A와 D가 모두 선의이면 그 가옥에 대한 매매계약은 유효하여 B에게 원상회복되지 않겠지만, A와 D 중 어느 한 명이라도 악의라면 반환의무가 발생한다. 그렇다면 만약 위의 가옥이 선의인 D에게서 악의인 E에게 전매되었다면 어떻게 해결할 것인가? 이 경우 A와 D의 쌍방의 선의에 의해 하자는 치유되었고, 그 후 전득자인 E는 하자 없는 권리를 취득하였다고 볼 것이다.

셋째 잔존 배우자가 타인과 재혼한 경우, 실종선고의 취소와 관련하여 학설의 대립이 있지만, 다수설에 따르면 재혼의 당사자 쌍방 모두 선의이어야 한다고 한다. 그러므로 재혼 당사자 중 한 명이라도 악의인 경우에는 전혼(前婚) 관계가 부활하게 되는데, 이때 전혼 관계에는 재판상 이혼 사유(§840)가 발생하여 이혼의 원인이 되고, 후혼(後婚) 관계는 중혼(重婚)이 되어 취소할 수 있게 된다(§816 1호).

그리고 민법 제29조 제2항은 "실종선고의 취소가 있을 때에 실종의 선고를 직접 원인으로 하여 재산을 취득한 자가 선의인 경우에는 그 받은 이익이 현존하는 한도에서 반환할 의무가 있고 악의인 경우에는 그 받은 이익에 이자를 붙여서 반환하고 손해가 있으면 이를 배상하여야 한다"라고 규정한다. 여기의 반환의무는 성질상 부당이득의 반환이고 반환범위도 부당이득에서와 같다(§748). 이 반환청구권은 10년의 소멸시효에 걸리며, 다만 실종선고에 의하여 직접 재산을 취득한 표현상속인이나 그의 전득자에 대하여 재산회복청구를 하는 경우에는 상속회복청구가 되므로 이에 관한 제척기간이 적용된다(§999).

제3절 법인(法人)

Ⅰ. 서설

1. 법인의 의의

민법은 권리 및 의무의 주체로서 자연인과 법인의 두 가지 형태를 인정한다. 법인이란 법으로 법인격이 부여된 일정한 단체를 말한다.

2. 법인의 존재 이유

(1) 실존하는 주체

일정한 단체는 근대민법의 제정 전에도 존재하였으며, 그러한 예로는 마을공동체, 부족사회 등과 같은 공동단체가 있으며, 길드(guild)와 같은 이익단체도 있다. 즉 인간의 생명과 재산의 유한성 및 정치적·사회적·경제적 필요에 따라 사람은 일정한 단체를 구성하여 이를 충족하였으며, 실제 사회에서도 하나의 주체로서 활동하고 있다.[67]

(2) 법률관계의 단순화

법인을 두는 이유로는 복잡한 법률관계를 단순화하기 위한 기술적인 요청 때문이다. 예컨대 어떤 산악회에서 법인의 목적을 위해 대형버스를 구입한 경우, 만약 산악회가 법인으로 인정되지 않는다면, 모든 산악회의 회원들이 함께 매도인을 만나서 계약을 체결하고 이에 대한

---

67 법인설립에 있어 소극적인 입장을 취했던 로마법에서도 국가나 도시를 하나의 단체로 인정하였다.

대금 지급의무를 부담하게 된다. 또한, 채무불이행이나 담보책임의 문제가 생겼을 경우에도 법률관계는 복잡하게 된다. 그러므로 법인 제도는 단체나 상대방에게 이러한 경우 편의를 제공하며, 단체를 둘러싼 법률관계를 단순화하는 법 기술로 활용된다.

(3) 재산분별의 필요성

법인이 활동 중에 제3자와 법률관계를 맺고 이에 따라 책임을 부담하는 경우가 있는데, 만약 법인의 책임과 구성원의 책임이 구분되지 않는다면 법인에 대한 채무를 구성원들의 고유재산으로 충당하게 될 위험이 있다. 이러한 결과는 단체의 기능을 크게 위축시키며, 단체의 설립을 주저하게 할 것이므로 법인의 재산과 구성원의 재산은 분별될 필요가 있다. 예컨대 법인을 채무자로 하여 금전을 대여해 준 경우, 채권자는 법인의 재산에 대해서만 압류할 수 있을 뿐이고 그 법인 구성원들의 고유재산에는 압류할 수 없다.[68]

3. 법인의 설립에 관한 입법주의

(1) 자유설립주의

법인설립에 관하여 아무런 제한을 두지 않고, 사회에서 독립적으로 활동하는 단체가 사실상 설립되면 법인격을 인정하는 태도이다. 법인설립이 자유롭고 간편하지만, 법인의 설립 여부 및 내용이 불명확하여 거래의 안전을 해치는 문제 때문에, 오늘날에는 이와 같은 주의를 채용하는 입법례는 거의 없다. 다만 스위스 민법이 비영리 사단법인의 설립에 자유설립주의를 채용할 뿐이다(스위스 민법 제60조). 우리 민법 제31조는 "법인은 법률의 규정에 의함이 아니면 성립하지 못한다."라고 규정함으로써 자유설립주의를 명시적으로 배제하고 있다.

(2) 준칙주의(準則主義)

법률이 규정하는 요건을 충족하는 때에 행정청의 허가나 인가 없이 법인이 설립되는 것으로 보는 입법 태도이다. 준칙주의를 채용하는 예로서는 상사회사(「상법」§172), 영리법인(「민법」§39)

---

68 이러한 원칙은 로마법에서도 나타나는데, 학설휘찬은 "만약 어떠한 자가 법인에 빚을 졌다면, 이는 그 구성원들에게 빚
진 것이 아니다."와 반대로 "법인이 빚진 것은 그 구성원이 빚진 것이 아니다."라는 원칙을 규정한다(D.3.4.7.1). 자세한
내용은 Adolf Berger, Encyclopedic Dictionary of Roman Law, The American Philosophy Society Independence Square
Philadelphia, 1953, p.395.

등이 있다.

(3) 허가주의(許可主義)

법인의 설립에 행정청의 허가를 요건으로 하는 태도이다. 이러한 허가는 행정청의 완전한 자유재량에 맡겨져 있으므로 그 여부에 대하여 소송을 할 수 없다. 민법은 비영리법인의 설립에 관하여 허가주의를 취하고 있으며(§32), 학교법인(「사립학교법」§10), 의료법인(「의료법」§48) 등이 그러하다.

하지만 민법상 학술, 종교, 자선 등의 비영리를 목적으로 하는 단체를 설립하기 위하여 주무관청의 허가를 받도록 한 것은 헌법상 보장된 집회·결사의 자유(「헌법」§21)를 침해한다는 문제점이 있다.[69]

(4) 인가주의(認可主義)

법률이 정한 요건을 갖춘 다음 행정청의 인가를 얻어야 법인이 설립되는 것으로 하는 입법태도이다. 이 주의는 단체가 법률이 정한 요건을 구비하면 반드시 인가권자가 인가를 해주어야 한다는 점에서 허가주의와 다르다. 인가주의에 따른 법인으로는 법무법인(「변호사법」§41), 농업협동조합(「농업협동조합법」§15) 등이 있다.

(5) 특허주의(特許主義)

법인을 설립할 때마다 특별한 법률의 제정이 필요한 태도이다. 특허주의는 국가가 자본을 출자하여 일정한 국영기업을 설립하는 경우에 주로 사용된다. 특허주의에 따른 법인으로는 한국은행(「한국은행법」§1), 한국방송공사(「방송법」§43), 한국과학기술원(「한국과학기술원법」§1), 한국조폐공사(「한국조폐공사법」§1), 한국토지주택공사(「한국토지주택공사법」§1) 등이 있다.

(6) 강제주의

국가의 정책적 입장에서 법인의 설립을 강제하는 태도이다. 이러한 주의에 따르는 단체로

---

69 반면 상행위나 그 밖의 영리를 목적으로 한 상사법인은 일정한 요건만 갖추면 설립되는 것(준칙주의)으로 하고 있는데, 이는 재고의 여지가 있다고 할 것이다.

는 대한약사회(『약사법』§11) 등이 있다.

4. 법인의 본질(本質)

민법은 자연인 이외의 법인에도 권리능력을 부여함으로써 권리나 의무의 주체가 되도록 규정하고 있는데, 이러한 법인의 실체가 무엇인지에 관한 논의가 바로 법인의 본질론이다.

(1) 법인의제설

법인의 본질론에 관한 가장 오래된 학설로 권리와 의무의 주체는 자연인에 한하며, 법인이 이러한 법인격을 갖는 것은 법률로 자연인과 동일한 효과가 부여되었기 때문이라는 견해이다. 그러므로 법인은 자연인을 통해서 활동하지만, 법률로 권리와 의무가 법인에 귀속된 것으로 취급할 따름이다. 이 설을 주장한 학자는 사비니(Savigny)이다.

(2) 법인부인설

법인은 사회적 실체가 아니므로 그 본체를 파악해야 한다는 견해이다. 이러한 부인설에는 법인의 본체가 일정한 목적에 바쳐진 재산이라는 설(Brinz의 목적재산설), 법인으로부터 이익을 얻고 있는 다수의 개인이라는 설(Jhering의 수익자 주체설), 현실적으로 법인재산을 관리하는 자라는 설(Hölder, Binder의 관리자주체설) 등이 있다.

(3) 법인실재설

법인은 권리·의무의 주체로서 사회적 실질을 가지는 것으로 보는 견해이다. 따라서 법인의 활동에 따라 발생한 권리·의무는 당연히 법인에 귀속된다. 실재설에는 단체를 사회적 유기체로 보는 설(Gierke의 유기체설), 법인의 실체를 권리주체임에 적합한 법률상의 조직체라고 보는 설(Michoud, Saleilles의 조직체설) 등이 있다.

(4) 소결

이와 같은 법인의 본질론에 관한 학설은 다양한 시대적 배경이나 법인 활동의 발전과정의 차이에서 유래하며, 법인 제도의 어떤 측면을 중시하는가에 대한 관점의 차이에 불과하다고 볼 수 있다. 또한, 과거에 이러한 이론대립은 법인의 불법행위능력과 관련하여 실익이 있었는데, 현행민법은 명문으로 법인의 불법행위능력을 인정하고 있으므로 큰 실익은 없다고 할 것이다.

5. 법인의 종류

(1) 영리법인 · 비영리법인

법인의 목적이 경제적 이익의 추구에 있는지의 여부에 따른 분류이다. 민법 제32조는 비영리법인에 관하여 규정하고 있으며, 구체적으로는 학술, 종교, 자선, 기예, 사교 기타 영리 아닌 사업을 목적으로 하는 사단 또는 재단을 규정한다.[70] 다만 비영리법인도 목적을 달성하기 위하여 본질에 반하지 않는 정도의 영리 행위는 할 수 있다.

그 밖에 민법 제39조 제1항은 "영리를 목적으로 하는 사단은 상사회사설립의 조건에 좇아 이를 법인으로 할 수 있다."라고 규정하여 영리사단법인을 인정한다.[71] 여기서 유의할 점으로 민법은 영리재단법인을 인정하지 않는다는 것이다. 왜냐하면, 사단법인처럼 수익사업을 하더라도 이를 분배해줄 사원이 재단법인에는 존재하지 않기 때문이다.

(2) 사단(社團)법인 · 재단(財團)법인

법인의 실체가 일정한 목적 아래 결합한 사람의 집합체인지 아니면 일정한 목적을 위해 출연된 재산인지에 따른 분류다. 전자를 사단법인, 후자를 재단법인이라고 한다. 양자의 차이점은 사단법인에는 사원총회가 있어서 그 의결에 따라 법인이 자율적으로 활동하지만, 재단법인은 설립자의 의사에 따라 타율적으로 활동한다는 점이다.

---

[70] 공익을 목적으로 하는 법인에 관하여는 민법을 보충하는 「공익법인의 설립 · 운영에 관한 법률」이 있다. 이 법은 재단법인이나 사단법인으로서 사회 일반의 이익에 이바지하기 위하여 학자금 · 장학금 또는 연구비의 보조나 지급, 학술, 자선(慈善)에 관한 사업을 목적으로 하는 법인(이하 "공익법인"이라 한다)에 대하여 적용된다(§2).

[71] 이른바 민사회사(民事會社).

II. 법인의 설립

1. 비영리사단법인의 설립

법인은 법률의 규정으로 성립하는데(§31), 민법은 비영리사단법인이 설립되기 위한 4가지 요건을 규정한다.

(1) 목적의 비영리성

사단법인은 "학술, 종교, 자선, 기예, 사교 기타 영리 아닌 사업"을 목적으로 하여야 한다(§ 32). 여기서 영리 아닌 사업이란 수익이 구성원들에게 분배되지 않는 사업을 의미한다. 경우에 따라서는 비영리사단법인도 수익사업을 할 수 있지만, 그 수익은 언제나 사업목적의 수행에 충당되어야 하고 사원들에게 분배되어서는 안 된다.

(2) 설립행위

사단법인의 설립자는 일정한 사항을 기재한 정관을 작성하여 기명날인하여야 한다(§40). 여기서 설립자의 인원수에 관하여 명문의 규정은 없지만, 단체라고 보기 위해서는 최소 2인 이상은 되어야 한다. 그리고 법인이 장차 설립되어 활동하기 위해서는 기본적인 사항이 마련되어야 하는데, 이러한 사항을 기재한 서면을 정관(定款)이라고 한다. 요컨대 2인 이상의 설립자가 법인의 운영에 대한 근본규칙인 정관을 작성하는 행위를 설립행위라고 한다.

비영리사단법인의 설립행위는 일단 요식행위(要式行爲)이며, 학설의 대립은 있지만, 합동행위(合同行爲)라고 할 것이다.

정관의 기재사항은 민법 제40조에서 규정하고 있는데, 여기서 규정하고 있는 7개의 사항(1. 목적 2. 명칭 3. 사무소의 소재지 4. 자산에 관한 규정 5. 이사의 임면에 관한 규정 6. 사원 자격의 득실에 관한 규정 7. 존립 시기나 해산 사유를 정하는 때에는 그 시기 또는 사유)은 필요적 기재사항으로 어느 하나라도 누락되면 정관은 무효가 된다. 반면 정관의 효력과는 관계가 없지만 필요한 사항을 기재할 수 있는데, 이를 임의적 기재사항이라고 한다. 하지만 유의할 점은 임의적 기재사항이라고 하더라도 일단 정관에 기재가 되면, 임의로 변경할 수 있는 것은 아니고 반드시 정관의 변경절차에 따라야 한다.

(3) 주무관청의 허가

비영리사단법인이 설립되기 위해서는 주무관청의 허가(許可)를 받아야 한다(§32). 여기서 허가라는 것은 행정법적 이론에 의하면, 이른바 권력적 행정행위로서 일반적 금지에 대한 개별적 해제를 의미한다. 결국, 허가의 여부는 주무관청의 자유재량이므로 그 여부를 행정소송으로 다툴 수 없다. 판례도 같은 취지이다.[72]

만약 비영리사단법인의 목적이 두 개 이상의 행정청의 관할 사항인 경우에는 어떻게 할 것인가에 관하여 학설의 대립이 있지만, 목적과 관련된 모든 주무관청의 허가를 받아야 할 것이다(다수설).[73]

(4) 법인설립의 등기

이상의 요건이 갖추어지면, 비영리사단법인은 그 주된 사무소의 소재지에 설립등기를 함으로써 성립한다(§33). 즉 설립등기는 법인의 성립요건이다. 주무관청의 허가가 있으면, 3주 이내 주된 사무소의 소재지에서 설립등기를 해야 하며(§49①), 등기사항은 민법 제49조 제2항에서 규정하고 있다.

2. 재단법인의 설립

(1) 목적의 비영리성

재단법인은 모두 비영리법인이며, 비영리사단법인에서 설명한 내용과 같다(§32).

(2) 설립행위

재단법인의 설립자는 일정한 재산을 출연하고 일정한 사항을 기재한 정관을 작성해야 한다(§43). 재단법인 설립행위는 요식행위이고 단독행위(單獨行爲)이다.[74]

비영리사단법인의 설립행위와 다르게 재단법인의 설립에는 두 가지 요건이 필요하다.

첫째, 설립자에 의한 재산의 출연행위가 요구된다. 재단법인의 실체는 일정한 목적을 위해

---

72 대판 1996.9.10. 95누18437.

73 실제로 이에 관한 허가는 지방자치단체에 위임이 되어 있어서 시장, 도지사 등에게 권한이 있다.

74 대판 1999.7.9. 98다9045에 따르면, 재단법인의 설립행위는 상대방 없는 단독행위라고 한다.

출연된 재산이므로 재단법인에는 반드시 재산이 있어야 한다. 이러한 재산의 출연은 설립자의 생전처분(生前處分)에 의할 수도 있고 유언으로도 할 수 있다.

그런데 민법 제48조는 출연재산의 귀속 시기에 관하여 제1항에서는 "생전처분으로 재단법인을 설립하는 때에는 출연재산은 법인이 성립된 때로부터 법인의 재산이 된다."라고 규정하고, 제2항에서는 "유언으로 재단법인을 설립하는 때에는 출연재산은 유언의 효력이 발생한 때로부터 법인에 귀속한 것으로 본다."라고 규정한다. 이는 물권의 변동에 관한 형식주의(성립요건주의)를 취하는 민법 제186조[75] 및 제188조[76]의 규정과 모순되는 결과를 발생시킨다. 예컨대 설립자 A가 재단법인 B를 설립하기 위해 자신의 건물 X를 출연하는 경우, 민법 제48조 제1항에 따르면 B에 대한 설립등기가 이루어진 시점에 X가 B에게 귀속되지만, 민법 제186조에 따르면 X에 대한 소유권이전등기가 완료되는 시점에 B에게 귀속된다. 즉 경우에 따라서 물권이 등기(부동산)나 인도(동산)로 재단법인에 이전되지 않으면, 재산이 없는 재단법인이 존재하는 경우가 있게 되는데, 이는 재단법인의 실질과 부합하지 않는다.

판례는 "재단법인의 설립함에 있어서 출연재산은 그 법인이 성립된 때로부터 법인에 귀속된다는 민법 제48조의 규정은 출연자와 법인과의 관계를 상대적으로 결정하는 기준에 불과하여 출연재산이 부동산인 경우에도 출연자와 법인 사이에는 법인의 성립 외에 등기를 필요로 하는 것은 아니지만, 제3자에 대한 관계에 있어서, 출연행위는 법률행위이므로 출연재산의 법인에의 귀속에는 부동산의 권리에 관한 것일 경우 등기를 필요로 한다."[77]라고 하여, 내부관계와 외부관계를 이원화하는 법리를 구성하고 있다.

둘째, 정관의 작성이 요구된다. 비영리사단법인에서 요구되는 필요적 기재사항 중에 6호(사원 자격의 득실에 관한 규정), 7호(존립 시기나 해산 사유를 정하는 때에는 그 시기 또는 사유)를 제외한 5가지의 사항을 작성하고 기명날인해야 한다(§43). 그런데 이러한 필요적 기재사항 중 하나라도 누락이 되면 설립행위는 무효가 되지만, 이는 비영리인 재단법인의 성질에 비추어 바람직하지 않으므로, 민법은 정관의 보충에 관한 규정을 두고 있다. 즉 민법 제44조는 "재단법인의 설립자가 그 명칭, 사무소 소재지 또는 이사임면의 방법을 정하지 아니하고 사망한 때에는 이해관

---

75   민법 제186조 [부동산물권변동의 효력] 부동산에 관한 법률행위로 인한 물권의 득실변경은 등기하여야 그 효력이 생긴다.
76   민법 제188조 [동산물권양도의 효력] ① 동산에 관한 물권의 양도는 그 동산을 인도하여야 효력이 생긴다.
77   대판(전합) 1979.12.11. 78다481, 482.

계인 또는 검사의 청구에 의하여 법원이 이를 정한다."라고 규정하여, 1호(목적)와 4호(자산에 관한 규정)만 정해져 있으면 정관의 보충으로 재단법인이 설립될 수 있는 길을 마련해 놓고 있다.

(3) 주무관청의 허가

재단법인은 주무관청의 허가를 받아야 하는데(§32), 비영리사단법인에서 설명한 것과 동일하다.

(4) 법인설립의 등기

위의 3가지 요건이 갖추어지면 재단법인은 그 주된 사무소의 소재지에서 설립등기를 함으로써 성립한다(§33). 등기사항은 비영리사단법인에서 설명한 것과 동일하다.

III. 법인의 능력

1. 법인의 권리능력

민법 제34조는 "법인은 법률의 규정에 좇아 정관으로 정한 목적의 범위 내에서 권리와 의무의 주체가 된다"라고 규정한다. 따라서 법인의 권리능력은 법률과 정관상의 목적에 의한 제한을 받게 되고 또한 민법에 규정은 없지만, 법인은 자연인과 다르므로 성질상 제한을 받는다.

(1) 성질상 제한

법인은 그 성질상 생명ㆍ신체ㆍ신체상의 자유ㆍ정조와 같은 인격권 및 가족권을 향유할 수 없다. 반면 재산권이나 명예ㆍ성명ㆍ신용ㆍ정신상의 자유와 같은 인격권은 가질 수 있다.

판례는 "민법 제764조에서 말하는 명예라 함은 사람의 품성, 덕행, 명예, 신용 등 세상으로부터 받는 객관적인 평가를 말하는 것이고 특히 법인의 경우에는 그 사회적 명예, 신용을 가리키는 데 다름없는 것으로 명예를 훼손한다는 것은 그 사회적 평가를 침해하는 것을 말하고 이와 같은 법인의 명예가 훼손된 경우에 그 법인은 상대방에 대하여 불법행위로 인한 손해배상과 함께 명예 회복에 적당한 처분을 청구할 수 있고, 종중과 같이 소송상 당사자 능력이 있

는 비법인사단 역시 마찬가지이다"라고 판시한다.[78]

(2) 법률상 제한

법인의 권리능력은 법으로 부여되는 것이므로, 이에 대한 제한도 법으로 가능하다. 법률상 법인의 권리능력을 일반적으로 제한하는 규정은 없으나 개별적인 제한규정은 산재해 있다(예컨대 「민법」§81, 「상법」§173 등).

(3) 목적상 제한

법인은 정관으로 정한 목적 범위 내에서 권리와 의무의 주체가 된다(§34). 이와 관련하여 법인의 권리능력을 정관에서 정한 목적 범위 내로 제한할 것인가에 대하여 학설의 대립이 있다. 다수설은 목적에 위반하지 않는 범위 내라고 해석하고, 소수설은 목적을 달성하는 데 필요한 범위 내라고 해석한다.

판례는 "회사의 권리능력은 회사의 설립근거가 된 법률과 회사의 정관상 목적에 의하여 제한되나 그 목적 범위 내의 행위라 함은 정관에 명시된 목적 자체에 국한되는 것이 아니라 그 목적을 수행하는 데 있어 직접, 간접으로 필요한 행위는 모두 포함되고 목적 수행에 필요한지의 여부는 행위의 객관적 성질에 따라 판단할 것이고 행위자의 주관적, 구체적 의사에 따라 판단할 것은 아니다."라고 판시[79]하여 소수설과 견해를 같이한다.

다수설은 소수설에 비해, 법인의 권리능력을 확장하는 견해로서 법인실재설의 측면에 있다고 볼 수 있으며, 반면 소수설은 법인의제설의 입장으로 법인의 권리능력을 축소하는 견해이다.[80]

2. 법인의 행위능력

법인은 자연인과 다르게 행위능력의 문제가 발생하지 않는다. 즉 법인은 그의 대표기관을

---

78 대판 1997.10.24. 96다17851.

79 대판 2009.12.10. 2009다63236.

80 비교법적으로 독일 민법과 스위스 민법은 법인실재설에 근거하여 목적의 범위 내에서뿐만 아니라, 모든 분야에서 권리·의무를 향유할 수 있는 능력을 인정한다. 반면 영미법에서는 법인의제설에 근거하여 권리능력을 정관의 목적 내에 제한한다(이른바 ultra vires 이론). 우리 민법 제34조는 ultra vires의 이론을 계수한 것으로 해석된다.

통하여 법률행위를 하므로 행위능력이 논의될 필요가 없다. 이런 까닭에 민법은 법인의 행위능력에 관한 규정을 두지 않으며, 법인은 권리능력의 범위 내에서 행위능력을 갖는다고 해석된다.

이처럼 법인은 현실적으로 그의 대표기관(이사, 임시이사, 특별대리인, 청산인 등)을 통해 법률행위를 하는데, 이때 법인과 대표기관과의 관계는 대리(代理)와 유사하므로 법인의 대표(代表)에는 대리에 관한 규정이 준용된다(§59②).

3. 법인의 불법행위능력

(1) 서설

민법 제35조 제1항은 "법인은 이사 기타 대표자가 그 직무에 관하여 타인에게 가한 손해를 배상할 책임이 있다. 이사 기타 대표자는 이로 인하여 자기의 손해배상책임을 면하지 못한다."라고 명시하여 법인의 불법행위능력을 규정하고 있다. 이와 같은 규정에 대하여, 법인실재설의 입장에서는 이를 당연한 규정으로 이해하지만, 법인의제설의 입장에서는 본래 법인은 불법행위를 할 수 없고 대표기관이 불법행위를 하는 것이므로, 이를 정책적인 규정이라고 본다. 판례는 학교법인의 대표자에 의한 금전차용행위가 불법행위가 된다면 이는 민법 제35조에 의한 법인 자체의 불법행위가 되어 배상 책임이 있다고 판시하여 전자의 입장에 서 있다.[81]

그리고 법인의 불법행위에 관한 민법 제35조는 민법상의 모든 법인뿐만 아니라 법인 아닌 사단에도 유추적용된다.[82]

(2) 요건

1) 대표기관의 행위가 있을 것

"이사 기타 대표자"의 행위여야 한다. 이에 속하는 기관으로는 임시이사(§63), 특별대리인(§64), 청산인(§82) 등이 있다.[83]

---

81   대판 1978.3.14. 78다132.

82   대판 1994.4.12. 92다49300.

83   대판 2005.12.23. 2003다30159에 따르면, "이사 기타 대표자"는 법인의 대표기관을 의미하는 것이므로 대표권이 없는 이사의 행위로 인하여는 법인의 불법행위가 성립하지 않는다고 한다.

이와 관련하여 두 가지의 문제가 있는데, 첫째는 대표기관이 아닌 기관, 즉 감사, 사원총회의 행위로 인하여 법인의 불법행위가 성립하는가의 여부이고 둘째는 법인의 대표기관인 이사에 의해 선임된 대리인의 행위로 인하여 법인의 불법행위가 성립하는가의 여부이다. 각각 학설의 대립이 있지만, 전자의 경우 민법 제35조 제1항의 명문의 규정에 따라 불법행위가 성립되지 않는다고 할 것이며, 후자의 경우 법인의 불법행위 책임은 발생하지 않고 민법 제756조에 따른 사용자책임만 발생한다고 할 것이다.[84]

2) "직무에 관하여" 타인에게 손해를 가했을 것

법인의 대표기관은 직무에 관해서만 법인을 대표하므로, 이러한 행위와 관련하여 타인에게 발생시킨 손해만을 법인이 배상할 책임을 부담한다. 그렇다면 "직무에 관하여"라는 의미를 어떻게 파악할 것인가에 대하여, 통설과 판례는 외형상 직무수행행위라고 볼 수 있는 행위[85] 뿐만 아니라 직무 행위와 사회 관념상 견련관계에 있는 행위[86]도 이에 포함된다고 한다.

3) 일반 불법행위의 요건을 갖출 것

민법 제35조 제1항은 제750조의 특별규정이므로, 법인의 불법행위가 성립하기 위해서는 일반 불법행위의 요건을 충족해야 한다. 즉 대표기관의 책임능력, 고의 · 과실, 위법성, 손해의 발생, 가해행위와 손해와의 인과관계가 있어야 한다.

(3) 효과

위의 요건이 갖추어지면 법인은 타인에게 발생한 손해에 대한 배상 책임을 부담하게 된다(§35① 전문). 또한, 피해자의 보호를 위하여 대표기관은 자기의 손해배상책임을 면하지 못하는 것으로 규정하고 있는데(동조 동항 후문), 이때 법인과 대표기관은 피해자에 대하여 부진정연대채무관계에 있게 된다.

---

84 대판 2009.11.26. 2009다57033에 따르면, "법인에 있어서 그 대표자가 직무에 관하여 불법행위를 한 경우에는 민법 제35조 제1항에 의하여, 법인의 피용자가 사무집행에 관하여 불법행위를 한 경우에는 민법 제756조 제1항에 의하여 각기 손해배상 책임을 부담한다."라고 한다.

85 대판 2004.2.27. 2003다15280.

86 대판 1974.5.28. 73다2014.

만약 법인이 먼저 피해자에게 손해배상 의무를 이행한다면, 나중 그 대표기관에 대하여 구상권을 행사할 수 있다. 그 이유는 대표기관이 직무를 행함에서 선량한 관리자의 주의의무를 부담하는데(§61), 이 의무를 위반했기 때문이다.

Ⅳ. 법인의 기관(機關)

1. 서설

법인은 자연인처럼 권리능력, 행위능력, 불법행위능력을 갖지만, 현실에서 이러한 능력을 향유하기 위해서는 일정한 기관이 필요하게 된다. 민법은 법인의 기관으로 이사, 감사, 사원총회를 규정하고 있는데, 법인의 종류에 따라 각 기관의 존재유무에 차이가 있다.

2. 이사(理事)

(1) 의의

민법 제57조는 "법인은 이사를 두어야 한다."라고 규정함으로써 이사를 모든 법인의 필수기관으로 하고 있다. 이사는 대외적으로 법인을 대표하고 대내적으로 법인의 업무를 집행하는 기관이다.

(2) 임면(任免)

이사의 임면(선임·해임·퇴임)은 정관의 필요적 기재사항이다(§40, §43). 법인과 이사의 관계는 신뢰를 기초로 한 위임계약(§680)과 유사하므로, 서로는 상호 해지의 자유가 있으며(§689), 이사는 선량한 관리자의 주의의무가 있다(§61, §681). 또한, 이사의 임기가 만료되거나 이사직을 사임한 경우에도 후임 이사가 선임될 때까지 계속해서 이사의 직무를 수행할 수 있다고 해석된다(§691).[87]

이사의 수는 제한이 없으며(§58②), 자연인만이 이사가 될 수 있다. 그리고 이사의 성명, 주소는 등기사항이다(§49②).

87　대판 1982.3.9. 81다614; 대판 1983.9.27. 83다카938; 대판 1996.1.26. 95다40915 등.

(3) 권한

1) 대외적 권한

(가) 이사는 법인의 사무에 관하여 각자 법인을 대표한다(§59①). 즉 이사가 수인인 경우에도 단독대표가 원칙이다. 그런데 법인을 대표하는 이사의 법률행위는 대리의 경우와 유사하기 때문에 법인의 대표에 관해서는 대리의 규정을 준용한다(동조②).

(나) 이와 관련하여 이사의 대표권은 정관에 규정한 취지에 위반할 수 없음을 규정한다(§59① 단서). 그리고 이러한 제한은 정관에 기재하지 않으면 무효가 된다(§41). 또한, "이사의 대표권에 대한 제한은 등기하지 아니하면 제3자에게 대항하지 못한다"라고 한다(§60). 여기서 "제3자"는 선의의 자만을 의미하는가 아니면 악의의 자까지도 포함하는가와 관련하여 학설의 대립이 있다. 판례는 악의의 제3자에게도 대항하기 위해서는 등기가 필요하다고 한다.[88]

생각건대, 이사의 대표권에 대한 제한을 등기하도록 한 것은 외부에 공시하는 것으로 이사의 대표권에 대한 제한을 등기하지 않은 경우에는 선의·악의를 불문하고 대항할 수 없다고 해석해야 한다.

(다) 또한 사단법인 이사의 대표권은 총회의 의결로 제한할 수 있다(§59① 단서). 이 경우에도 이러한 제한은 정관에 기재되어야 효력을 발생한다고 할 것이다(§41).

(라) 법인과 이사의 이익이 상반하는 사항에 관해서 이사는 대표권이 없으며, 이 경우 법원은 이해관계인이나 검사의 청구로 특별대리인을 선임해야 한다(§64). 즉 특별대리인이 선임되면, 이사의 대표권은 제한을 받게 된다.

(마) 이사는 자신이 직접 대표권을 행사해야 하므로 이사에게는 대리인을 임명할 수 있는 권리, 즉 복임권(復任權)이 없다. 다만 정관 또는 총회의 결의로 금지하지 아니한 사항에 한하여 타인에게 특정한 행위를 대리하게 할 수 있다(§62). 그렇다고 하더라도 이사에게 포괄적인

---

88 대판 1992.2.14. 91다24564에 따르면, "법인의 정관에 법인 대표권의 제한에 관한 규정이 있으나 그와 같은 취지가 등기되어 있지 않다면 법인은 그와 같은 정관의 규정에 대하여 선의나 악의나에 관계없이 제3자에 대하여 대항할 수 없다"라고 판시한다.

복임권은 없다고 할 것이다.[89] 그리고 이사가 선임한 대리인은 법인의 기관이 아닌 대리인이라고 할 것이다.

2) 대내적 권한

(가) 이사는 대내적으로 법인의 사무를 집행한다(§58①). 그리고 대표권과는 다르게 이사가 수 인인 경우 각자 사무를 집행하는 것이 아니라, 정관에 다른 규정이 없으면 이사의 과반수로 결정한다(동조②).

(나) 이사가 집행하는 사무로는 재산목록의 작성(§55①), 사원명부의 작성(§55②), 사원총회의 소집(§69, §70①), 총회 의사록의 작성(§76①), 파산신청(§79), 청산인이 되는 것(§82), 각종 법인등기의 의무(예컨대 §49, §50, §51) 등이 있다.

(4) 이사의 보충

1) 임시이사

이사가 없거나 결원이 있는 경우에 이로 인하여 법인 또는 타인에게 손해가 생길 염려가 있는 경우, 이해관계인이나 검사의 청구로 법원이 선임하는 임시적 기관이다(§63).

2) 특별대리인

법인과 이사의 이익이 상반하는 사항에서 당해 이사는 대표권이 없다. 이러한 경우 법원은 이해관계인이나 검사의 청구로 법인을 대표할 자를 선임해야 하는데, 이러한 기관이 특별대리인이다(§64).

3) 직무대행자

이사의 선임행위에 흠이 있는 경우에 이해관계인의 신청으로 법원이 가처분(假處分)으로 선임하는 자로서 임시적 기관이다(§52의 2). 이러한 직무대행자는 법원의 허가가 없는 경우에는

---

89   대판 1989.5.9. 87다카2407.

법인의 통상사무만을 수행할 수 있다(§60의 2①).[90]

3. 감사(監事)

(1) 의의

감사는 법인의 재산 및 이사의 업무집행을 감독하는 임의기관이다. 즉 민법 제66조는 "법인은 정관 또는 총회의 결의로 감사를 둘 수 있다."라고 규정한다. 그리고 감사는 법인의 대표기관이 아니므로 그의 성명, 주소는 등기사항이 아니다.

(2) 권한

민법이 규정하는 감사의 직무로는 법인의 재산 상황을 감사하는 일(§67 1호), 이사의 업무집행 상황을 감사하는 일(동조 2호), 재산 상황 또는 업무집행에 관하여 부정, 불비한 것이 있음을 발견한 때에는 이를 총회 또는 주무관청에 보고하는 일(동조 3호), 전호의 보고를 하기 위하여 필요 있는 때에는 총회를 소집하는 일(동조 4호)이다. 그리고 명문에 규정은 없지만, 감사도 선관주의의무를 부담한다고 할 것이다.

4. 사원총회(社員總會)

(1) 의의

사원총회는 사단법인을 구성하는 모든 사원으로 구성된 집합체로서 최고의 의사결정 기관이다. 사원총회는 사단법인의 필수기관이지만, 재단법인에서는 사원이 없고 그 의사는 정관에 정해져 있으므로 사원총회가 없다.

(2) 종류

1) 통상총회

매년 1회 이상 이사에 의해 소집되는 총회이다(§69). 통상총회의 소집 시기는 일반적으로 정관에서 규정하지만, 정관에 규정이 없으면 총회의 결의로 정하고 결의도 없으면 이사가 임

---

90 대판 1995.4.14. 94다12371; 대판 2006.1.26. 2003다36225.

의로 정할 수 있다고 해석된다.

2) 임시총회

이사 또는 감사가 필요하다고 인정하거나(§70①, §67 4호), 또는 총사원의 5분의 1 이상이 회의의 목적 사항을 제시하여 이사에게 청구하는 경우(§70②)에 소집되는 사원총회이다. 소수 사원의 총회소집권을 소수사원권(少數社員權)이라고 하며, 5분의 1이라는 수는 정관에서 증감할 수 있으나 박탈하지는 못한다고 할 것이다.

(3) 소집절차

총회의 소집은 1주일 전 그 회의의 목적 사항을 기재한 통지를 발해야 한다(§71). 회의의 목적 사항은 사원이 의안이 무엇인지를 알기에 충분한 정도로 구체적으로 기재하면 된다.[91]

(4) 권한

총회는 정관으로 이사 또는 기타 임원에게 위임한 사무 이외 사항을 결정한다(§68). 정관의 변경(§42)과 임의해산(§78)은 정관에 의해서도 박탈하지 못하는 총회의 전권사항이다.

(5) 결의

1) 총회의 성립

총회는 몇 명의 사원이 소집되어야 성립하는가에 관해서는 민법에 규정이 없다. 물론 정관에 규정이 있으면, 이에 따라야 하지만 그렇지 않은 경우에는 논의의 여지가 있다. 이에 관해 2인 이상의 사원이 출석하면 족하다는 다수견해와 사원 과반수의 출석이 요구된다는 소수견해가 대립한다.

2) 결의사항

총회의 소집을 위해서는 1주일 전에 그 회의에 관한 목적 사항을 기재한 통지를 발송해야 하는데(§71), 정관에 다른 규정이 없는 한 통지한 사항에 관해서만 결의할 수 있다(§72).

---

91   대판 1993.10.12. 92다50799.

3) 결의권

정관에 다른 규정이 없는 한, 각 사원의 결의권은 평등하며(§73①), 직접 출석하지 않고 서면이나 대리인으로도 결의권을 행사할 수 있다(동조②).

4) 결의의 성립

총회의 결의는 민법이나 정관에 다른 규정이 없으면 사원 과반수의 출석과 출석사원의 결의권의 과반수로 한다(§75①). 서면이나 대리인으로 결의권을 행사할 경우에 당해 사원은 출석한 것으로 한다(동조②).

5) 의사록의 작성 및 비치

총회의 의사에 관하여는 의사록을 작성해야 하며, 이사는 의사록을 주된 사무소에 비치해야 한다(§76).

V. 법인의 주소

법인의 주소는 그 주된 사무소의 소재지에 있는 것으로 한다(§36). 여기서 "주된 사무소"란 법인의 최고 경영진이 있는 곳을 말한다. 주소의 효과는 자연인과 동일하지만 법인의 성질상 적용이 없는 사항도 있다(예컨대 부재·실종의 표준, 상속개시의 장소 등).

VI. 정관(定款)의 변경

1. 서설

정관의 변경이란 법인이 동일성을 유지하면서 그 기초가 되는 사항을 변경하는 것을 말한다. 사단법인은 일정한 목적을 위해 결합한 사원들로 구성되기 때문에 정관의 변경은 원칙적으로 가능하다. 반면 재단법인은 설립자의 의사에 따라 출연된 재산이 그 실체이므로 정관의 변경은 원칙적으로 불가능하며 일부 예외만 인정된다.

2. 사단법인의 정관변경

(1) 요건

정수(定數)에 관하여 정관에 다른 규정이 없는 때에는 정관은 총사원 3분의 2 이상의 동의가 있는 때에 한하여 이를 변경할 수 있다(§42①). 이와 같은 정관의 변경은 사원총회의 전권사항이다. 그리고 정관의 변경은 주무관청의 허가를 받지 않으면 그 효력이 없다(동조②). 그 밖에 변경된 사항이 등기사항인 경우에는 이를 등기해야 제3자에게 대항할 수 있다(§49②, §54).

(2) 관련 문제

만약 정관에서 변경을 금지하는 경우에도 위의 요건을 갖추어 변경하는 것이 가능할 것인가의 문제가 있다. 이는 사단법인의 본질상 가능하다고 새길 것이다. 그러므로 사단법인의 목적도 변경 가능하다고 할 것이다.

3. 재단법인의 정관변경

(1) 예외적 인정 사유

재단법인의 정관변경은 예외적으로만 인정이 되는데, 민법은 이에 관하여 3가지를 인정하고 있다.

1) 변경방법이 정관에 정해진 경우(§45①)

이는 설립자의 의사가 반영된 것이므로 당연하다고 할 것이다. 이 경우에도 주무관청의 허가(동조③)와 변경된 사항이 등기사항이면 등기를 해야 제3자에게 대항할 수 있다(§54).

2) 명칭 또는 사무소 소재지의 변경(§45②)

정관에서 변경방법이 정해져 있지 않더라도 재단법인의 목적달성이나 그 재산보전을 위하여 적당한 때에는 명칭 또는 사무소의 소재지를 변경할 수 있다. 이러한 사항은 재단법인의 본질과 관련성이 적기 때문이다.

3) 재단법인의 목적 기타의 변경(§46)

재단법인의 정관변경과 관련하여 중요한 예외로서, 재단법인의 목적을 달성할 수 없는 때에는 설립자나 이사는 주무관청의 허가(許可)[92]를 얻어 설립의 취지를 참작하여 그 목적 기타 정관의 규정을 변경할 수 있다. 그 이유로는 재단법인이 목적을 달성할 수 없는 때에는 해산사유(§77)에 해당하여 해산할 수밖에 없는데, 이는 재단법인의 비영리성이나 설립자의 의사를 반영하여 이를 유지하는 것이 더 타당하기 때문이다. 이 경우에도 주무관청의 허가(§45③)와 변경된 사항이 등기사항이면 등기를 해야 제3자에게 대항할 수 있다(§54).

(2) 그 밖의 사유

재단법인은 일정한 목적에 바쳐진 재산이 그 실체로 이러한 재산의 증감은 재단법인의 중요한 변경을 의미하게 된다. 그러므로 재산의 증감 역시 효력을 발생하기 위해서는 주무관청의 허가와 제3자에게 대항하기 위해서는 등기가 필요하다고 할 것이다.

판례도 동일한 입장이며, 기본재산을 처분·감소시키는 경우뿐만 아니라 증가시키는 경우에도 이러한 법리가 적용된다고 한다.[93]

Ⅶ. 법인의 소멸(消滅)

1. 서설

자연인은 사망을 통해 권리능력을 상실하지만, 법인은 일정한 절차를 거쳐 권리능력을 상실하게 된다. 이는 자연인의 경우, 사망하면 상속인에 의해 그의 지위가 포괄적으로 승계되어 잔존사무 등이 처리될 수 있지만, 법인은 그러한 상속인이 없으므로 이를 처리하는 별도의 과정이 필요하기 때문이다.

---

92 재단법인의 정관변경에서 허가의 법적 성질에 관하여 학설의 대립이 있다. 대판 1996.5.16. 95누4810은 전원합의체 판결로서 "민법 제45조와 제46조에서 말하는 재단법인의 정관변경 '허가'는 법률상의 표현이 허가로 되어 있기는 하나, 그 성질에 있어 법률행위의 효력을 보충해 주는 것이지 일반적 금지를 해제하는 것이 아니므로, 그 법적 성격은 인가라고 보아야 한다"라고 판시한다.

93 대판 1966.11.29. 66다1668; 대판 1991.5.28. 90다8558.

2. 해산(解散)

(1) 의의

해산이란 법인이 본래의 적극적인 활동을 정지하고 청산절차에 들어가는 것을 말한다. 여기서 청산절차라는 것은 기존 법인의 잔존사무를 처리하거나 재산을 정리하는 것을 의미한다.

(2) 사유

민법은 법인의 공통된 해산 사유와 사단법인에만 해당하는 특유한 해산 사유를 규정한다.

1) 공통된 해산 사유(§77①)

(가) 존립기간의 만료 기타 정관에서 정한 해산 사유의 발생

이는 사단법인의 필요적 기재사항이지만 재단법인의 임의적 기재사항이다.

(나) 목적의 달성 및 달성 불능

(다) 파산(破産)

채무초과가 된 상태를 의미한다.

(라) 설립허가의 취소

법인의 설립에 있어 허가권자인 주무관청은 법인이 목적 이외의 사업을 하거나 설립허가의 조건에 위반하거나 기타 공익을 해하는 행위를 한 때에는 그 허가를 취소할 수 있다(§38).

2) 사단법인의 특유한 해산 사유(§77②)

(가) 사원이 없게 된 때

사원이 1명도 없게 된 경우를 말한다. 사단법인의 설립에는 2인 이상의 합동행위가 필요하지만, 이는 성립요건이지 존속요건은 아니라고 할 것이다.

(나) 사원총회의 해산결의(§78)

3. 청산(淸算)

(1) 의의

청산이란 해산한 법인이 잔존사무를 처리하고 잔존재산을 정리하는 절차를 말하는데, 이를 통해 법인은 완전히 소멸하게 된다. 그리고 청산절차에 관한 규정은 제3자의 이해관계에 영향을 미치기 때문에 강행규정이다.[94]

(2) 청산법인의 능력

해산한 법인은 청산의 목적 범위 내에서만 권리가 있고 의무를 부담한다(§81).

(3) 청산법인의 기관

법인이 해산하면 파산의 경우(파산관재인)를 제외하고 정관 또는 총회의 결의에서 정한 자가 없으면 해산 당시의 이사가 청산인이 되는데(§82), 이때 청산인은 청산법인의 대표기관·사무집행기관이 된다. 그러나 법인이 해산한 때에 위에 해당하는 자가 없는 경우, 법원은 직권 또는 이해관계인이나 검사의 청구로 청산인을 선임할 수 있다(§83). 그리고 청산인에 대해서는 이사에 관한 규정이 준용된다(§96).

(4) 청산사무

민법 제85조 이하에서 청산인의 사무에 관하여 규정하고 있는데, 이를 순서대로 나열하면 다음과 같다.

1) 해산등기와 신고(§85, §86)

2) 현존사무의 종결(§87 1호)

---

94 대판 1980.4.8. 79다2036.

3) 채권의 추심 및 채무의 변제(§87 2호)

채무의 변제와 관련하여, 청산인은 공고를 통해 일반 채권자에 대하여 일정 기간 내에 그의 채권을 신고할 것을 최고하여야 하며(§88), 위의 채권신고 기간 내에 청산인은 채권자에게 변제하지 못하지만 지연손해배상의무는 부담한다(§90). 그리고 청산인은 자신이 알고 있는 채권자에 대해서는 각각 그 채권신고를 최고해야 하며, 이들을 청산으로부터 제외하지 못한다(§89).

4) 잔여재산의 인도(§87 3호)

해산한 법인의 재산은 우선 정관에서 지정한 자에게 귀속되고(§80①), 만약 지정된 자가 없는 경우 이사 또는 청산인이 주무관청의 허가를 받아 그 법인의 목적에 유사한 목적을 위하여 처분할 수 있다(동조②). 위의 두 가지의 방법에 따라서도 처분할 수 없으면 마지막으로 국고에 귀속된다(동조③).

5) 파산선고신청(§93)

6) 청산종결의 등기와 신고(§94)

VIII. 법인의 등기(登記)

1. 의의

법인은 권리능력을 갖고 사회에서 활동하지만, 실제로 외부에서 그 존재를 인식하기 어려우므로 민법은 등기제도를 통해서 법인의 조직과 내용을 일반인에게 공시하고 있다.

2. 등기의 종류와 효력

민법은 설립등기(§49①), 분사무소설치의 등기(§50), 사무소 이전의 등기(§51), 변경등기(§52), 직무집행정지 등 가처분의 등기(§52의 2), 해산등기(§85) 등을 규정하고 있는데, 법인등기의 효력과 관련하여 설립등기만을 성립요건으로 하고 있고 나머지 등기는 모두 대항요건으로 한다.

IX. 법인 아닌 사단 · 재단

1. 서설

실제 사회에서는 법인의 실질을 갖추고 있으나 법인격을 취득하지 못한 단체가 있는데, 이를 법인 아닌 사단 및 재단이라고 한다. 즉 법인의 설립과 관련하여 비영리적인 목적을 갖고 설립행위는 있으나 주무관청의 허가 내지 설립등기가 없는 단체를 말한다. 이러한 법인 아닌 사단 · 재단이 발생하는 이유는 주무관청의 허가를 받지 못했거나 주무관청의 규제나 감독을 꺼리기 때문이며, 그 밖에 설립 중인 법인인 경우도 있다.

원칙적으로 이러한 법인 아닌 사단 · 재단은 설립요건을 갖추지 못했기 때문에 권리능력이 인정되지 않으나, 민법과 그 외의 법률에서는 그의 단체성을 인정하여 예외적으로 일정한 능력을 부여하고 있다. 즉 「민법」에서는 법인 아닌 사단의 소유형태를 규정하고 있으며, 「민사소송법」에서는 소송상 당사자 능력을, 「부동산등기법」에서는 등기능력 등을 규정하고 있다.

2. 법인 아닌 사단

(1) 성립요건

법인 아닌 사단의 성립요건에 관하여 판례는 "비법인사단은 구성원의 개인성과는 별개로 권리 · 의무의 주체가 될 수 있는 독자적 존재로서의 단체적 조직을 가지는 특성이 있다 하겠는데, 어떤 단체가 고유의 목적을 가지고 사단적 성격을 가지는 규약을 만들어 이에 근거하여 의사결정기관 및 집행기관인 대표자를 두는 등의 조직을 갖추고 있고, 기관의 의결이나 업무집행방법이 다수결의 원칙에 의하여 행하여지며, 구성원의 가입, 탈퇴 등으로 인한 변경과 관계없이 단체 그 자체가 존속되고, 그 조직에 의하여 대표의 방법, 총회나 이사회 등의 운영, 자본의 구성, 재산의 관리 기타 단체로서의 주요사항이 확정된 경우에는 비법인사단으로서의 실체를 가진다고 할 것이다."라고 판시한다.[95]

95 　대판 1992.7.10. 92다2431.

(2) 조합(組合)과의 구별

법인 아닌 사단과 구별할 개념으로 조합이 있는데, 조합이란 2인 이상이 상호출자(금전 기타 재산 또는 노무)하여 공동사업을 경영할 것을 약정함으로써 발생하는 단체이다(§703). 이러한 조합은 법인 아닌 사단과 유사하지만, 판례에 따르면, 양자의 구별은 "단체성의 강약을 기준으로 판단하여야 하는바, 조합은 2인 이상이 상호 간에 금전 기타 재산 또는 노무를 출자하여 공동사업을 경영할 것을 약정하는 계약관계에 의하여 성립하므로 어느 정도 단체성에서 오는 제약을 받게 되는 것이지만 구성원의 개인성이 강하게 드러나는 인적 결합체"라고 판시한다.[96]

이처럼 양자를 구별하는 실익 중 하나는 법인 아닌 사단은 조합에 비하여 단체성이 강하게 나타나므로 법인 아닌 사단의 자산이나 부채는 단체에 귀속하며 구성원은 단체의 채무에 대하여 책임을 부담하지 않는다는 점이다.

(3) 법인 아닌 사단의 예

1) 관습상의 사단

오래전부터 내려오는 법인 아닌 사단으로 종중(宗中)이나 동, 리, 자연부락[97] 등이 있다. 특히 이 가운데 종중에 관한 판례는 상당히 축적되어 있는데, 이하에서는 중요한 것들 위주로 설명한다.

판례는 "종중이란 공동선조의 후손들에 의하여 선조의 분묘수호 및 봉제사와 후손 상호 간의 친목을 목적으로 형성되는 자연 발생적인 종족단체로서 선조의 사망과 동시에 후손에 의하여 성립하는 것이며, 종중의 규약이나 관습에 따라 선출된 대표자 등에 의하여 대표되는 정도로 조직을 갖추고 지속적인 활동을 하고 있다면 비법인사단으로서의 단체성이 인정된다."라고 판시한다.[98]

여기서 "공동선조의 후손들"에 관하여 기존에는 여성과 미성년자를 제외하였으나, 전원합의체 판결[99]에 의해 "공동선조의 후손 중 성년 남자만을 종중의 구성원으로 하고 여성은 종중의 구성원이 될 수 없다는 종래의 관습은, 공동선조의 분묘수호와 봉제사 등 종중의 활동에

---

96 대판 1999.4.23. 99다4504.
97 대판 2008.1.31. 2005다60871.
98 대판 1994.9.30. 93다27703.
99 대판(전합) 2005.7.21. 2002다1178.

참여할 기회를 출생에서 비롯되는 성별만에 의하여 생래적으로 부여하거나 원천적으로 박탈하는 것으로서, 위와 같이 변화된 우리의 전체 법질서에 부합하지 아니하여 정당성과 합리성이 있다고 할 수 없으므로, 종중 구성원의 자격을 성년 남자만으로 제한하는 종래의 관습법은 이제 더 이상 법적 효력을 가질 수 없게 되었다."라고 판시하여 성년 여성들에게도 종중원의 지위를 인정하였다.

또한 "종중총회는 특별한 사정이 없는 한 족보에 의하여 소집통지 대상이 되는 종중원의 범위를 확정한 후 국내에 거주하여 소재가 분명하여 연락통지가 가능한 모든 종중원에게 개별적으로 소집통지를 함으로써 각자가 회의와 토의와 의결에 참여할 기회를 주어야 하고, 일부 종중원에게 소집통지를 결여한 채 개최된 종중총회의 결의는 효력이 없으나, 그 소집통지의 방법은 반드시 직접 서면으로 하여야만 하는 것은 아니고 구두 또는 전화로 하여도 되고 다른 종중원이나 세대주를 통하여 하여도 무방하다."라고 판시한다.[100]

그리고 종중의 재산에 관하여 판례는 "종중 소유의 재산은 종중원의 총유에 속하는 것이므로 그 관리 및 처분에 관하여 먼저 종중 규약에 정하는 바가 있으면 이에 따라야 하고, 그 점에 관한 종중 규약이 없으면 종중 총회의 결의에 의하여야 하므로 비록 종중 대표자에 의한 종중 재산의 처분이라고 하더라도 그러한 절차를 거치지 아니한 채 한 행위는 무효이다."라고 판시한다.[101]

2) 목적적 사단

관습법이 아닌 민법의 단체법으로 설립된 법인 아닌 사단으로 교회, 재건축조합,[102] 공동주택의 입주자대표회의[103] 등이 있다. 이러한 법인 아닌 사단 중에서 종교단체인 교회에 관한 중요한 판례를 살펴본다.

교회의 분열에 따른 재산귀속문제와 관련하여, 종전 판례는 교회의 재산은 분열 당시 교인들의 총유에 속한다고 판시하였으나,[104] 그 후 변경된 전원합의체 판결에 따르면, "교인들은

100　대판 2000.2.25. 99다20155; 대판 2007.9.6. 2007다34982; 대판 2009.2.26. 2008다8898.

101　대판 2000.10.27. 2000다22881.

102　대판(전합) 2007.4.19. 2004다60072, 60089.

103　대판 2008.9.25. 2006다86597.

104　대판(전합) 1993.1.19. 91다1226. 이에 따르면 교회의 분열 시 재산에 대해서는 잔존 교인과 탈퇴 교인 양측에 권리가 발생

교회 재산을 총유의 형태로 소유하면서 사용·수익할 것인데, 일부 교인들이 교회를 탈퇴하여 그 교회 교인으로서의 지위를 상실하게 되면 탈퇴가 개별적인 것이든 집단적인 것이든 이와 더불어 종전 교회의 총유 재산의 관리처분에 관한 의결에 참여할 수 있는 지위나 그 재산에 대한 사용·수익권을 상실하고, 종전 교회는 잔존 교인들을 구성원으로 하여 실체의 동일성을 유지하면서 존속하며 종전 교회의 재산은 그 교회에 소속된 잔존 교인들의 총유로 귀속됨이 원칙이다."라고 판시한다.[105]

그리고 "교단에 소속되어 있던 지교회의 교인 중 의결권을 가진 교인 2/3 이상의 찬성에 의한 결의를 통하여 소속 교단을 탈퇴하기로 결의한 다음, 종전 교회를 나가 별도의 교회를 설립하여 별도의 대표자를 선정하고 나아가 다른 교단에 가입한 경우에는 사단법인 정관변경에 준하여 종전 교회의 실체가 이와 같이 교단을 탈퇴한 교회로서 존속하고 종전 교회 재산은 위 탈퇴한 교회 소속 교인들의 총유로 귀속되는바, 교단에 소속되지 않은 독립 교회에서도 교인들의 일부가 종전의 독립 교회 상태를 벗어나 특정 교단에 가입하기로 결의한 경우에는 이로 인하여 그 교회의 명칭이나 목적 등 교회 규약으로 정하여졌거나 정하여져야 할 사항의 변경을 초래하게 되므로 위와 마찬가지로 사단법인 정관변경에 준하여 의결권을 가진 교인 2/3 이상이 찬성한 결의에 의하여 종전 교회의 실체는 특정 교단에 가입하여 소속된 지교회로서 존속하고 종전 교회 재산은 위 교단 소속 교회 교인들의 총유로 귀속될 것이나, 찬성자가 의결권을 가진 교인의 2/3에 이르지 못한다면 종전 교회는 여전히 독립 교회로서 유지되므로, 교단 가입 결의에 찬성하고 나아가 종전 교회를 집단적으로 탈퇴한 교인들은 교인으로서의 지위와 더불어 종전 교회 재산에 대한 권리를 상실하였다고 볼 수밖에 없다."라고 판시하여[106] 교인 2/3의 찬성이 있으면 기존 교회의 재산에 대한 권리를 보유하면서 새로운 법인 아닌 사단을 설립할 수 있다고 한다.

(4) 법률관계

법인 아닌 사단의 법률관계를 규율하는 민법의 규정이 거의 없는 관계로, 사단법인에 관한

하게 되어 분쟁 해결의 측면에서 바람직하지 못하였다.

105   대판(전합) 2006.4.20. 2004다37775.
106   대결 2006.6.9. 2003마1321.

규정 가운데 법인격을 전제로 하는 것을 제외하고는 이를 유추 적용해야 한다는 것이 다수 학설의 견해이며, 판례의 입장이다.[107]

1) 내부관계

법인 아닌 사단의 내부관계는 우선 단체의 정관에 의하지만, 만약 정관에 규정이 없으면 민법상 사단법인의 규정이 유추 적용된다.

2) 외부관계

법인 아닌 사단도 대표자를 통해 대외적인 활동을 할 수 있는데, 이를 통해 소송상 당사자 능력을 갖추게 되며(「민사소송법」§52),[108] 등기권리자나 등기의무자가 될 수 있다(「부동산등기법」§26).[109]

그리고 법인 아닌 사단은 대표자가 직무상 타인에게 가한 손해에 대하여 손해배상책임(§35①)을 부담한다고 할 것이다.[110]

3) 재산의 귀속 관계

민법 제275조 제1항은 "법인이 아닌 사단의 사원이 집합체로서 물건을 소유할 때에는 총유로 한다."라고 규정하여 법인 아닌 사단 재산의 귀속 관계를 명시한다.

총유(總有)라 함은 공동소유자 사이에 지분이나 그 지분에 관한 분할청구권이 인정되지 않으며, 그 소유물에 대한 관리·처분의 권능과 사용·수익의 권능을 이원화하여 전자는 사원총회에, 후자는 개별 사원에게 귀속시키는 공동소유의 한 형태이다.

그 밖에 소유권 이외의 재산권(예컨대 채권, 채무)에 대해서도 위 규정이 준용되므로 이를 준총유(準總有)하게 된다. 그러므로 법인 아닌 사단의 채무에 대해서는 단체가 책임을 지며, 구성원들은 이에 대한 책임을 부담하지 않는다.

---

107 대판 1992.10.9. 92다23087; 대판 1996.10.25. 95다56866.

108 민사소송법 제52조(법인이 아닌 사단 등의 당사자 능력) 법인이 아닌 사단이나 재단은 대표자 또는 관리인이 있는 경우에는 그 사단이나 재단의 이름으로 당사자가 될 수 있다.

109 부동산등기법 제26조(법인 아닌 사단 등의 등기신청) ① 종중(宗中), 문중(門中), 그 밖에 대표자나 관리인이 있는 법인 아닌 사단(社團)이나 재단(財團)에 속하는 부동산의 등기에 관하여는 그 사단이나 재단을 등기권리자 또는 등기의무자로 한다.

110 대판 2003.7.25. 2002다27088.

3. 법인 아닌 재단

(1) 성립요건

비영리를 목적으로 하고 설립자의 재산 출연행위와 정관의 작성이 있다는 점에서는 재단 법인과 동일하지만, 아직 주무관청의 허가나 설립등기가 없다는 점에서는 차이가 있다.

(2) 법인 아닌 재단의 예

대표적인 것으로 재단법인의 설립절차 중에 있는 단체가 이에 해당할 것이다. 종래에는 한 정승인을 한 상속재산(§1028 이하), 상속인 없는 상속재산(§1053), 「채무자 회생 및 파산에 관한 법률」상의 파산재단 등이 법인 아닌 재단의 예로 이해되었다. 하지만 이러한 예는 엄격한 의 미에서의 법인 아닌 재단이라고 보기는 어렵다. 왜냐하면, 이 경우 일정한 목적은 있을 수 있 지만, 그 밖의 설립행위(재산출연, 정관작성)로 볼 수 있는 요소가 부족하기 때문이다.

(3) 법률관계

법인 아닌 재단의 경우에도 민법상 재단법인에 관한 규정 중에서 법인격을 전제로 하는 규 정을 제외한 것은 유추 적용할 수 있다. 또한, 「민사소송법」상의 당사자 능력(§52)이나 「부동산 등기법」상의 등기능력(§26)은 법인 아닌 재단도 갖는다. 그리고 법인 아닌 사단처럼 귀속재산 에 관한 규정은 가지고 있지 않지만, 법인 아닌 재단의 채무는 그 재단의 재산으로 책임을 부 담할 뿐 재단 대표자의 개인재산으로 책임을 부담하지는 않는다고 할 것이다.

제3장

권리의 객체(客體)

제1절 총설

권리의 객체란 권리의 작용이 미치는 대상을 말하며, 이를 권리의 내용 또는 목적이라고 한다. 이러한 권리의 객체는 권리의 종류에 따라 다양한데, 예를 들어 물권의 객체는 물건이며, 채권의 객체는 채무자의 일정한 행위가 된다. 또한 친족권에서는 친족법상의 지위이며 상속권에서는 상속재산이 그 객체가 된다.

민법은 권리의 객체와 관련하여 총칙 편에서 물건에 관해서만 규정하고 있다. 그 이유는 권리의 객체에 대한 전반적인 내용을 총칙에서 둔다는 것은 불가능하고 비록 물건에 관해서만 규정하고 있지만, 이는 물권의 객체를 넘어서 채권이나 그 밖의 여러 권리와도 관련되기 때문이다.

제2절 물건(物件)

I. 의의

민법 제98조는 "본법에서 물건이라 함은 유체물 및 전기 기타 관리할 수 있는 자연력을 말한다."라고 규정한다. 어떤 것이 물건이라면 물권의 객체나 채권의 목적 등이 될 수 있다.

1. 유체물·무체물

유체물(有體物)은 형체가 있는 물건으로 유형적 형태가 있는 고체, 액체, 기체의 물질을 말한다. 그리고 무체물(無體物)이란 형체가 없는 물건으로 전기, 열, 빛, 음향, 에너지 등을 말하는데, 민법은 무체물 중에서 전기 기타 관리할 수 있는 자연력만을 물건으로 인정한다.

2. 관리 가능성

위에서 살펴본 것처럼 물건은 원칙적으로 유체물에 한하고 예외적으로 무체물 중에서 관리 가능한 자연력을 포함한다. 그런데 유체물이라고 해서 모두 물건이 되는 것이 아니며, 민법상 물건이라고 하기 위해서는 관리 가능해야만 한다. 관리가 가능하다는 말은 그 물건을 배타적으로 지배할 수 있다는 의미이다. 예컨대 해, 달, 별은 유체물이지만 개인이 관리할 수 없으므로 물건으로 볼 수 없으며, 전기, 공기는 무체물이지만, 관리가 가능하다면 물건이 된다.

3. 비인격성

민법상 물건에는 사람의 신체나 그 일부는 제외된다. 이는 인간의 존엄성에 비추어 당연하다고 할 것이다. 이러한 예로서 치아, 모발, 장기, 혈액 등이 있는데, 이는 신체로부터 분리되면 물건이 되는 경우도 있다. 또한, 일단 물건이더라도 신체에 부착이 되면 물건성이 상실되는 것으로 의치, 의안, 의수, 의족 등이 있다.

이와 관련하여 시체의 물건성과 이에 대한 권리가 누구에게 귀속되는가에 대해서는 논의의 필요성이 있다. 먼저 시체의 물건성에 대하여, 일단 시체의 물건성을 인정하면서 이는 일반적인 소유의 대상이 아니라 매장·제사를 위한 특수한 목적의 소유권이라고 해석하는 견해가 지배적이며, 두 번째 문제에 대해서는 시체에 대한 권리는 제사를 주재하는 자에게 있다는 견해가 다수설과 판례의 태도이다.[111]

---

111 대판(전합) 2008.11.20. 2007다27670에 따르면, "사람의 유체·유골은 매장·관리·제사·공양의 대상이 될 수 있는 유체물로서, 분묘에 안치된 선조의 유체·유골은 민법 제1008조의3 소정의 제사용 재산인 분묘와 함께 그 제사 주재자에게 승계되고, 피상속인 자신의 유체·유골 역시 위 제사용 재산에 준하여 그 제사 주재자에게 승계된다."라고 판시하여 다수설의 태도와 같다. 다만 제사 주재자의 결정과 관련하여 대판(전합) 2023.5.11. 2018다248626은 기존 판례를 변경하여, 제사 주재자는 먼저 공동상속인들의 협의에 의해 결정하고 협의가 이루어지지 않는 경우, 제사 주재자의 지위를 인정할 수 없는 특별한 사정이 없다면, 피상속인의 직계비속 중 남녀, 적서를 불문하고 최근친의 연장자가 제사 주재자가 된다고 판시하였다.

4. 독립성

물권의 객체로서 물건은 독립된 것이어야 하며, 독립된 존재인가의 여부는 사회통념에 따라 결정된다. 물건에 있어서 이러한 독립성을 요구하는 이유는 물권법에서 일물일권주의(一物一權主義)를 원칙으로 하기 때문이다.[112]

II. 종류

물건은 강학상 다음과 같이 다양한 기준에 의하여 분류할 수 있다.

1. 단일물 · 합성물 · 집합물

(1) 단일물(單一物)이란 1외형상 하나의 일체를 이루고 각 구성 부분은 개성을 상실하고 있는 물건을 말한다. 예컨대 책, 의자, 연필 등이 그러하다.

(2) 합성물(合成物)이란 물건의 각 구성 부분이 개성을 유지하면서 외형상 하나의 일체를 이루고 있는 물건을 말한다. 건물, 선박, 자동차 등이 그러한 예이다.

(3) 집합물(集合物)이란 단일물이나 합성물이 모여 경제적으로 단일한 가치를 가지고 거래상으로도 하나의 물건으로 다루어지는 것을 말한다. 이러한 집합물의 예로서는 공장을 구성하는 시설물과 기계, 상점의 모든 상품 등이 있다. 본래 집합물은 단일물, 합성물과 다르게 일물일권주의의 원칙상 하나의 물건은 아니다. 하지만 집합물을 법률상 하나의 물건으로 다루어야 할 필요가 있고 이에 관한 공시방법이 있으면 이러한 집합물을 하나의 물건으로 보아 이 위에 권리를 인정하여도 좋을 것이다(예컨대 「공장 및 광업재단저당법」상의 공장재단 · 광업재단).

판례는 "돈사에서 대량으로 사육되는 돼지를 집합물에 대한 양도담보의 목적물로 삼은 경우, 그 돼지는 번식, 사망, 판매, 구입 등의 요인에 의하여 증감 변동하기 마련이므로 양도담보권자가 그때마다 별도의 양도담보권 설정계약을 맺거나 점유개정의 표시를 하지 않더라도

---

112 일물일권주의를 인정하는 이유는 첫째, 물건 일부나 집단 위에 하나의 물권을 인정할 필요가 없다는 것이며 둘째, 물건 일부나 집단 위에 하나의 물권을 인정한다면 그 공시가 곤란하다는 점 때문이다.

하나의 집합물로서 동일성을 잃지 아니한 채 양도담보권의 효력은 항상 현재의 집합물 위에 미치게 되고"라고 판시하여[113] 하나의 물건이 아닌 집합물에 대해서도 권리를 인정한다.

2. 융통물 · 불융통물

사법상 거래의 대상이 될 수 있는지의 여부에 따른 분류이다. 융통물(融通物)은 사법상 거래의 대상이 될 수 있는 물건이고, 불융통물(不融通物)은 사법상 거래의 대상이 될 수 없는 물건으로 여기에는 공용물(公用物), 공공용물(公共用物)과 같은 행정재산이나 금제물(禁制物)이 포함된다. 금제물은 법률상 소유 및 거래가 금지되는 물건과 거래만 금지되는 물건이 있는데, 전자의 예로는 아편, 음란물, 위조 · 변조 통화 등이 있고 후자의 예로는 국유문화재 등이 있다.

3. 가분물 · 불가분물

분할의 가능 여부에 따른 물건의 분류로 가분물(可分物)이란 물건의 성질 또는 가격을 현저하게 손상하지 않고도 분할 가능한 물건을 말한다. 반면 불가분물(不可分物)은 분할에 의하여 물건의 성질이나 가격이 현저하게 손상되는 물건을 말한다. 예를 들어 금전, 곡물, 토지 등은 전자의 예이고 의복, 가축, 건물 등은 후자의 예이다. 이러한 구분은 공유물의 분할(§269), 다수당사자의 채권 관계(§408) 등에서 실익이 있다.

4. 대체물 · 불대체물

대체성의 유무에 따른 물건의 분류로 대체물(代替物)이란 물건의 개성이 중요시되지 않아서 동종 · 동질 · 동량의 다른 물건으로 변경해도 법률관계에 영향을 주지 않는 물건을 말한다. 반면 일반 거래상 물건의 개성이 중요시되어 다른 물건으로 대체할 수 없는 물건을 불대체물(不代替物)이라고 한다. 전자의 예로는 금전, 곡물 등이며 후자의 예로는 그림, 건물 등이 있다. 이러한 분류는 소비대차(§598), 소비임치(§702) 등에서 실익이 있다.

---

[113]　대판 2004.11.12. 2004다22858.

5. 특정물 · 불특정물

당사자의 지정 유무에 의한 물건의 분류로 당사자가 물건의 개성을 중시하여 동종의 다른 물건으로 바꾸지 못하도록 한 물건이 특정물(特定物)이고, 그렇지 않은 물건이 불특정물(不特定物)이다. 이러한 분류는 당사자의 의사에 기한 주관적인 구별이다. 예컨대 수많은 동종의 과일은 불특정물이지만, 매수인의 지정으로 선택된 과일은 특정물이 된다. 이러한 구별은 채권의 목적물 보관의무(§374), 변제의 장소(§467), 매도인의 담보책임(§580, §581) 등에서 실익이 있다.

6. 소비물 · 비소비물

물건의 반복 사용 여부에 따른 물건의 분류로 소비물(消費物)이란 물건의 성질상 한 번 사용하면 다시 그 용도로 사용할 수 없는 물건을 말하며, 비소비물(非消費物)이란 물건의 성질상 용도에 따라 반복해서 사용할 수 있는 물건을 말한다. 전자의 예로는 술, 곡물 등이 있고 후자의 예로는 건물, 기계 등이 있다. 그런데 금전은 반복해서 사용할 수 있지만 한 번 사용하면 소유자가 변경되므로 소비물로 다루어진다.

이러한 구별은 소비대차(§598), 사용대차(§609), 임대차(§618) 등에서 실익이 있다.

제3절 부동산과 동산

Ⅰ. 서설

민법은 총칙 제4장에서 물건을 부동산과 동산으로 분류하고 있다. 이와 같은 물건의 분류는 중요한 의미가 있다. 먼저 부동산과 동산을 구별하는 이유는 첫째, 일반적으로 부동산이 동산에 비해 경제적 가치가 높다는 점 둘째, 동산은 이동성이 있어서 공시가 곤란한 반면 부동산은 공시가 쉽다는 점이다. 이런 이유로 부동산과 동산은 적용되는 원리와 법 규정에서 차이를 보인다.

부동산과 동산은 공시방법(§186, §188), 취득시효의 요건(§245, §246), 선의취득의 인정 여부(§249), 무주물 선점의 효과(§252), 부합의 법률효과(§256, §257), 용익물권의 인정 여부(§279, §291, §303), 재판관할에 대한 특별규정의 유무(「민사소송법」§20), 강제집행절차 및 방법(「민사집행법」§78, §188) 등에서 차이점을 보인다.

Ⅱ. 부동산

1. 의의

부동산이란 토지 및 그 정착물을 말한다(§99①). 여기서 "정착물"이라는 것은 통상 건물을 말한다. 건물을 별도의 부동산으로 인정할 것인가에 관하여는 다양한 입법례가 있는데, 민법은 건물을 토지와 별개의 부동산으로 다룬다.

2. 토지

토지란 사람의 생활과 활동에 이용하는 땅을 말하는데, 토지의 소유권은 정당한 이익이 있는 범위 내에서 토지의 상하에 미친다(§212). 그러므로 토지에 묻혀있는 암석, 토사, 지하수 등은 그 소유권자에게 귀속한다고 할 것이다. 하지만 국가는 채굴(採掘)되지 아니한 광물에 대하여 채굴하고 취득할 권리(광업권)를 부여할 권능을 갖기 때문에 미채굴의 광물에는 토지소유권자의 권리가 미치지 않는다고 할 것이다(「광업법」§2).

물건으로서의 토지는 연속하고 있으므로 그 지표에 선을 그어 경계로 삼고 이를 구획하며, 지적공부(토지대장·임야대장)에 등록되어 지번이 부여됨으로써 특정된다.[114] 그리고 특정되어 독립된 토지는 "필(筆)"이라는 단위를 사용한다. 만약 필요에 따라 토지를 나누거나 합한다면 분할이나 합병의 절차를 거쳐야 한다.

3. 토지의 정착물

토지의 정착물이란 토지에 견고하게 부착되어 쉽게 이동할 수 없는 물건을 말한다. 건물, 수목, 교량, 도로의 포장 등이 그러한 예이다. 하지만 판잣집, 가식(假植) 중인 수목, 토지에 견고하게 부착되지 않은 기계·설비 등은 토지의 정착물이 아니라 동산이다. 이하에서는 토지와 별개의 부동산으로 취급되는 물건을 살펴본다.

---

114 토지에 대한 지적공부와 관련된 법으로는 「공간정보의 구축 및 관리에 관한 법률」이 있다.

(1) 건물

건물은 토지와는 완전히 독립한 별개의 부동산이다. 그러므로 부동산에 관한 공적 장부인 등기부도 토지등기부와 별도의 건물등기부로 나뉜다(「부동산등기법」§14①). 그리고 토지로부터 독립된 건물은 "동(棟)"이라는 표현을 사용한다.

1동의 건물 일부는 구분소유권(§215)과 「집합건물의 소유 및 관리에 관한 법률」에 의해 독립된 소유권의 객체가 될 수 있다.

이와 관련된 문제로 건축 중인 건물이 언제 독립성을 갖느냐에 대한 논의가 있다. 왜냐하면, 그 시기에 따라서 법률의 적용이 상이하게 되기 때문이다.[115] 예를 들어 건물의 독립성이 인정된다면[116] 이를 타인에게 양도하기 위해서는 등기를 해야만 하지만(§186), 만약 독립성을 갖추지 못한 경우에는 토지의 정착물로서 토지와 함께 양도되거나 동산으로 취급되어 인도로 양도될 수 있다(§188). 판례에 따르면 "독립된 부동산으로서의 건물이라고 하기 위하여는 최소한의 기둥과 지붕 그리고 주벽이 이루어지면 된다."라고 판시한다.[117]

(2) 수목의 집단

수목이나 수목의 집단은 토지의 정착물로서 토지의 구성 부분이 된다.[118] 그러므로 만약 수목이 식재된 토지를 매도한다면 토지와 함께 수목도 매수인에게 이전된다. 하지만 법률과 관습법은 수목의 집단이 공시방법을 갖춘 경우, 예외를 인정하고 있다.

1) 입목(立木)

입목이란 토지에 부착된 수목의 집단으로서 그 소유자가 「입목에 관한 법률」에 따라 소유권보존의 등기를 받은 것을 말한다(§2 1호). 그러므로 수목의 집단은 등기를 완료하면 토지와는

---

115   예컨대 양도의 방법이나 강제집행의 방법이 달라지게 된다.

116   대판 2002.4.26. 2000다16350에 따르면, "건축주의 사정으로 건축공사가 중단되었던 미완성의 건물을 인도받아 나머지 공사를 마치고 완공한 경우, 그 건물이 공사가 중단된 시점에서 이미 사회 통념상 독립한 건물이라고 볼 수 있는 형태와 구조를 갖추고 있었다면 원래의 건축주가 그 건물의 소유권을 원시취득하고, 최소한의 기둥과 지붕 그리고 주벽이 이루어지면 독립한 부동산으로서의 건물의 요건을 갖춘 것이라고 보아야 한다."라고 판시하여 건물의 소유권은 독립된 건물로서 요건이 갖추어지면 건축주가 이를 원시취득한다고 한다.

117   대판 2001.1.16. 2000다51872; 대판 2003.5.30. 2002다21592, 21608.

118   대결 1998.10.28. 98마1817.

독립된 별개의 부동산으로 취급되므로 이를 양도하거나 저당권의 목적으로 할 수 있다(§3).

2) 명인방법(明認方法)[119]을 갖춘 수목의 집단

관습법상 인정되는 공시방법인 명인방법을 갖춘 수목의 집단도 토지와 독립된 별개의 부동산으로 다루어진다. 그런데 일반적으로 이 방법을 통해서 수목의 집단을 저당권의 객체로는 하지 못한다고 하면서, 이에 대한 이유로 공시방법의 부재를 든다. 하지만 얼마든지 명인방법을 통해서도 담보의 취지가 공시 가능하므로 이러한 견해는 의문이다.

(3) 미분리의 과실

미분리의 과실, 예컨대 과일, 입도(立稻), 엽연초, 뽕잎 등도 명인방법을 갖추게 되면 독립된 부동산[120]으로 취급되며 소유권의 객체가 된다.

(4) 농작물

원칙적으로 농작물도 토지 일부분이므로 당해 토지의 소유권자에게 농작물의 소유권이 귀속한다(§256 본문). 그러나 임차권, 지상권 등과 같은 정당한 권원에 의해 경작·재배된 농작물은 타인에게 권리가 있다(동조 단서).

판례는 "토지에 대한 소유권이 없는 자가 권원 없이 경작한 입도라 하더라도 성숙하였다면 그에 대한 소유권은 경작자에게 귀속된다."라고 판시한다.[121] 생각건대, 판례의 태도는 과거 농업사회에 기반을 둔 사상에 기초한 것으로 보인다. 하지만 이는 현행 법률의 규정과 맞지 않고 또한 소유권자 입장에서는 부당하게 권리를 침해당하는 것이 되어 비판의 여지가 있다.

---

119 대판 1991.4.12. 90다20220에 따르면, "토지의 주위에 울타리를 치고 그 안에 수목을 정원수로 심어 가꾸어 온 사실만으로는 명인방법을 갖추었다고 보기 어렵다."라고 판시한다.

120 명인방법을 갖춘 독립된 미분리의 과실이 부동산인지 동산인지의 여부에 관해서는 학설의 대립이 있다.

121 대판 1963.2.21. 62다913; 대판 1968.3.19. 67다2729; 대판 1979.8.28. 79다784 등.

Ⅲ. 동산

1. 의의

민법 제99조 제2항은 "부동산 이외의 물건은 동산이다."라고 규정한다. 그러므로 토지 위에 부착되어 있더라도 견고하지 않으면 동산이라고 할 것이다. 또한, "전기 기타 관리할 수 있는 자연력"(§98)도 부동산이 아니므로 동산이다.

2. 특수한 동산

금전은 동산이지만 일반적으로 물건으로서의 개성은 없고 가치 그 자체라고 파악되므로 물건으로서의 성질이 희박하다. 따라서 동산에 적용되는 규정이 금전에는 적용되지 않는 경우가 있다(예컨대 §250 단서).

또한 무기명채권(예컨대 상품권, 영화관람권, 승차권 등)과 관련하여 구민법은 이를 동산으로 간주했으나 현행민법은 채권으로 본다. 그리고 무기명채권은 권리가 증권에 화체(化體)되어 있으므로 채권의 성립·존속·행사에는 반드시 증권이 요구된다.

선박·자동차·항공기·중기는 동산이지만 부동산으로 취급되어 이에 대한 소유권의 이전은 인도가 아닌 등기나 등록을 갖추어야 한다(準不動産).

제4절 주물과 종물

Ⅰ. 의의

물건의 소유자가 어떤 물건(A)의 일상적인 사용을 돕기 위하여 자기 소유인 다른 물건(B)을 이에 부속하게 하는 경우가 있는데, 이때 A를 주물(主物), B를 종물(從物)이라고 한다. 예컨대 열쇠 휴대의 편의성을 위하여 여기에 고리를 부착한 경우, 열쇠는 주물이고 고리는 종물이라고 할 수 있다.

민법이 주물과 종물의 개념을 인정하는 이유로 두 물건은 각자 독립한 물건이지만 종물은 경제적인 면에서 주물의 효용을 높이므로, 법률적인 면에서도 이들의 운명을 함께하여 그들의 사회·경제적인 가치를 높이는 것이 합리적이기 때문이다.

II. 종물의 요건

민법 제100조 제1항은 "물건의 소유자가 그 물건의 상용(常用)에 공(供)하기 위하여 자기 소유인 다른 물건을 이에 부속하게 한 때에는 그 부속물은 종물이다."라고 규정한다.

1. 주물의 일상적인 사용에 이바지할 것

이는 사회 관념상 계속해서 주물의 경제적 효용을 다하게 하는 것을 의미한다. 그러므로 일시적 효용을 돕거나 주물 자체의 효용과는 직접 관계가 없는 물건은 종물이 아니다. 판례에 의하면 호텔의 각 방실에 시설된 텔레비전, 전화기, 호텔세탁실에 시설된 세탁기, 탈수기, 호텔방송실에 시설된 VTR, 앰프 등은 호텔 자체의 경제적 효용에 직접 이바지하지 아니함은 경험칙상 명백하므로 위 부동산에 대한 종물이라고는 할 수 없다고 판시한다.[122]

2. 독립한 물건일 것

종물은 주물의 구성 부분이 아니어야 하며, 독립된 물건이어야 한다. 이러한 요건은 종물에 관한 규정 중 "부속"이라는 표현에서 도출할 수 있다.

판례는 주물인 건물 옆 지하에 바로 부속하여 지하에 설치된 정화조는 종물이 아닌 위 건물의 구성 부분으로 판시한다.[123]

종물은 주물과 독립된 물건이면 족하며 동산·부동산을 불문한다. 판례는 낡은 가재도구 등의 보관장소로 사용되고 있는 방과 연탄창고 및 공동변소가 본채에서 떨어져 축조되어 있기는 하나 본채의 종물이라고 판시하며,[124] 또한, 주유소의 주유기는 계속해서 주유소 건물 자체의 경제적 효용을 다하게 하는 작용을 하고 있으므로 주유소 건물의 상용에 공하기 위하여

---

122 대판 1985.3.26. 84다카269; 그 밖에 대판 1997.10.10. 97다3750에 따르면, 신·구 폐수처리시설이 그 기능 면에서는 전체적으로 결합하여 유기적으로 작용함으로써 하나의 폐수처리장을 형성하고 있지만, 신폐수처리시설이 구폐수처리시설 그 자체의 경제적 효용을 다하게 하는 시설이라고 할 수 없으므로 종물이 아니라고 한다.

123 대판 1993.12.10. 93다42399.

124 대판 1991.5.14. 91다2779.

부속시킨 종물이라고 판시한다.[125]

3. 일정한 장소적 관계에 있을 것

종물은 주물에 부속된 것으로 인정될 만한 정도의 장소적 관계에 있어야 한다.

4. 동일한 소유자에게 속할 것

주물과 종물 모두는 동일한 소유자에게 속해야 한다. 왜냐하면, 종물이론의 효과에 따라 종물은 주물의 처분에 따르게 되는데, 만약 소유자가 다른 물건이 주물의 처분에 따르게 된다면 부당하게 타인의 소유권을 침해하는 것이 되기 때문이다.

판례도 "종물은 물건의 소유자가 그 물건의 상용에 공하기 위하여 자기 소유인 다른 물건을 이에 부속하게 한 것을 말하므로(민법 제100조 제1항) 주물과 다른 사람의 소유에 속하는 물건은 종물이 될 수 없다."라고 판시한다.[126]

III. 종물의 효과

종물은 주물의 처분에 따른다(§100②). 여기서 처분이란 소유권의 양도, 전세권의 설정과 같은 물권적 처분뿐만 아니라 매매계약, 임대차계약과 같은 채권적 처분도 포함한다. 이와 관련하여 민법 제358조는 "저당권의 효력은 저당부동산에 부합된 물건과 종물에 미친다."라는 명문의 규정을 두고 있다.[127]

하지만 종물의 효과에 대한 민법 제100조 제2항은 임의규정이므로 당사자의 합의에 따라 종물만 별도로 처분할 수도 있다.

---

125 대판 1995.6.29. 94다6345. 반면 본 판례는 주유소의 지하에 매설된 유류저장 탱크를 토지로부터 분리하는 데 과다한 비용이 들고 이를 분리하여 발굴할 경우 그 경제적 가치가 현저히 감소할 것이 분명하다는 이유로, 그 유류저장 탱크는 토지에 부합되었다고 판시한다.

126 대판 2008.5.8. 2007다36933, 36940.

127 대판 2001.9.4. 2001다22604.

IV. 종물이론의 유추 적용

주물과 종물이론은 물건 상호 간의 관계에 적용되지만, 그 밖에 물권과 권리의 관계 또는 권리 상호 간의 관계에도 유추 적용될 수 있다.

전자의 예로는 건물에 대한 저당권이 실행되어 경락인이 건물의 소유권을 취득한 경우, 건물의 소유를 목적으로 한 토지의 임차권도 건물의 소유권과 함께 경락인에게 이전되며,[128] 후자의 예로는 원본 채권이 양도되면 이자채권도 함께 양도되는 것이다.

제5절 원물과 과실

I. 서설

어떤 물건으로부터 발생하는 경제적 수익을 과실(果實)이라고 하며, 그러한 과실을 산출하는 물건을 원물(元物)이라고 한다. 민법은 제101조에서 천연과실과 법정과실에 관하여 규정한다. 한 가지 유의할 점은 민법이 인정하는 것은 물건의 과실뿐이며, 권리의 과실(예컨대 주식의 배당금, 특허권의 사용료 등)은 여기에 포함되지 않는다는 것이다.

II. 천연과실(天然果實)

1. 의의

천연과실이란 물건의 용법에 따라 수취하는 산출물을 말한다(§101①). "물건의 용법"이란 본래 물건의 경제적 기능에 의해 발생됨을 의미한다. 예컨대 사과나무의 사과, 젖소의 우유, 암탉의 달걀 등이 그러하다. 그리고 천연과실에는 이러한 자연적·유기적 산출물뿐만 아니라 토지에서 채취한 광물, 석재, 토사 등과 같은 인공적·무기적 산출물도 포함된다.

이와 관련하여, 물건의 용법에 따르지 않고 산출된 수취물은 천연과실에 포함시킬 수 있는가의 문제가 있다. 관상용 화분에 열린 과일이나 경주용 말에서 태어난 망아지 등이 그러한

---

128   대판 1993.4.13. 92다24950.

예이다. 민법규정을 문리적으로 해석하면 당연히 이러한 것은 천연과실이 아니라고 할 것이지만, 다수의 학설은 그것들이 과실인지의 여부가 중요한 것이 아니라 그에 대한 소유권의 귀속이 문제의 핵심이며, 이는 법률관계의 해석으로 해결될 문제라고 한다.

2. 귀속

천연과실의 귀속에 대하여 로마법상의 분리주의와 게르만법상의 생산자주의가 있다. 분리주의란 천연과실이 원물로부터 분리되기 전에는 원물의 소유자에게 귀속되지만 분리된 때에는 이를 수취할 권리자에게 귀속된다는 것이다. 반면 생산자주의란 "씨를 뿌린 자가 거둬들인다."라는 원리가 적용된다.

민법은 제102조 제1항에서 "천연과실은 그 원물로부터 분리하는 때에 이를 수취할 권리자에게 속한다."라고 규정하여 분리주의를 취하고 있다. 이에 따라 원칙적으로 천연과실을 수취할 자는 원물의 소유자(§211)이지만 원물로부터 분리된 때 수취권을 갖는 자로는 선의의 점유자(§201), 지상권자(§279), 전세권자(§303), 유치권자(§323), 질권자(§343), 저당권자(§359),[129] 매도인(§587), 사용차주(§609), 임차인(§618), 친권자(§923),[130] 유증의 수증자(§1079)[131] 등이 있다. 그 밖에 동산의 양도담보설정자도 수취권을 갖는다.[132]

천연과실의 수취권자를 규정한 민법 제102조 제1항은 임의규정이므로 당사자의 합의에 따라 적용을 배제할 수 있다.

---

129 민법 제359조 [과실에 대한 효력] 저당권의 효력은 저당부동산에 대한 압류가 있은 후에 저당권설정자가 그 부동산으로부터 수취한 과실 또는 수취할 수 있는 과실에 미친다.

130 민법 제923조 [재산관리의 계산] ① 법정대리인인 친권자의 권한이 소멸한 때에는 그자의 재산에 대한 관리의 계산을 하여야 한다. ② 전항의 경우에 그자의 재산으로부터 수취한 과실은 그자의 양육, 재산관리의 비용과 상계한 것으로 본다. 그러나 무상으로 자에게 재산을 수여한 제3자가 반대의 의사를 표시한 때에는 그 재산에 관하여는 그러하지 아니하다.

131 민법 제1079조 [수증자의 과실취득권] 수증자는 유증의 이행을 청구할 수 있는 때로부터 그 목적물의 과실을 취득한다. 그러나 유언자가 유언으로 다른 의사를 표시한 때에는 그 의사에 의한다.

132 대판 1996.9.10. 96다25463.

III. 법정과실(法定果實)

1. 의의

법정과실이란 물건의 사용 대가로 받는 금전 기타의 물건을 말한다(§101②). 예컨대 건물이나 토지의 임대차에 의한 차임, 금전소비대차에 의한 이자 등이 법정과실이다. 그리고 법정과실은 물건의 사용 대가이므로, 노동의 대가나 권리사용의 대가는 이에 포함되지 않는다.

2. 귀속

법정과실은 수취할 권리의 존속기간일수의 비율로 취득한다(§102②). 예를 들어 건물의 임대인 A가 4월 1일 임차인 B와 월세 30만 원에 임대차계약을 체결한 후 4월 16일부로 C에게 위 건물에 대한 소유권을 이전했다면, 월세 30만 원은 임대인 A와 C가 반분하게 된다. 천연과실의 귀속과 마찬가지로 본 규정도 임의규정이다.

3. 사용이익에 대한 유추 적용

법정과실에 관한 규정은 물건의 사용 대가로 받는 과실에 관한 것인데, 물건 자체의 사용이익에 대해서도 이러한 규정을 적용할 수 있을 것인가의 문제가 있다. 이에 대하여 물건 자체의 사용이익은 법정과실은 아니지만, 과실의 수취에 준하여 다루는 것이 타당하다는 것이 통설의 입장이다. 예컨대 토지 X 소유자인 A는 B에게 X에 대한 관리를 맡겼는데, 이를 기회로 B가 X를 자기 소유라고 하여 C에게 매각하였다. 나중 이 사실을 알게 된 A가 C를 상대로 그동안 토지사용료를 청구하게 된다면, 어떻게 될 것인가? 이러한 경우, 판례는 "민법 제201조 제1항에 의하면 선의의 점유자는 점유물의 과실을 취득한다고 규정하고 있고, 한편 토지를 사용함으로써 얻는 이득은 그 토지로 인한 과실과 동시할 것이므로 선의의 점유자는 비록 법률상 원인 없이 타인의 토지를 점유사용하고 이로 말미암아 그에게 손해를 입혔다 하더라도 그 점유사용으로 인한 이득을 그 타인에게 반환할 의무는 없다."라고 판시하여[133] 통설처럼 원물 자체의 사용이익에 대해서도 민법상 과실에 관한 규정을 유추 적용한다.

---

133   대판 1996.1.26. 95다44290; 대판 1987.9.22. 86다카1996, 1997.

제4장

권리의 변동(變動)

제1절 총설

Ⅰ. 의의

민법은 사회 구성원들의 사법상 법률관계를 규율한다. 전술하였듯이 법률관계란 구성원들의 다양한 생활 관계 중에서 법으로 규율되는 관계로 이로부터 권리와 의무가 발생한다. 그런데 이러한 권리와 의무는 새롭게 발생하기도 하고 다른 사람에게 이전되거나 모습을 변경하기도 하며, 또한 사라지기도 한다. 이처럼 권리가 발생·변경·소멸하는 것을 한마디로 권리의 변동이라고 말한다.

Ⅱ. 권리변동의 모습

1. 권리의 발생

권리의 발생은 그러한 권리 발생이 타인의 권리에 기반을 두고 있는지의 여부에 따라 두 가지의 모습으로 구분할 수 있다.

(1) 절대적 발생

타인의 권리에 기반을 두지 않고 권리가 발생하는 것을 절대적 발생(원시취득)이라고 하는데, 여기에는 건물의 신축, 선의취득(§249), 무주물 선점(§252), 유실물 습득(§253), 매장물 발견(§254), 인격권·가족권의 취득 등이 있다.

(2) 상대적 발생

타인의 권리에 기반을 두고 권리가 발생하는 것을 상대적 발생(승계취득)이라고 하는데, 증여(§554), 매매(§563), 상속(§1005) 등이 그 예이다. 승계취득에는 기반이 된 타인의 권리가 소멸하는지의 여부에 따라 이전적(移轉的) 승계와 설정적(設定的) 승계로 나눌 수 있다. 이전적 승계는 이전 권리자의 권리가 동일성을 유지하면서 그대로 다음 권리자에게 취득되고 이전 권리자는 그 권리를 상실하는 것으로 특정물의 매매·증여, 상속, 포괄유증(§1078) 등이 여기에 속한다. 그리고 설정적 승계는 이전 권리자의 권리는 존속하면서 그 권리의 일부에 대한 제한적 권리가 발생하는 것으로 소유권 위에 지상권(§279), 전세권(§303), 질권(§329), 저당권(§356) 등이 설정되는 것이 이에 속한다.

(3) 차이점

권리의 발생에 있어, 원시취득과 승계취득의 차이점은 첫째, 무권리자로부터 취득이 가능한가의 여부이다. 승계취득과 다르게 원시취득은 타인의 권리에 기반을 두지 않기 때문에 무권리자로부터의 권리취득이 가능하다.[134] 둘째, 이전 권리에 존재하던 하자 및 제한이 다음 권리에 그대로 존속하는지의 여부이다. 원시취득과 다르게 승계취득은 타인의 권리에 기반을 둔 권리를 취득하는 것이므로 그 권리에 존재하던 하자 및 제한이 그대로 남아있게 된다.

2. 권리의 변경

권리의 변경이란 권리가 동일성을 유지하면서 그 권리의 주체, 내용, 작용에서 변화를 일으키는 것을 말한다. ① 권리주체의 변경은 앞에서 살펴본 이전적 승계와 같다. ② 권리 내용의 변경은 양적 변경과 질적 변경으로 나눌 수 있는데, 전자의 예로는 제한물권의 발생·소멸에 의한 소유권의 제한·회복이 있고 후자의 예로는 물상대위권(§342),[135] 특정 물건의 인도를 목적으로 하는 채권이 손해배상청구권으로 변경되는 경우(§390, §394) 등이 있다. ③ 권리작용의 변경에는 법인의 설립등기 이외의 등기(§54), 채권양도에서 통지 및 승낙(§450), 부동산 임

---

134 동산에 관한 선의취득이 그러한 예이다.

135 민법 제342조 [물상대위] 질권은 질물의 멸실, 훼손 또는 공용징수로 인하여 질권설정자가 받을 금전 기타 물건에 대하여도 이를 행사할 수 있다. 이 경우에는 그 지급 또는 인도 전에 압류하여야 한다.

대차의 등기(§621②)처럼 제3자에 대하여 대항력을 갖게 되거나, 선순위 저당권의 소멸에 따른 후순위 저당권의 승진 등이 이에 해당한다.

3. 권리의 소멸

권리의 소멸에는 절대적 소멸과 상대적 소멸이 있는데, 전자는 권리 자체가 완전히 사라지는 것을 말하며, 후자는 권리의 주체가 변경되어 권리가 타인에게 이전하는 것을 말한다. 물건의 멸실에 따른 권리의 소멸, 변제에 의한 채권의 소멸 등은 권리의 절대적 소멸의 예이며 매매, 증여 등에 의한 물건의 이전은 상대적 소멸의 예이다.

Ⅲ. 권리변동의 원인

1. 법률요건

(1) 의의

법률요건이란 법률효과를 발생시키는 데 필요한 원인을 말한다. 예를 들어 매도인 A와 매수인 B 사이에 매매계약이 체결되면, A는 B에게 재산권을 이전할 의무를 부담하게 되고, B는 A에게 매매대금을 지급할 의무를 부담하게 된다. 또한, C가 부주의로 D에게 손해를 가하여 불법행위가 성립되면, D는 C에 대해 손해배상청구권을 갖게 된다.

위의 두 사례에서 매매계약과 불법행위는 법률요건이 되며, 이에 따라 일정한 법률효과가 발생한다.

(2) 종류

법률요건에는 법률행위, 준법률행위, 사실행위, 사무관리(§734), 부당이득(§741), 불법행위(§750) 등이 있다.

2. 법률사실

(1) 의의

법률사실이란 법률요건을 구성하는 개개의 사실을 말한다. 예를 들어 매도인 A와 매수인

B 사이에 물건 X에 관한 매매계약이 성립될 때, A가 B에 대하여 X를 일정 금액에 구입할 것을 요청하는 의사표시를 하고 B가 이에 응하겠다는 의사표시를 하면 양자의 의사표시가 합치되고, 이에 따른 법률요건(법률행위)이 완성되어 법률효과가 발생한다. 이 경우 A의 의사표시(청약)와 B의 의사표시(승낙)가 바로 법률사실이다. 이처럼 법률효과를 발생시키는 원인인 법률요건은 한 개의 법률사실 또는 수 개의 법률사실이 합체되어 이루어지게 된다.

(2) 종류

법률사실(들)이 법률요건을 완성하여 법률효과를 발생시키게 되는데, 민법상 이러한 법률사실은 무수히 많으며 여러 기준에 따라 분류 가능하다.

용태(容態)는 사람의 정신작용에 기한 법률사실이고, 사건(事件)은 그렇지 않은 법률사실이다. 후자의 예로는 사람의 출생과 사망, 시간의 경과(§162, §245) 등이 있다. 그리고 용태는 그러한 정신작용이 외부에 표현되는 외부적 용태(행위)와 정신작용이 마음에 머물러 있는 내부적 용태로 나뉜다. 내부적 용태는 관념적 용태와 의사적 용태로 구분되는데, 전자의 예로는 선의(善意), 악의(惡意) 등이 있고 후자의 예로는 소유의 의사(§197①), 제3자의 변제에서 채무자의 허용 또는 불허용의 의사(§469) 등이 있다.

외부적 용태는 법률이 가치 있는 것으로 인정하여 허용하는가에 따라 적법행위와 위법행위로 나뉜다. 위법행위의 경우 법률이 가치 없는 것으로 인정하여 허용하지 않기 때문에 만약 이를 위반한다면 행위자에게 일정한 불이익이 따른다. 채무불이행(§390)과 불법행위(§750)가 그러한 예이다.

적법행위에는 법률행위, 준법률행위, 사실행위가 있는데, 법률행위(法律行爲)란 의사표시를 불가결한 요소로 하는 법률요건으로서 표시된 의사에 따라 그 법적 효과가 발생하는 것이다. 예컨대 A가 B에게 무상으로 자전거를 주겠다고 의사표시를 하고 이에 B가 승낙한 경우, 양 당사자 간에 증여계약이 성립하는데 그 법적 효과 즉 A 소유의 자전거가 B에게 이전하게 되는 것은 A와 B의 의사 합치에 따른 것이다. 이때 A와 B의 의사표시가 합체하여 법률행위를 이루게 된다.

준법률행위(準法律行爲)란 행위자의 의사표시가 있지만 이에 따른 법적 효과는 그 의사표시에 따른 것이 아니라 법률이 정하는 바에 따른다는 특징이 있다. 예컨대 미성년자 A가 B로부터 노트북을 구매하였는데, 그 후 매도인 B가 A의 능력 없음을 알게 되어 A의 친권자인 C에게 위 매매계약에 대한 추인 여부를 1개월의 기간을 정하여 물었지만, C는 그 기간 내에 확답을 발송하지 않았다. 이러한 경우 법적 효과는 B의 의사(최고)에 따라 정해지는 것이 아니라 민법 제15조 제2항의 규정에 따라 미성년자 측은 그 매매계약을 추인한 것으로 보아 그 계약은 취소할 수 없게 되고 확정적으로 유효가 된다.

사실행위(事實行爲)란 행위자의 의사와 관계없이 그 행위 자체의 결과에 법적 효과를 인정하는 것이다. 예컨대 A 소유의 나무토막에 조각가 B가 가공을 하여 고가의 예술작품을 만든 경우, 민법 제259조 제1항의 규정에 따라 위 조각품의 소유권은 B에게 속하게 된다.[136] 이처럼 당사자의 의사를 불문하고 가공행위 및 결과 자체에 일정한 법적 효과를 부여하는 것이 사실행위이다.

제2절 법률행위

I. 법률행위자유의 원칙

1. 근대민법은 개인들의 법률관계는 자신의 선택과 결정에 따라 의도한 대로 효력을 발생시키는 사적자치에 기반을 두고 형성이 되었다. 그런데 사적자치를 실현하는 중요한 수단은 바로 개인의 의사표시를 핵심으로 한 법률행위이며, 이러한 법률행위를 개인들이 자유롭게 형성할 수 있을 때 비로소 사적자치는 실현된다.

법률행위자유의 원칙에는 계약의 자유, 유언의 자유, 법인설립의 자유가 포함되나, 가장 중요한 것은 계약의 자유이다. 즉 개인은 자신의 선택에 따라 계약을 체결할 것인지(계약체결의 자유), 계약을 체결한다면 어떤 사람과 할 것인지(상대방 선택의 자유), 또한 계약의 내용이나 방식은 어떻게 할 것인지(내용·방식 결정의 자유)에 관하여 자유롭게 판단하고 행동할 수 있다.

---

136 제259조 [가공] ① 타인의 동산에 가공한 때에는 그 물건의 소유권은 원재료의 소유자에게 속한다. 그러나 가공으로 인한 가액의 증가가 원재료의 가액보다 현저히 다액인 때에는 가공자의 소유로 한다. ② 가공자가 재료 일부를 제공하였을 때에는 그 가액은 전항의 증가액에 가산한다.

2. 이처럼 근대자본주의 경제는 법률행위자유의 원칙과 사유재산제도라는 두 개의 지주에 의해 눈부신 발전이 가능했다. 하지만 추상적인 인간상을 염두에 두고 제정된 근대민법의 이러한 기초는 사회적 불평등 현상에 의해 흔들리게 되었으며, 경제적 약자를 보호하고 실질적 평등과 정의를 구현하기 위해 여러 영역(고용·계약, 소비대차계약, 임대차계약, 소비자계약 등)에서 일정한 제한을 받게 되었다.

이와 관련하여 법률행위자유의 원칙에 대한 일반적인 제한의 역할을 하는 규정은 신의성실의 원칙(§2), 반사회질서의 법률행위에 대한 무효(§103), 불공정한 법률행위에 대한 무효(§104) 등이 있으며, 개별적인 제한의 역할을 하는 규정으로는 유질계약의 금지(§339), 최저임금액(「최저임금법」§5), 서면에 의한 할부계약(「할부거래에 관한 법률」§6), 이자의 최고한도(「이자제한법」§2), 농지의 취득에서 농지취득자격증명의 발급(「농지법」§8) 등이 있다.

3. 요컨대 근대 이후 경제적·사회적 발전은 사적 자치의 중요한 실현수단인 법률행위자유의 원칙에 따라 이루어졌으며, 현대에 들어와 이 원칙에 대한 일정한 수정과 제한이 가해졌지만, 그렇다 하더라도 여전히 효력을 발휘하고 있다는 점에 유의해야 한다.

II. 법률행위와 의사표시

1. 의사표시의 의의

사적 자치를 근간으로 하는 민법은 의사표시를 불가결의 요소로 하는 법률행위에 대한 자유를 통해 발전하였으며, 이처럼 사회의 구성원들은 자기의 의사에 따라서 타인과 일정한 법률관계를 맺고 법적 효과를 발생시킨다.

법률행위의 핵심적 요소인 의사표시(意思表示)란 일정한 사법상 법률효과의 발생을 의욕하고 이를 외부에 표시하는 행위를 말한다. 예컨대 A가 수업시간에 B로부터 볼펜을 빌려달라는 요청을 받고 이를 승낙한 경우, A와 B 사이에는 사용대차 계약(§609)이 발생한다. 계약의 효력으로, A는 B에 대해 볼펜을 사용할 수 있도록 그것을 인도할 의무를 부담하고, B는 A에 대해 볼펜의 사용 후에 이를 반환할 의무를 부담하게 된다. 이때 A와 B의 권리와 의무는 당사자가 그러한 내용을 내적으로 의욕하고 이를 외부에 표현했기 때문에 각자 부담하게 되는 것이다.

2. 의사표시의 구성요소

(1) 서설

법률효과를 발생시키는 의사표시는 어떤 과정을 거쳐서 외부에 표현되는가에 대한 논의가 있다. 이는 후술하는 의사표시의 본질이 무엇인가에 대한 이론과 관련이 있다. 예를 들어, A는 친구 B를 위해 간단한 음료를 구입하기로 마음을 먹었다(동기). A는 어떤 음료를 살 것인가에 대한 고민 후 평소 B가 즐겨 마시던 아이스 아메리카노를 사주기로 결정하였다(효과의사). 그리고 카페에 도착하여, '친구에게 가져다줄 테니 아이스 아메리카노 한 잔을 포장해 주세요'라는 말을 하려고 생각을 한다(표시 의사). 카운터에서 A는 점원 C에게 포장을 부탁하며 계산을 한다(표시행위).

이처럼 매매계약의 사례를 시간의 흐름에 따라 분석하였는데, 위 단계는 크게 주관적 요소(의사)와 객관적 요소(표시)로 나눌 수 있다. 즉 동기, 효과의사, 표시 의사는 전자의 예이고, 표시행위는 후자의 예이다. 이 가운데 동기는 어떤 법률행위를 하게 된 이유인데, 민법에서는 이러한 동기를 법률행위의 내용에 포함시키지 않는다. 다만 동기는 착오(§109)와 관련하여 문제가 될 뿐이다.

(2) 효과의사

효과의사는 구체적인 법률효과의 발생을 목적으로 하는 의사이다. 이와 관련하여 효과의사를 표시행위를 통하여 외부에서 추단되는 '표시상의 효과의사'로 이해하는 견해와 표의자가 실제로 의도했던 '내심적 효과의사'로 이해하는 견해가 대립한다. 위의 사례에서 A가 점원 C에게 음료 메뉴판을 손가락으로 가리키면서 '저거 포장해 주세요'라고 하고 구입한 후 친구 B에게 가져다줬는데, 내용물이 원했던 음료가 아닌 경우를 생각해 볼 수 있다. 이 경우, A의 효과의사는 표시상의 효과의사인 다른 음료인지 아니면 내심적 효과의사인 아이스 아메리카노인지 논의의 여지가 있다.

생각건대, 효과의사의 본체는 내심적 효과의사로 진의(眞意)라고 할 것이다. 그런데 판례는 "의사표시 해석에 있어서 당사자의 진정한 의사를 알 수 없다면, 의사표시의 요소가 되는 것은 표시행위로부터 추단되는 효과의사 즉 표시상의 효과의사이고 표의자가 가지고 있던 내심적 효과의사가 아니므로, 당사자의 내심의 의사보다는 외부로 표시된 행위에 의하여 추단된 의사를 가지고 해석함이 상당하다."라고 판시하여 법률행위의 해석과 관련하여 의사표시의 요소가 되는 것은 표시상의 효과의사라고 한다.[137] 이러한 판례의 입장에 대해 비판이 있지만, "당사자의 진정한 의사를 알 수 없다면"이라는 가정을 본다면, 효과의사의 본체를 파악함에서 표의자의 진의를 완전히 배제했다고 평가하기는 어렵다. 즉 판례도 당해 사안에서 당사자들의 진의를 파악할 수 없었기 때문에 효과의사의 본체를 표시상의 효과의사로 파악한 것으로 해석된다.

(3) 표시행위

의사표시의 객관적 요소로서 표시행위란 효과의사를 외부에서 인식할 수 있도록 표현하는 행위를 말한다. 여기에는 말이나 글과 같은 수단을 통해 적극적으로 나타내는 것뿐만 아니라 그 밖의 행동(예컨대 손을 드는 행위, 고개를 끄덕이는 행위, 손가락으로 가리키는 행위 등)도 포함되며, 경우에 따라서는 침묵도 일정한 표시행위로 인정되는 경우가 있다.

이처럼 표시행위는 명시적(明示的)이거나 묵시적(黙示的)인 것을 포함한다. 묵시적 표시인 침묵에 관해 부연설명을 하면, 원칙적으로 침묵은 표시행위가 될 수 없다. 그러므로 만약 매도인 A가 청약을 하면서 "만약 당신이 아무런 표현을 하지 않는다면 승낙한 것으로 보겠습니다."라고 매수인 B에게 의사표시를 하더라도 B는 아무런 대답을 할 필요가 없으며, 설사 침묵하더라도 A의 의사에 따라 계약이 성립하지 않는다. 다만 침묵을 효과의사의 표현이라고 외부에서 인식할 만한 특별한 사정이 있는 경우에는 이를 표시행위로 볼 수 있을 것이다.

그 밖에 묵시적 표시와 관련하여 논의되는 것은 의사실현에 의한 계약성립이나 사회의 정형적 행위에서의 이른바 '사실적 계약관계론'이 있다. 민법 제532조는 "청약자의 의사표시나 관습에 의하여 승낙의 통지가 필요하지 아니한 경우에는 계약은 승낙의 의사표시로 인정되는 사실이 있는 때에 성립한다."라고 하여 의사실현에 의한 계약성립을 인정한다. 예를 들어 환자가 병원 응급실에 들어가는 행위이다. 이러한 환자의 행위에는 묵시적인 의사가 포함되어 있다고 해석할 수 있으므로 표시행위로 볼 수 있다.

또한 '사실적 계약관계론'은 특히 사회에서 빈번하게 발생하는 생활 필수적인 거래에서 당사자 사이에 합의가 없더라도 일정한 행위만 있으면 계약이 성립한다고 한다. 예컨대 대중교

---

137 대판 1996.4.9. 96다1320; 대판 1997.6.24. 97다5428; 대판 2002.2.26. 2000다48265; 대판 2002.6.28. 2002다23482 등.

제2부 본론   147

통의 이용, 전기·가스·수도 공급, 유료주차장의 사용 등에서 사실적 계약관계를 찾아볼 수 있다. 하지만 독일에서 발달한 이 이론은 현재 설득력을 잃고 있으며,[138] 국내에서도 마찬가지이다. 즉 급부행위의 이용이라는 행위 속에 승낙이라는 의사표시가 내포되어 있으므로 기존의 이론으로 충분히 설명할 수 있다는 이유에서이다.

아무튼, 이와 같은 사회의 정형적인 계약을 체결하기 위한 사실상의 행위도 의사표시의 요소인 표시행위로 볼 수 있다.

3. 의사표시 이론

의사표시 이론은 의사표시가 효력을 갖는 근거는 어디에 있는가에 대한 논의로, 의사표시의 본질론이라고 한다.

(1) 의사주의

표의자의 내심적 효과의사가 의사표시의 핵심이라고 보는 견해이다. 그러므로 표시행위가 존재하더라도 이에 따른 효과의사가 없으면 그 의사표시는 무효가 된다. 이는 거래의 안전보다 표의자의 보호를 중시하는 견해이다. 의사주의를 주장한 학자로는 Savigny, Windscheid 등이 있다.

(2) 표시주의

의사표시에서 핵심적 요소는 표시행위라고 보는 견해이다. 그러므로 효과의사가 없더라도 표시행위만 있으면, 의사표시가 성립하고 이에 따른 효과가 발생한다고 본다. 이는 표의자의 보호보다 거래의 안전을 중시하는 견해이다. 표시주의를 주장한 학자로는 Röver, Danz 등이 있다.

---

138 1943년 독일의 Haupt에 의해 주장된 사실적 계약관계론은 1956년 독일연방재판소가 처음 수용하였고 본래 이론이 의도했던 사회의 대량거래뿐만 아니라 개별적인 계약에까지 영역을 넓혔다. 독일연방재판소가 위 이론을 처음 수용했던 판례는 유명한 '주차장 사건'으로 대략적인 내용은 다음과 같다. 함부르크 시청은 오랫동안 시민들이 무료주차장으로 사용하던 시청광장 일부를 유료주차장으로 전환하고 푯말을 세웠다. 그런데 한 노파가 이곳에 주차하면서 주차장 관리인에게 "모든 시민은 전례대로 시청광장에 무료로 주차할 권리가 있다."라고 주장하며 주차요금을 지불하지 않겠다고 말했다. 6주간의 요금에 대하여 함부르크시가 노파를 상대로 주차료청구의 소를 제기했고 법원은 Haupt의 이론을 받아들여 주차장 사용계약의 성립을 인정하였다(BGHZ 21, 334).

(3) 효력주의

의사표시는 효력표시이고 의사주의나 표시주의의 이론적 바탕이 되는 것처럼 의사와 표시는 분리되지 않으며 양자는 일체로서 의사표시를 구성한다고 본다. 그러므로 착오로 의사표시를 하더라도 일단 효력은 발생하며, 그 후 취소로 그 효력이 배제된다고 한다. 이를 주장한 학자로는 Bülow, Larenz 등이다.

(4) 절충주의

이는 의사주의나 표시주의 중 어느 하나를 주된 원칙으로 삼고 다른 하나를 적절히 적용하는 이론이다. 즉 표의자를 보호할 필요가 있으면 의사주의를 취하고 거래의 안전을 보호할 필요가 있으면 표시주의를 취하는 견해이다.

(5) 검토

의사표시 이론과 관련하여 우리나라의 다수견해는 절충주의를 취하고 있다. 즉 의사주의와 표시주의를 혼용하며, 보다 표시주의에 가까운 절충주의에 입각하고 있다. 그 결과 우리 민법규정은 표의자의 보호보다는 상대방의 신뢰 및 거래의 안전에 보다 주안점을 두고 있다고 한다. 하지만 이러한 견해에 대하여 검토의 필요성이 있다.

일단 검토에 앞서, 의사표시의 본질의 문제와 우리 민법의 태도에 대한 문제는 분리해서 생각할 필요가 있다.

첫째, 우리 민법은 사적자치(私的自治)를 그 기본원리로 하며, 민법의 수범자인 개인들은 자신들의 의사에 따라서 법률관계를 형성하고 이에 따른 법적 효과를 부여받는다고 할 것이다. 그러므로 의사표시의 본질은 내심적 효과의사이며, 표시행위가 아니다. 따라서 표의자가 자신의 본심과 다른 표시행위를 하여 상대방이 신뢰를 갖는 경우는 실정법의 규정에 따라 해결할 것이다(예컨대 §107, §108 등).

둘째, 의사표시에 관한 우리 민법의 태도는 절충주의로 볼 수 있지만, 실질적으로 표시주의의 입장에 있다는 다수의 견해는 비판의 여지가 있다. 민법 제107조 제1항 단서, 제108조에서 규정하는 의사표시의 무효는 의사주의에 입각한 것이고 제109조 제1항 본문, 제110조 제1항에서 규정하는 의사표시의 취소는 일단 표시된 대로 유효하지만 소급하여 무효가 될 가능성을 남기고 있으므로 무조건 표시주의에 따른 규정이라고 단정할 수 없다. 그러므로 의사표시에 관한 우리 민법의 태도는 의사주의와 표시주의를 적절히 혼합한 절충주의라고 할 것이다.

III. 법률행위의 요건

1. 서설

법률행위가 표의자의 의사표시에 따라 법적인 효력을 발생하기 위해서는 몇 가지 요건을 갖추어야 한다. 즉 먼저 법률행위가 성립해야 하며, 다음으로 그러한 법률행위가 효력을 발생하기 위한 요건을 갖추어야 한다. 전자를 법률행위의 성립요건, 후자를 법률행위의 효력요건(유효요건)이라고 한다. 그리고 두 요건은 각각 모든 법률행위에 공통되는 일반적 요건과 개별적 법률행위에 요구되는 특별요건으로 세분된다.

이처럼 법률행위의 성립요건과 효력요건을 구별하는 실익은 다음과 같다.

첫째, 입증책임과 관련하여, 성립요건의 경우에는 당해 법률행위의 효력을 주장하는 자가 입증책임을 부담하지만, 효력요건의 경우에는 법률행위의 무효를 주장하는 자가 입증책임을 부담하게 된다.

둘째, 법률행위의 성립 시점과 효력 발생 시점을 구분할 필요가 있기 때문이다. 예컨대 정지조건부 법률행위(§147①)처럼 일단 법률행위는 성립하지만, 조건의 성취 전까지는 효력이 발생하지 않는 경우가 있는데, 이러한 경우 성립요건을 갖추지 못하였다면 효력요건을 논할 여지가 없게 된다.

2. 성립요건

법률행위가 법적 효력을 발생하기 위한 최소한의 형식적 요건이다. 성립요건에는 모든 법률행위에 공통되는 요건과 특정 법률행위에만 요구되는 요건으로 나뉜다.

(1) 일반적 성립요건

법률행위의 일반적 성립요건에는 ① 당사자, ② 목적, ③ 의사표시가 있다. 예컨대 매매계약에서 매도인과 매수인, 재산권과 매매대금의 이전, 양 당사자의 의사표시 합치가 있으면 일단 법률행위로서 계약은 성립하게 된다.

(2) 특별 성립요건

일반적 성립요건 외에 특정 법률행위에서 요구되는 요건들이 있다. 이는 주로 법률이나 당사자의 약정으로 요식성(要式性)이나 요물성(要物性)이 요구되는 경우이다. 예컨대 법인이 그 주된 사무소의 소재지에서 설립등기를 함으로써 성립(§33)되거나 혼인성립을 위해 신고(§812①)를 하는 것은 전자의 예이고, 광고에서 정한 행위를 완료하는 행위를 통해 현상광고 계약(§675)을 성립시키는 것은 후자의 예이다.

3. 효력요건

성립요건을 갖춘 법률행위는 다음으로 효력요건을 충족시켜야 비로소 법적인 효력을 갖게 되는데, 효력요건에는 성립된 모든 법률행위에 공통으로 요구되는 일반적 효력요건과 특정 법률행위에만 요구되는 특별 효력요건으로 나뉜다.

(1) 일반적 효력요건

법률행위의 일반적 효력요건은 앞에서 살펴본 일반적 성립요건과 관련지어 이해할 수 있다. 즉 ① 당사자는 능력(의사능력, 행위능력)이 있을 것,[139] ② 법률행위의 목적은 확정성, 실현 가능성, 적법성, 사회적 타당성이 있을 것, ③ 의사와 표시는 일치하고 하자가 없을 것 등이 일반적 효력요건이다.

(2) 특별 효력요건

특별 효력요건은 법률의 규정이나 당사자의 약정으로 요구될 수 있다. 민법에서 이러한 요건의 예는 대리행위에서 대리권의 존재(§114), 조건부 법률행위에서 조건의 성취(§147), 기한부 법률행위에서 기한의 도래(§152), 유언에서 유언자의 사망(§1073①) 등이 있고, 특별법에서 이러

---

139 법률행위의 일반적 효력요건에서 능력에 권리능력이 포함되는가에 관한 학설의 대립이 있다. 권리능력이 제외된다고 하는 견해는 만약 권리능력이 없는 자가 의사표시를 한다고 해도 이는 의사표시로서 효력이 인정될 수 없기 때문이라고 한다. 그러면서 권리능력은 법률행위의 일반적 성립요건에 포함시켜야 한다고 주장한다.

한 요건의 예는 농지매매에서 소재지 관서의 농지취득자격증명(「농지법」§8), 사립학교의 기본재산 처분에 관한 주무관청의 허가(「사립학교법」§28) 등이다.

Ⅳ. 법률행위의 종류

1. 의사표시의 수(數)에 따른 분류

(1) 단독행위(單獨行爲)

1개의 의사표시로 법률효과가 발생하는 법률행위로 이는 상대방의 유무에 따라 다시 나눌 수 있다.

1) 상대방 있는 단독행위

표의자가 행한 의사표시가 상대방에게 도달되어야 효력을 발생하는 단독행위이다. 예를 들어 법정대리인이 미성년자의 일정한 법률행위 이전에 미성년자나 거래 상대방에 대하여 당해 법률행위에 관한 동의(同意)를 하거나 동의 없이 한 미성년자의 법률행위를 취소(取消)하는 것이 대표적인 것이다(§5). 또한, 상계의 의사표시(§493), 채무면제의 의사표시(§506), 계약의 해지·해제의 의사표시(§543①) 등이 상대방 있는 단독행위의 예이다.

2) 상대방 없는 단독행위

표의자의 의사표시만 있으면 곧바로 효력을 발생하는 단독행위로, 일부 법률행위 중에는 법원 등에 신고가 필요한 경우도 있다. 재단법인의 설립행위(§43), 유언, 권리의 포기 등은 전자의 예이고 상속 포기의 의사표시(§1041)는 후자의 예이다.

(2) 계약(契約)

청약과 승낙이라고 하는 서로 대립하는 2개의 의사표시의 합치로 성립하는 법률행위이다. 통상 계약은 채권계약을 의미하지만, 그 밖에 물권계약, 준물권계약, 가족법상의 계약 등도 포함되는 넓은 의미로 사용되기도 한다.

(3) 합동행위(合同行爲)

계약처럼 서로 대립하는 것이 아니라 동일한 목적을 위해 2개 이상의 의사표시가 평행적·구심적으로 합치되어 성립하는 법률행위이다. 예컨대 사단법인의 설립행위(§40)가 합동행위의 대표적인 것이다. 학설은 계약 이외에 이러한 합동행위의 개념을 인정할 것인가에 대하여 견해의 대립이 있지만, 동일한 목적을 갖는 수 개의 의사표시 중에 하나라도 무효·취소 등의 사유가 있다면 그 의사표시는 합치가 이루어지지 않게 되어 공동의 목적을 달성할 수 없게 되지만, 만약 합동행위의 개념을 인정하면 이를 극복할 수 있다는 점을 들어 계약과 별도의 개념으로 합동행위를 인정하는 것이 다수의 견해이다.

2. 방식에 따른 분류

(1) 불요식행위(不要式行爲)

어떤 방식에 의해서 이루어지든지 간에 효력을 발생하는 법률행위를 말한다. 근대 이후 법률행위 자유의 원칙에 따라 민법상 법률행위를 함에는 어떤 특정한 방식이 요구되지 않는다(방식의 자유). 즉 법률행위는 불요식이 원칙이다. 따라서 계약은 반드시 서면에 의할 필요는 없고 구두에 의해서도 성립한다.

(2) 요식행위(要式行爲)

일정한 방식에 따라서 이루어져야 효력을 발생하는 법률행위를 말한다. 민법이 법률행위에서 일정한 방식을 요구하는 이유는 첫째, 행위자에게 신중을 기하게 하거나(예컨대 혼인, 인지, 입양) 둘째, 법률관계를 명확하게 하기 위해서(예컨대 법인의 설립, 유언) 셋째, 외형을 신뢰하여 신속·안전한 거래가 이루어지도록 하기 위해서이다(예컨대 어음·수표 등에 관한 행위).

3. 효력 발생 시기에 따른 분류

(1) 생전행위(生前行爲)

행위자의 생존 중에 효력이 발생하는 법률행위이다. 대부분의 법률행위는 생전행위라고 할 수 있다.

(2) 사후행위(死後行爲)

행위자가 사망한 후에 효력이 발생하는 법률행위이다. 사후행위의 예로는 사인증여(§562), 유언(§1060 이하) 등이 있다. 이러한 법률행위는 증여자나 유언자의 사망으로 인하여 효력이 발생하기 때문에 사인행위(死因行爲)라고도 한다. 사후행위는 행위자가 생존 중에 법률행위를 하지만 그 효력이 발생할 시기에 사망하고 없으므로 민법은 그 취급에서 신중을 기하고 있다.

4. 법률효과에 따른 분류

(1) 채권행위(債權行爲)

채권을 발생시키는 법률행위로서 그 후 이행(履行)의 문제를 남기는 특징이 있다. 채권행위의 이러한 특징은 후술하는 물권행위, 준물권행위와 다른 점이다. 그러므로 채권행위를 의무부담행위라고 하며, 채권법상의 계약은 이에 속한다. 예컨대 매도인 A가 자신의 책 X를 매수인 B에게 이전할 것을 약정하고 이에 B는 매매대금을 지급하기로 약정하면 A와 B 사이에는 매매계약이 성립한다. 하지만 이 매매계약(§563)은 채권행위로 약정 후에 A는 실제 X를 B에게 인도해주고 B는 A에게 매매대금을 지급할 의무를 각각 부담하게 되므로 이행의 문제가 남는다.

(2) 물권행위(物權行爲)

물권의 변동을 발생시키는 법률행위로서 그 후 이행의 문제가 남지 않는 특징이 있다. 소유권의 양도, 저당권의 설정행위 등이 이에 속한다. 위의 사례에서 매매계약(채권행위)을 통해 A와 B는 의무를 부담하게 되지만, 그 후 위 X를 인도하는 행위 및 매매대금을 수령하는 행위는 더 이상 이행의 문제를 남기지 않기 때문에 이는 물권행위이다. 하지만 현실매매(現實賣買)에서는 채권행위와 물권행위가 동시에 이루어지기 때문에 외부에서 구별이 쉽지 않다.

물권행위는 곧바로 물권변동의 효력(발생, 변경, 소멸)이 발생하므로 반드시 행위자에게 처분권한이 필요하지만, 채권행위는 그렇지 않다. 그러므로 채권행위인 매매에서는 타인의 권리에 속한 것도 매매의 대상이 된다(§569). 왜냐하면, 일단 매매계약(채권행위)이 체결되더라도 이행기까지 그 권리를 취득해서 매수인에게 이전하면 되기 때문이다.

(3) 준물권행위(準物權行爲)

물권 이외의 권리에 대한 변동을 발생시키는 법률행위로서 그 후 이행의 문제가 남지 않는다는 점이 물권행위와 같다. 채권양도(§449), 채무인수(§453), 채무면제(§506), 무체재산권의 양도 등이 이에 속한다. 예컨대 A는 B에 대하여 금전채권을 가지고 있는데, A가 본 채권을 C와의 합의로 양도한 경우, 추가적인 이행 없이[140] 채권이 A로부터 C에게 이전하는 결과가 발생하기 때문에 이러한 채권양도는 준물권행위이다.

5. 재산의 출연 여부에 따른 분류

(1) 출연행위(出捐行爲)

자신의 재산을 감소시키고 타인의 재산을 증가시키는 법률행위를 말한다. 이러한 출연행위는 다음과 같이 세분할 수 있다.

1) 유상행위 · 무상행위

출연행위는 자기의 출연과 상대방의 출연이 서로 대가적 관계에 있는 유상행위(有償行爲)와 그렇지 않은 무상행위(無償行爲)로 구분된다. 매매(§563), 교환(§596), 임대차(§618), 고용(§655), 도급(§664) 등의 계약은 전자의 예이고, 증여(§554), 무이자소비대차(§601), 사용대차(§609), 무상임치(§695) 등의 계약은 후자의 예이다. 양자의 구별 실익은 유상행위에는 담보책임과 같은 매매에 관한 규정이 준용된다는 점이다(§567). 예를 들어 A가 B에게 하자 있는 태블릿 PC를 판매한 경우, B는 A에 대하여 매매계약을 해제 또는 손해배상을 청구하거나 아니면 정상제품을 인도할 것을 청구할 수 있다(§581). 반면 A가 자신 소유의 하자 있는 물건을 B에게 무상으로 인도한 경우, B는 물건의 하자를 이유로 증여계약을 해제하거나 손해배상을 청구할 수 없는 것이 원칙이다(§559① 본문).[141]

---

140 물론 채무자 B에 대하여 채권양도의 사실을 통지하거나 B로부터 승낙을 얻어야 하지만 이는 채권양도의 성립요건이 아니라 제3자에 대한 대항요건이다.

141 그러나 증여자가 그 하자나 흠결을 알고 수증자에게 고지하지 아니한 때에는 증여의 목적인 물건 또는 권리의 하자나 흠결에 대하여 책임을 져야 한다(민법 제559조 제1항 단서).

2) 유인행위 · 무인행위

출연행위는 그 원인이 되는 법률관계의 성립과 효력에 영향을 받는 유인행위(有因行爲)와 그렇지 않은 무인행위(無因行爲)로 구분된다. 예를 들어 A와 B 사이에 자전거에 대한 증여계약이 체결되고 이에 대한 이행으로 A가 이를 B에게 인도한 후, 증여계약에 무효나 취소 및 해제 사유가 발생하여 실효되면 이에 따라 자전거에 대한 소유권 이전의 효력도 상실되게 되는데, 이 경우 출연행위는 원인 행위에 영향을 받으므로 이러한 출연행위를 유인행위라고 한다.

출연행위는 유인행위임이 원칙이지만, 예외적으로 거래의 안전 · 신속을 위하여 무인행위로 보는 경우가 있다. 어떤 법률행위를 무인행위로 볼 것인지의 여부는 입법정책의 문제이다. 무인행위의 전형적인 예는 어음행위로, 매매계약에서 매수인이 매매대금으로 어음을 발행한 경우, 원인 행위인 매매계약이 실효되더라도 어음채권은 유효하게 존속하게 된다.

민법상 유인행위와 무인행위가 가장 크게 문제 되는 것은 채권행위와 물권행위의 관계인데, 학설은 대립하고 판례는 유인론의 입장을 취하고 있다.[142] 그러므로 계약이 해제되면 변동되었던 물권은 계약이 없었던 상태로 복귀하게 된다.

(2) 비출연행위(非出捐行爲)

타인재산의 증가 없이 행위자 자신의 재산만 감소하거나, 직접 재산의 증감을 초래하지 않는 법률행위를 말한다. 소유권의 포기는 전자의 예이고 대리권수여행위는 후자의 예이다.

V. 법률행위의 목적

법률행위가 법률효과 즉 권리와 의무를 발생시키기 위해서는 성립요건과 효력요건을 갖추어야 함을 살펴보았다. 즉 성립요건과 관련하여 법률행위는 목적이 있어야 하며, 효력요건(유효요건)과 관련하여 그러한 목적은 확정성, 실현 가능성, 적법성, 사회적 타당성을 갖추어야 법적인 효력이 발생한다.

한 가지 유의할 점은 법률행위의 목적(내용)과 목적물(객체)은 구별해야 한다는 것이다. 예컨대 매매의 목적은 재산권의 이전과 대금의 지급이지만, 매매의 목적물은 재산권과 대금이다.

---

142 대판 1977.5.24. 75다1394.

1. 확정성

법률행위의 목적은 확정되어 있거나 확정할 수 있어야 한다. 확정할 수 있다는 것은 장차 확정할 수 있는 기준이 있다는 의미이다. 그러므로 선택채권은 유효하다(§380). 그리고 확정시기는 법률행위의 목적을 실현할 당시까지 확정할 수 있으면 된다. 그러나 이러한 확정성을 갖추지 못한 법률행위는 무효이다.

2. 실현 가능성

(1) 서설

법률행위의 목적은 실현 가능해야 한다. 그러므로 목적이 실현 불가능한 법률행위는 무효가 된다. 실현 가능성의 유무는 사회통념에 따라 결정되며, 이러한 사회통념은 시대에 따라 변하게 된다. 그리고 실현 불가능은 확정적이어야 하며, 일시적으로는 실현 불가능이더라도 실현될 가능성이 있으면 유효하다.

(2) 불능의 종류

1) 시기에 따른 분류

(가) 원시적 불능

법률행위의 성립 당시에 그 목적이 실현 불가능한 경우를 말한다. 이러한 원시적 불능의 법률행위는 당연히 무효이다. 국유재산 중 행정재산에 관한 매매계약을 체결하는 것이 그러한 예이다.[143] 그리고 원시적 불능은 경우에 따라서 계약체결상의 과실책임(§535)이 문제 될 수 있다.

(나) 후발적 불능

법률행위의 성립 당시에는 그 목적이 실현 가능했지만, 그 이후에 불능이 된 경우를 말한다. 이러한 경우 채무자의 귀책사유의 유무에 따라서 채무불이행책임(§390)이나 위험부담(§537)의 문제가 발생한다.

---

143 「국유재산법」에 의하면 국유재산은 행정재산(공용재산, 공공용 재산, 기업용 재산, 보존용 재산)과 일반재산으로 분류되는데(§6), 원칙적으로 행정재산은 처분하지 못하지만(§27①), 일반재산은 대부 또는 처분할 수 있다(§41①).

2) 정도에 따른 분류

(가) 전부불능

법률행위의 목적 전부가 불능인 경우를 말하며, 전부불능의 법률행위는 무효이다.

(나) 일부불능

법률행위의 목적 중 일부가 불능인 경우를 말하며, 그러한 불능인 부분은 무효가 된다. 그런데 불능인 부분을 제외한 부분은 어떻게 볼 것인가의 문제가 있다. 여기에는 일부 무효의 법리(§137)가 적용된다. 즉 일부불능인 법률행위는 원칙적으로 전부가 무효이지만, 그 무효인 부분이 없더라도 당사자가 법률행위를 했을 것이라고 인정될 때에는 나머지 부분은 유효하게 된다.

3. 적법성

(1) 서설

법률행위가 효력을 발생하려면 그 목적이 법률 규정에 어긋나지 않아야 한다. 민법 제105조는 "법률행위의 당사자가 법령 중의 선량한 풍속 기타 사회질서에 관계없는 규정과 다른 의사를 표시한 때에는 그 의사에 의한다."라고 하여 이를 간접적으로 규정한다. 그러므로 선량한 풍속 기타 사회질서와 관계있는 규정, 즉 강행규정을 위반한 법률행위는 무효가 된다.

(2) 강행규정 · 임의규정

선량한 풍속 기타 사회질서와 관계가 있으면 강행규정이고 없으면 임의규정이다. 그러므로 강행규정은 당사자의 의사표시로 배제하지 못하지만, 임의규정은 이를 배제할 수 있다. 예를 들어 민법 제565조 제1항은 해약금에 관한 규정을 두고 있는데,[144] 계약금을 해약금으로 추정하는 위 규정은 임의규정이므로 당사자의 의사표시로 이를 배제할 수 있다.[145]

---

144 제565조 [해약금] ① 매매의 당사자 일방이 계약 당시에 금전 기타 물건을 계약금, 보증금 등의 명목으로 상대방에게 교부한 때에는 당사자 간에 다른 약정이 없는 한 당사자의 일방이 이행에 착수할 때까지 교부자는 이를 포기하고 수령자는 그 배액을 상환하여 매매계약을 해제할 수 있다.

145 대판 2009.4.23. 2008다50615에 따르면, "민법 제565조의 해약권은 당사자 간에 다른 약정이 없는 경우에 한하여 인정되는 것이고, 만일 당사자가 위 조항의 해약권을 배제하기로 하는 약정을 하였다면 더 이상 그 해제권을 행사할 수 없다."라

또한, 강행규정은 그 위반 시 사법상 효과에 영향을 주는지의 여부를 기준으로, 효력규정과 단속규정으로 나눈다. 즉 강행규정 중 효력규정을 위반한 경우에는 사법상의 효력까지 무효가 된다. 반면 단속규정을 위반한 경우에는 그러한 행위에 대한 벌칙이 있을 뿐 사법상의 효력을 무효로 만들지는 않는다. 예를 들어 미성년자 A와 매매계약을 체결한 B 사이에 취소권(§5②)을 배제하기로 하는 합의가 있더라도 이러한 합의는 민법의 능력에 관한 규정, 즉 효력규정을 위반한 경우이므로 무효가 된다. 반면 무허가 주점의 영업행위(「식품위생법」§37, §94), 무면허자의 의료행위(「의료법」§27, §87) 등은 단속규정으로 이러한 행위에 대한 벌칙은 있지만, 사법상 법률행위의 효력은 유효하다.

강행규정 중 어떤 것이 효력규정이고 단속규정인지를 판단하는 것은 어려운 문제로 당해 규정의 입법 취지를 판단하여 결정해야 한다.[146] 판례가 효력규정으로 보는 경우로는 법령의 제한을 초과하는 부동산 중개수수료의 약정,[147] 주무관청의 허가 없이 행한 공익법인의 기본재산 처분[148] 등이 있다. 반면 단속규정으로 보는 경우로는, 「부동산등기 특별조치법」 제2조 제2항에 위반한 중간생략등기의 합의[149] 등이 있다.

(3) 강행규정 위반의 모습

1) 직접적 위반

법률행위가 강행규정 중 효력규정에 정면으로 위배되는 경우로 이러한 법률행위의 효력은 무효가 된다. 강행규정에 위반되는지의 여부는 법률행위 당시를 기준으로 판단한다. 그러므

고 판시한다.

146 물론 법률에 명문의 규정이 있는 경우도 있다. 예컨대 「민법」 제652조, 「부동산 실권리자명의 등기에 관한 법률」 제4조 등.

147 대판(전합) 2007.12.20. 2005다32159에 따르면, "구 부동산중개업법 등 관련 법령에 정한 한도를 초과한 중개수수료 약정에 의한 경제적 이익이 귀속되는 것을 방지하여야 할 필요가 있으므로, 부동산 중개수수료에 관한 위와 같은 규정들은 중개수수료 약정 중 소정의 한도를 초과하는 부분에 대한 사법상의 효력을 제한하는 이른바 강행법규에 해당하고, 따라서 구 부동산중개업법 등 관련 법령에서 정한 한도를 초과하는 부동산 중개수수료 약정은 그 한도를 초과하는 범위 내에서 무효이다."라고 판시한다.

148 대판 2005.9.28. 2004다50044에 따르면, "공익법인의 기본재산 처분에 관한 공익법인의 설립·운영에 관한 법률 제11조 제3항의 규정은 강행규정으로서 이에 위반하여 주무관청의 허가를 받지 않고 기본재산을 처분하는 것은 무효라 할 것인데…(생략)"라고 판시한다.

149 대판 1993.1.26. 92다39112에 따르면, "부동산등기특별조치법상 조세포탈과 부동산투기 등을 방지하기 위하여 위 법률 제2조 제2항 및 제8조 제1호에서 등기하지 아니하고 제3자에게 전매하는 행위를 일정 목적 범위 내에서 형사처벌하도록 되어 있으나 이로써 순차 매도한 당사자 사이의 중간생략등기합의에 관한 사법상 효력까지 무효로 한다는 취지는 아니다."라고 판시한다.

로 행위 당시에 강행규정 위반이었다면 그 후 법이 개정되더라도 유효가 되지 않는다.[150] 예를 들어 A와 B가 「이자제한법」의 최고 이자율을 초과하는 내용의 금전소비대차계약을 체결하였는데, 그 후 법의 개정으로 이자율이 상향조정되더라도 위 계약이 유효가 되는 것은 아니고 행위 시의 이자율에 따라 무효(물론 법 §2③에 따라 초과 부분만이 무효)가 된다.

2) 간접적 위반(탈법행위)

강행규정 중 효력규정에 직접 위배되지 않지만, 강행규정이 금지하고 있는 내용을 우회적인 수단에 의해 실질적으로 실현하는 행위를 말한다. 예를 들어 동산 X의 소유자 A는 B에 대한 금전채무를 담보하기 위하여 X를 점유개정(§189)의 방법으로 양도한 경우, 본래 물권법정주의(物權法定主義)[151]의 원칙상 동산질권의 설정에서는 질권설정자가 질권자에게 질물을 이전해야 하고(§332) 질권설정자는 채무변제기 전의 계약으로 질권자에게 변제에 갈음하여 질물의 소유권을 취득하게 하지 못하는데(§339), 위 사례의 동산의 양도담보 계약은 이처럼 강행규정이 금지하고 있는 내용을 회피하는 탈법행위라고 할 수 있다.

원칙적으로 탈법행위(脫法行爲)의 법적 효력은 무효라고 할 것이나 모든 탈법행위를 무효로 판단할 수 없다. 그 이유는 법과 현실의 괴리 때문에 탈법행위는 항상 사회에서 발생할 수 있기 때문이다. 그러므로 이러한 틈을 없애는 가장 좋은 방법은 입법(立法)이지만 그렇지 못한 경우 판례나 학설이 이러한 탈법행위를 유효하게 판단하는 경우가 있으며, 위의 동산 양도담보 계약이 대표적인 예이다.

4. 사회적 타당성

(1) 의의

법률행위의 목적은 확정성, 실현 가능성, 적법성을 갖추어야 하며 그 밖에 사회적 타당성을 가져야 법적 효력이 발생한다. 민법 제103조는 "선량한 풍속 기타 사회질서에 위반한 사항을 내용으로 하는 법률행위는 무효로 한다."라고 하여 이를 명시하고 있다. 이를 간략하게 공

150　대판 1970.5.12. 70다409.
151　물권법정주의란 물권의 종류와 내용은 법률이 정하는 것에 한하여 인정된다는 원칙으로, 민법 제185조는 "물권은 법률 또는 관습법에 의하는 외에는 임의로 창설하지 못한다."라고 하여 이를 선언하고 있다.

서양속(公序良俗)이라고 한다. 역사적으로 사회적 타당성에 관한 규정은 로마법 이래 모든 법제에서 인정했으며,[152] 이는 사적자치의 원칙을 제한하는 역할을 담당하였다.

다음으로 민법 제103조에서 규정하는 "선량한 풍속" 및 "사회질서"의 의미와 양자의 관계에 대하여 살펴보면, 일반적으로 선량한 풍속은 모든 국민이 준수해야 할 사회 일반의 최소한의 도덕률을 말하며, 사회질서는 국가나 사회의 공공적 질서를 말한다. 그러므로 선량한 풍속보다 사회질서가 더 포괄적이고 상위의 개념이라고 볼 수 있다.

(2) 사회질서 위반의 예

사회질서에 위반한 법률행위를 무효로 하는 민법 제103조의 규정은 추상적이고 불확정한 개념을 사용한 대표적인 일반조항이다. 그러므로 본 조항의 구체적인 내용은 법원의 판결을 통해 채워질 수밖에 없다.

유의할 점은 민법 제103조에 의하여 무효로 되는 반사회질서 행위는 법률행위의 목적인 권리·의무의 내용이 선량한 풍속 기타 사회질서에 위반되는 경우뿐만 아니라, 그 내용 자체는 반사회질서적인 것이 아니라고 하여도 법률적으로 이를 강제하거나 법률행위에 반사회질서적인 조건 또는 금전적인 대가가 결부됨으로써 반사회질서적 성질을 띠게 되는 경우 및 표시되거나 상대방에게 알려진 법률행위의 동기가 반사회질서적인 경우를 포함한다.[153]

이하에서는 반사회질서의 행위에 대하여 판례를 중심으로 살펴본다.

1) 정의의 관념에 반하는 행위

범죄·부정행위와 관련된 행위, 밀수입의 자금으로 사용하기 위한 대차 또는 그것을 목적으로 하는 출자,[154] 법정에서 증언의 대가로 통상적으로 용인될 수 있는 수준을 넘는 급부를 지급하기로 하는 계약,[155] 보험계약자가 다수의 보험계약을 통하여 보험금을 부정 취득할 목

---

152 이처럼 모든 법제에서 사회적 타당성이 없는 행위를 무효로 하는 이유는 민법상 근본원리인 사적자치를 보호하면서 그 내재적 한계로, 일단 사회에서 용인되지 않는 행위는 강행규정(효력규정)을 두어 이를 규제하지만 모든 행위를 규율할 수 없으므로 이러한 일반조항을 두고 있다.

153 대판 2000.2.11. 99다56833.

154 대판 1956.1.26. 4288민상96.

155 대판 1994.3.11. 93다40522.

적으로 체결한 보험계약[156] 등은 무효로 된다.

이와 관련하여 논의되는 것으로 부동산의 이중매매(二重賣買)에 관한 문제가 있다. 부동산의 이중매매란 매도인 A가 매수인 B와 당해 부동산에 관한 매매계약을 체결한 후, A가 다시 제2매수인 C와 위 부동산에 관한 매매계약을 체결하고 B가 아닌 C에게 등기를 완료해주는 것을 말한다. 이러한 경우, 계약자유의 원칙상 A와 C 사이의 매매계약은 유효하며, 단지 B는 A에 대하여 이행불능에 따른 채무불이행책임을 물을 수 있을 뿐이다.

그러나 제2매수인 C가 A의 배임행위(背任行爲)에 적극적으로 가담하여 이루어진 부동산에 관한 이중매매는 사회정의 관념에 위배된 반사회적인 법률행위로서 무효가 된다.[157] 하지만 단지 제2매수인이 매도인의 매매 사실을 알았다는 것만으로는 무효로 되지 않는다.[158] 그 밖에 부동산의 이중매매가 반사회적 법률행위에 해당하는 경우, 이중매매계약은 절대적인 무효이므로 당해 부동산을 제2매수인으로부터 다시 취득한 제3자는 설사 제2매수인이 당해 부동산의 소유권을 유효하게 취득한 것으로 믿었더라도 이중매매계약이 유효하다고 주장할 수 없다.[159]

2) 윤리적 질서에 반하는 행위

판례는 일부일처제의 위반행위와 관련하여 본처의 사전승인이 있었다 하더라도 부첩계약은 무효라고 판시하며,[160] 부첩관계의 종료를 해제조건으로 하는 증여계약도 반사회질서 위반행위로 무효로 판시한다.[161] 그러나 부첩관계를 해소하면서 그동안 첩의 희생에 대하여 배상하고 또 첩의 장래 생활대책을 위하여 금전을 지급하기로 한 약정은 사회질서 위반이 아니라고 한다.[162] 그 밖에 이른바 대리모 계약[163]이나 매춘행위[164]도 무효가 된다.

---

156   대판 2005.7.28. 2005다23858.

157   대판 1977.1.11. 76다2083; 대판 1980.6.10. 80다569; 대판 1994.3.11. 93다55289 등.

158   대판 1981.1.13. 80다1034.

159   대판 1996.10.25. 96다29151; 대판 2008.3.27. 2007다82875.

160   대판 1967.10.6. 67다1134.

161   대판 1966.6.21. 66다530.

162   대판 1980.6.24. 80다458.

163   대구지법 1991.9.17. 91가합8269.

164   대판 2004.9.3. 2004다27488, 27495.

3) 개인의 자유를 심하게 제한하는 행위

개인의 자유에는 신체적, 정신적인 것뿐만 아니라 경제적인 것도 포함된다. 판례에 따르면, "어떠한 일이 있어도 이혼하지 아니하겠다는 각서를 써주었다 하더라도 그와 같은 의사표시는 신분행위의 의사결정을 구속하는 것으로서 공서양속을 위배하여 무효이다."라고 한다.[165] 반면 부정행위를 용서받는 대가로 부동산을 양도하되, 부부관계가 유지되는 동안에는 처가 임의로 처분할 수 없도록 제한을 붙인 약정의 효력은 유효라고 한다.[166]

그 밖에 근로자가 회사를 퇴사한 후 경쟁 관계에 있는 회사를 설립·운영하자 회사 측이 경업금지약정 위반을 이유로 하여 근로자를 상대로 손해배상을 청구한 사안에서, 근로자가 고용기간에 습득한 정보 등이 위 약정으로 보호할 가치가 없다면, 이러한 약정은 무효라고 한다.[167]

4) 생존의 기초가 되는 재산의 처분행위

예를 들어 장래의 모든 수입을 증여한다는 계약 등은 무효가 된다.

5) 지나치게 사행적인 행위

사회에서 빈번하게 발생하는 사행계약은 무조건 무효는 아니지만, 그 정도가 지나치면 공서양속에 반하는 행위로 무효가 될 수 있다. 특히 도박과 관련하여 판례는 도박자금에 제공할 목적으로 이루어진 대차계약의 효력,[168] 도박으로 인한 채무변제를 위해 토지를 양도하는 계약[169] 등은 무효라고 한다. 그러나 법률이 허용하는 각종의 복권은 반사회성이 없다.[170]

6) 기타

반사회질서 행위와 관련하여 문제 되는 것으로 동기(動機)의 불법이 있다. 즉 법률행위의 내용이 사회질서에 반하는 것이 아니라 행위자의 동기나 목적이 이에 반하는 경우이다. 예를 들어

---

165 대판 1969.8.19. 69므18.

166 대판 1992.10.27. 92므204, 211.

167 대판 2010.3.11. 2009다82244.

168 대판 1973.5.22. 72다2249.

169 대판 1959.10.15. 4291민상262.

170 「복권 및 복권기금법」 제3조는 "이 법에 따라 발행되는 복권에 관하여는 「사행 행위 등 규제 및 처벌특례법」을 적용하지 아니한다."라고 규정한다.

살인을 위하여 위험한 물건을 구매한다거나 도박을 위해 금전을 빌리는 행위 등이다. 여기서 매매계약이나 금전소비대차계약은 적법하지만, 불법적인 동기가 위 계약에 영향을 미쳐 이를 무효로 만들 것인가에 관하여 논의의 여지가 있는데, 이에 대한 몇 가지 학설을 살펴보도록 한다.

첫째, 기존 다수의 견해로 법률행위의 동기가 표시된 경우에 한하여 그것이 사회질서에 위반하면 그 법률행위가 무효라는 표시설이 있다. 둘째, 동기가 표시되었을 경우는 물론이고 표시되지 않았더라도 상대방이 그 동기를 알았거나 알 수 있었을 때도 그것이 사회질서에 위반되면 무효라는 인식설 및 인식가능성설이 있다.

판례는 "민법 제103조에 의하여 무효로 되는 반사회질서 행위는 법률행위의 목적인 권리·의무내용이 선량한 풍속 기타 사회질서에 위반되는 경우뿐만 아니라 그 내용 자체는 반사회질서적인 것이 아니라고 하여도 법률적으로 이를 강제하거나 그 법률행위에 반사회질서적인 조건 또는 금전적 대가가 결부됨으로써 반사회질서적 성질을 띠게 되는 경우 및 표시되거나 상대방에게 알려진 법률행위의 동기가 반사회질서적인 경우를 포함한다."라고 판시한다.[171]

생각건대, 이러한 판례의 태도는 분명하지 않으나 인식설 내지 인식가능성설의 입장에 있는 것으로 보이며, 이처럼 해석하는 것이 바람직하다. 예컨대 살인의 목적으로 위험한 물건을 구매하는 경우, 매수인이 이를 표시하는 경우뿐만 아니라 어떤 식으로든 이러한 목적을 매도인이 인식했다면 당연히 위 법률행위(계약)는 무효라고 할 것이며, 만약 이행 전이라면 매도인은 이행의무가 없다.

(3) 사회질서 위반의 효과

법률행위의 내용뿐만 아니라 상대방에게 표시되거나 인식된 동기가 불법인 경우에 이러한 법률행위는 무효가 된다(§103). 이러한 무효는 절대적(絕對的)인 것으로 선의의 제3자에게도 마찬가지이다.[172] 그리고 반사회질서에 해당하는 행위는 추인하여도 효력이 발생하지 않는다.[173]

---

171 대판 1984.12.11. 84다카1402; 대판 1996.4.26. 94다34432; 대판 1996.10.11. 95다1460.

172 특히 부동산의 이중매매에서 반사회질서에 해당하여 무효인 제2매매계약에 기하여 당해 부동산을 다시 취득한 제3자의 경우는 선의라 하더라도 유효를 주장할 수 없다. 대판 1996.10.25. 96다29151; 대판 2008.3.27. 2007다82875.

173 대판 1973.5.22. 72다2249.

사회질서 위반의 효과를 구체적으로 검토해 보면 다음과 같다. 반사회질서 행위가 채권행위인 경우, 아직 이행 전이면 그 행위가 무효이므로 이행할 필요가 없다. 반면 이행 후라면 효력이 없는 행위에 기반을 두고 있으므로 이행한 것을 부당이득(不當利得)[174]으로 반환받아야 한다. 그런데 이러한 부당이득의 반환과 관련하여 불법원인급여(§746)와의 관계가 문제 된다. 본조에 따르면, "불법의 원인으로 인하여 재산을 급여하거나 노무를 제공한 때에는 그 이익의 반환을 청구하지 못한다. 그러나 그 불법원인이 수익자에게만 있는 때에는 그러하지 아니하다."라고 하여 불법원인급여에 관하여 규정한다. 예를 들어 A는 도박을 위해 B로부터 금전을 차용하기로 계약을 체결하였다. 그런데 위 계약의 동기를 A가 표시하거나 B가 인식할 가능성이 있는 경우, 그 계약은 무효이므로, 아직 B가 금전을 지급하지 않았다면 이를 이행할 필요가 없고 만약 금전을 지급했다면 이를 부당이득(§741)으로 반환 청구할 수 있어야 하지만 이는 불법원인급여에 해당하므로, B가 이러한 사정을 알고 금전을 지급한 경우에는 이를 반환 청구하지 못하게 된다(§746 본문). 그러나 만약 B가 이러한 사정을 몰랐다면 불법원인이 A에게만 있으므로 대여금을 반환받을 수 있다(§746 단서).

판례는 적정이율을 초과한 고리(高利)의 금전소비대차계약과 관련하여, 이처럼 허용 한도를 초과하는 부분의 이자약정은 경제적 강자인 소비대주의 우월한 지위를 이용한 것으로 무효라고 판시하면서, 소비대주에게만 불법성이 있거나, 수익자인 소비대주의 불법성이 소비차주의 불법성보다는 크기 때문에 민법 제746조의 단서에 의해 초과한 이자는 반환청구 할 수 있다고 한다(다수견해).[175]

5. 불공정한 법률행위

(1) 서설

민법 제104조는 "당사자의 궁박, 경솔 또는 무경험으로 인하여 현저하게 공정을 잃은 법률행위는 무효로 한다."라고 하여 불공정한 법률행위를 규정하고 있는데, 이를 폭리행위(暴利行爲)로 칭하기도 한다. 여기서 반사회질서의 법률행위(§103)와 불공정한 법률행위(§104)의 관계

---

174 민법 제741조 [부당이득의 내용] 법률상 원인 없이 타인의 재산 또는 노무로 인하여 이익을 얻고 이로 인하여 타인에게 손해를 가한 자는 그 이익을 반환하여야 한다.

175 대판(전합) 2007.2.15. 2004다50426; 그 밖에 불법원인급여에 관한 민법 제746조 본문 적용을 배제한 판례로는 대판 1993.12.10. 93다12947; 대판 1997.10.24. 95다49530, 49547.

가 논의될 수 있는데, 다수의 견해에 의하면 제104조는 제103조에서 다루는 반사회질서 위반 행위의 한 종류 내지는 예시라고 한다. 판례도 다수설과 같은 태도이다.[176]

그 밖에 제104조는 조문의 해석상 유상행위에 적용됨은 물론이지만 무상행위에도 적용될 것인가의 문제가 있다. 이에 대해 다수의 견해와 판례는 제104조가 매매계약과 같은 유상행 위에만 적용된다는 견해를 취하고 있다.[177] 그러므로 부담부증여와 같은 무상행위에서 부담이 과도하더라도 이는 불공정한 법률행위로 평가받지 못하게 된다.

(2) 요건

1) 객관적 요건

급부와 반대급부 사이에 현저한 불균형이 있어야 한다. 불균형의 판단은 사회통념에 따라 서 결정되어야 하며, 가치판단에서는 당사자의 주관적 가치가 아니라 객관적 가치에 의해야 한다. 판례에 따르면, 매매가격이 시가의 약 8분의 1 정도로 현저한 차이가 있는 경우,[178] 시가 700만 원 상당의 가옥을 267만 원에 매도한 경우,[179] 1,300만 원 이상의 채권이 있었음에도 일 부만을 변제받고 1,000만 원 이상의 채권을 포기하는 약정을 맺은 경우,[180] 전기공사 중 사망 한 유족이 받을 수 있는 액수의 8분의 1밖에 되지 않는 합의금을 받기로 하고 합의한 경우[181] 등에서 급부 사이에 현저한 불균형이 있다고 판시한다.

급부 사이의 불균형 여부를 판단하는 시점에 관하여 학설의 대립이 있는데, 다수의 견해는 법률행위 시, 즉 계약체결 당시를 기준으로 한다. 판례는 대체로 다수의 견해와 같다.[182]

2) 주관적 요건

주관적 요건으로는 첫째, 피해자의 궁박·경솔·무경험이 있을 것 둘째, 폭리행위자가 이 를 이용하였을 것이 요구된다.

---

176 대판 1964.5.19. 63다821.
177 대판 1993.3.23. 92다52238; 대판 1997.3.11. 96다49650; 대판 2000.2.11. 99다56833.
178 대판 1977.12.13. 76다2179.
179 대판 1979.4.10. 79다275.
180 대판 1992.4.14. 91다23660.
181 대판 1979.4.10. 78다2457.
182 대판 1984.4.10. 81다239.

궁박(窮迫)이란 벗어나기 어려운 상태를 말하는데, 이는 반드시 경제적인 것에 한하지 않고 정신적·심리적 원인에 기인한 것도 포함한다.[183] 판례는 여러 사업을 운영하던 피해자가 사망한 후 망인의 채권자들이 그 손해배상청구권에 대하여 법적 조치를 할 움직임을 보이자 전업주부로 가사를 전담하던 망인의 처가 망인의 사망 후 5일 만에 친지와 보험회사 담당자의 권유에 따라 보험회사 사이에 보험 약관상 인정되는 최소금액의 손해배상금만을 받기로 하고 부제소 합의를 한 경우,[184] 삼청교육대를 다녀온 계주가 다시 고소를 당하게 되자 이를 무마시킬 생각으로 채권을 포기한 경우[185]에 피해자의 궁박을 인정하였다.

경솔(輕率)이란 의사결정 시에 그 행위의 결과나 장래에 관하여 보통사람이 베푸는 고려를 하지 않는 심리적 상태를 말한다. 판례는 서울시 공무원들이 도로부지에 편입되는 토지에 관한 매매계약을 체결하면서 평당 단가 2,100원으로 기재하여야 할 것을 그 10배인 21,000원으로 오기한 것은 경솔로 인한 것이라고 판시한다.[186]

무경험(無經驗)이란 거래 일반에 관한 경험이나 지식의 결여를 의미하며, 판례도 "'무경험'이라 함은 일반적인 생활체험의 부족을 의미하는 것으로서 어느 특정 영역에서의 경험 부족이 아니라, 거래 일반에 대한 경험 부족을 뜻하고"라고 하여 동일한 입장을 취하고 있다.[187]

불공정한 법률행위로 무효가 되기 위해서는 이와 같은 궁박, 경솔, 무경험 중 어느 하나만 갖추면 충분하다.[188] 그리고 대리인에 의해 법률행위가 이루어진 경우, 경솔과 무경험은 대리인을 기준으로 판단하고 궁박의 여부는 본인을 기준으로 판단해야 한다.

다음으로, 피해자의 위와 같은 상황을 폭리행위자가 이용해야 한다. 즉 폭리행위자가 피해자에게 궁박, 경솔, 무경험과 같은 사정이 있음을 알고 이를 이용하려는 의사가 있어야 한다는 것이 다수의 견해이며, 판례의 태도이다.

---

183   대판 1974.2.26. 73다673; 대판 1996.6.14. 94다46374; 대판 2002.10.22. 2002다38927.

184   대판 1999.5.28. 98다58825.

185   대판 1992.4.14. 91다23660.

186   대판 1977.5.10. 76다2953.

187   대판 2002.10.22. 2002다38927.

188   대판 1993.10.12. 93다19924.

(3) 입증책임

민법 제104조의 폭리행위에 해당하여 당해 법률행위가 무효가 되려면, 위의 객관적 요건과 주관적 요건 모두가 필요하다. 그런데 이러한 요건이 성립했다는 증명을 누가 할 것인가의 문제가 있다. 판례는 "불공정한 법률행위로서 매매계약의 무효를 주장하려면 주장자 측에서 매도인에게 궁박, 경솔, 무경험 등의 상태에 있었을 것, 매수인 측에서 위와 같은 사실을 인식하고 있었을 것, 대가가 시가보다 헐값이어서 매매가격이 현저하게 불공정한 것을 주장 입증해야 한다."라고 판시하여[189] 무효를 주장하는 자에게 모든 입증책임을 전가하고 있다. 그러므로 제104조에 의해 불공정한 법률행위가 무효로 되기란 쉽지 않다.

(4) 불공정한 법률행위의 효과

불공정한 법률행위는 절대적 무효가 된다. 따라서 추인하더라도 그 법률행위는 유효가 되지 않는다.[190] 그리고 법률행위 일부만이 무효인 경우에는 일부 무효의 법리(§137)가 적용된다.

불공정한 법률행위가 채권행위인 경우, 아직 이행 전이면 이행할 필요가 없으며, 이행하지 않더라도 채무불이행책임과 같은 법적 책임을 부담하지 않는다. 만약 이행 후라면 피해자는 지급한 것을 부당이득(§741, §746 단서)으로 반환받을 수 있지만, 폭리행위자는 불법한 원인에 기해 급부한 것이므로 이를 반환 청구할 수 없다(§746 본문). 예컨대 무학무지의 시골 노파인 A로부터 골동품수집가인 B가 국보급의 고서를 헐값에 매입한 경우, 만약 이러한 매매가 불공정한 법률행위로서 무효가 되면 A는 B로부터 위 고서를 반환받을 수 있지만, B는 지급한 매매대금을 반환받을 수 없게 된다.

VI. 법률행위의 해석

1. 의의

법률행위의 해석이란 법률행위의 내용을 명확하게 하는 것을 말한다. 법률행위는 의사표시를 반드시 포함하고 있으므로 이를 의사표시의 해석과 같은 의미로 이해할 수 있다.

---

189   대판 1970.11.24. 70다2065; 대판 1991.5.28. 90다19770.

190   대판 1994.6.24. 94다10900.

법률행위의 해석이 중요한 이유는 이를 기초로 법적 판단이 이루어지기 때문이다. 예를 들어 A와 B가 하굣길에 다른 친구들이 운동장에서 축구 하는 것을 보고 A가 경기에 참여하기 위해 B에게 "가방 좀 부탁해!"라고 말하자 B가 "응"이라고 대답한 경우, B는 경기가 끝날 때까지 A의 가방을 자기물건과 동일한 주의의무를 갖고서 보관을 해야 하는지의 문제가 있다.[191]

우선 첫 번째 단계로 당사자 사이에 임치계약(§693)의 의사표시가 있었는지를 파악해야 한다. A의 의사표시는 청약으로 볼 수 있지만, B의 대답은 논의의 여지가 있다. 즉 "응"이라는 것은 당사자의 관계, 당시의 상황, 어감 등에 따라 다양하게 해석될 수 있기 때문이다. 이처럼 법률행위의 해석은 의사표시가 존재하였는지 여부의 검토를 포함한다. 두 번째 단계로 B의 승낙 의사표시가 있는 것으로 파악되면, 이제 이러한 의사표시 내지 법률행위가 어떤 내용을 갖는지를 명백하게 파악해야 한다. 이는 후술하는 법률행위 해석의 방법으로 이루어진다.

이처럼 법률행위의 해석이 필요한 이유는 실제의 생활 관계에서 발생하는 다양한 법률관계에서 그러한 법률행위를 하는 사람들은 법률적 지식이 적고 법률용어를 잘 모르기 때문이다. 그리고 법률행위의 해석은 궁극적으로 법관에 의해 이루어진다.

2. 법률행위 해석의 대상

법률행위의 해석에서 그 대상(목적)이 무엇인가에 대하여 학설의 대립이 있는데, 법률행위의 핵심적인 요소는 의사표시이므로, 이러한 논의는 의사표시의 본질론과 밀접한 관련을 맺고 있다. 그러므로 의사주의에 따르면 법률행위 해석의 대상은 표의자의 진의(眞意) 즉 내심적 효과의사가 되지만, 표시주의에 따르면 표의자의 표시행위가 그 대상이 된다. 다수의 학설은 표시주의의 입장에서 법률행위 해석의 대상이 되는 것은 표시행위로 법률행위 해석의 목적은 이러한 표시행위가 가지는 의미를 밝히는 것이라고 한다.

판례는 "법률행위의 해석은 당사자가 그 표시행위에 부여한 객관적인 의미를 명백하게 확정하는 것으로서, 서면에 사용된 문구에 구애받는 것은 아니지만 어디까지나 당사자의 내심적 의사의 여하에 관계없이 그 서면의 기재 내용에 의하여 당사자가 그 표시행위에 부여한 객

---

191 물론 이러한 관계는 법률관계가 아닌 호의관계가 되겠지만 설명을 위해 법률관계로 구성한다.

관적 의미를 합리적으로 해석하여야 하는 것이고"라고 판시하여 다수의 학설과 같은 입장에 있다.[192]

생각건대, 법률행위 해석의 대상 내지 목표는 법률행위의 종류에 따라 다르게 결정되어야 한다. 즉 유언, 재단법인의 설립 등과 같은 상대방 없는 단독행위의 경우에는 당해 의사표시의 상대방이 없으므로 표의자의 진의가 그 대상이 되어야 한다. 반면 채무의 면제와 같은 상대방 있는 단독행위나 계약의 경우에는 상대방이 있으므로 순수하게 표의자의 진의만을 그 대상으로 삼을 수 없다. 이 경우에는 표시행위가 주된 대상이 될 것이다.

3. 법률행위 해석의 방법

당사자 사이에 불명확하고 불완전한 법률행위가 존재할 경우에 법률행위의 해석은 일차적으로 당해 법률행위의 의미를 명확하게 하는 해석이 이루어져야 하며 그럼에도 불구하고 틈이 있는 경우에는 이차적으로 그 틈을 보충하는 해석이 이루어져야 한다. 일차적 해석의 방법에는 자연적 해석과 규범적 해석이 있고 이차적 해석의 방법에는 보충적 해석이 있다.

(1) 자연적 해석

자연적 해석은 로마법상의 "falsa demonstratio non nocet" 즉 잘못된 표시는 해(害)가 되지 않는다는 원칙으로부터 발전하였다. 예컨대 매도인 A와 매수인 B가 모두 '두리안'을 '용과(龍果)'라고 생각하고 일정 수량 매매하기로 약정한 경우, 표시행위를 보면 양측 모두 '용과'를 매매의 목적물로 하지만 실제 표의자와 상대방이 의욕했던 것은 '두리안'이므로 이에 대한 매매계약이 체결된 것으로 된다. 이것이 오표시 무해(誤表示 無害)의 원칙이다. 요컨대 자연적 해석은 표의자의 진의, 즉 내심적 효과의사를 명확하게 하는 해석이다. 그러므로 유언과 같은 상대방 없는 법률행위의 해석에 주로 적용된다.

판례도 매매계약의 당사자가 목적물의 지번에 관하여 착오를 일으켜 계약서상 목적물을 잘못 표시한 경우 매매계약의 목적물은 계약서에 기재된 토지가 아니라 실제로 합의된 토지라고 판시한다.[193]

---

192   대판 1996.10.25. 96다16049; 대판 2001.3.23. 2000다40858.
193   대판 1993.10.26. 93다2629, 2636; 대판 1996.8.20. 96다19581, 19598.

(2) 규범적 해석

불명확한 법률행위를 명확하게 밝히기 위하여 자연적 해석이 이루어지지 않는 경우 규범적 해석이 행해진다. 규범적 해석은 표의자의 상대방 입장에서 이루어지는 해석이다. 그런데 유의할 것은 실제 법률행위의 상대방이 이해한 것이 아니라 그러한 상황에서 합리적이고 보편적인 상대방이라면 어떻게 이해했을 것인가이다. 이와 같은 규범적 해석의 기준 내지 표준이 되는 것은 다음과 같다.

1) 법률행위 당시의 여러 사정

규범적 해석에서, 첫 번째로 고려해야 할 것은 당사자가 법률행위를 하게 된 목적, 법률행위 당시의 협의 내용, 법률행위의 장소 등이다.

2) 관습

법률행위 당시의 여러 사정에 의해서도 법률행위가 불명확할 경우에는 두 번째로 관습이나 거래의 관행을 해석의 기준으로 삼아야 한다. 민법 제106조는 "법령 중의 선량한 풍속 기타 사회질서에 관계없는 규정과 다른 관습이 있는 경우에 당사자의 의사가 명확하지 아니한 때에는 그 관습에 의한다."라고 하여 이를 명시하고 있다. 일반적으로 법률행위의 해석 기준으로서의 관습을 '사실인 관습'이라고도 한다. 판례에 따르면, "(파계되지 않은 채) 위 계(契)에 관한 거래 관계가 종료되었다면 계금 또는 급부금의 청산에 관하여 계주와 계원 사이에 특약이 없는 한 계원으로서는 그가 급부금을 탄 뒤에 아직 물지 못한 계금을 지급하여야 될 것은 당연한 법리에 속할 것이나 계주로서는 그 계원으로부터 급부금을 탈 차례가 오기까지 지급받은 계금을 이자 없이 그 계원에게 돌려주는 것이 계를 하는 당사자들이 따르고자 하는 사실인 관습이다."라고 판시하여 이를 인정한다.[194]

이와 관련하여, 민법 제1조와 민법 제106조의 관계에 대하여 학설은 나뉘어 있다. 즉 민법 제1조는 "민사에 관하여 법률에 규정이 없으면 관습법에 의하고 관습법이 없으면 조리에 의한다."라고 규정하는데, 이에 따르면 ① 강행규정, ② 임의규정, ③ 관습법, ④ 조리의 순으로 적용된다. 반면 민법 제106조에 따르면 ① 강행규정, ② 관습, ③ 임의규정의 순으로 법률행위

---

194   대판 1962.11.15. 62다240.

의 해석이 이루어진다. 여기서 민법 제1조의 "관습법"과 민법 제106조의 "관습"은 동일한 개념인지에 대한 의문이 생긴다. 학설은 구별 긍정설과 구별 부정설로 나뉜다.

한편 판례는 사회의 법적 확신과 인식으로 관습법과 사실인 관습이 구별된다고 하며, 관습법은 법원(法源)이므로 법칙으로서 효력이 있지만, 사실인 관습은 법률행위의 당사자 의사를 보충함에 그치는 것으로 판시하여 양자를 구별하고 있다.[195]

생각건대, 민사에 관한 법원(法源)을 규정한 민법 제1조와 법률행위의 해석에 관한 기준을 규정한 민법 제106조는 존재 이유를 달리한다고 할 것이다. 그리고 사회의 법적 확신의 유무에 따라 관습법과 사실인 관습은 구별된다.

3) 임의규정

법률행위 당시의 여러 사정과 관습에 의해서도 법률행위가 명확하지 않으면 임의규정이 해석의 기준이 되어야 한다. 여기서 임의규정이란 선량한 풍속 기타 사회질서와 관계없는 규정을 말한다(§105). 그런데 엄밀히 말하면, 임의규정은 법률행위 해석의 기준보다는 법률 자체의 적용이라고 할 것이다.

법률행위 해석의 기준이 되는 임의규정은 ⅰ) 표시내용의 흠결을 보완하는 보충규정(예컨대 §379, §394, §565①, §829① 등)과 ⅱ) 표시내용 중 불명확한 것을 일정한 의미로 해석하는 해석규정(예컨대 §262②, §424, §585 등)으로 나눌 수 있다.

4) 신의성실의 원칙

위의 세 가지 기준에 의해서도 법률행위가 명확하게 밝혀지지 않으면 법률행위의 근본원리인 신의성실의 원칙(§2)에 따라 해석을 해야 한다. 이와 같은 원칙이 해석의 기준이 된 예로는 '예문해석(例文解釋)'이 있다.

판례는 근저당설정계약서에 피담보채무의 범위를 대출받은 당해 대출금채무 외에 기존의 채무나 장래에 부담하게 될 다른 원인에 의한 모든 채무도 포괄적으로 포함하는 것으로 기재되었더라도 특별한 사정이 없으면 위 계약서의 피담보채무에 관한 포괄적 기재는 부동문자로 인쇄된 일반거래약관의 예문(例文)에 불과한 것으로 보아 그 구속력을 배제하는 것이 타당

195　대판 1983.6.14. 80다3231.

하다고 한다.[196]

(3) 보충적 해석

보충적 해석이란 법률행위의 내용에 있는 틈을 해석을 통해 보충하는 해석으로서 제3자의 시각에서 하는 해석방법이다. 이러한 해석은 자연적, 규범적 해석을 통해 법률행위의 성립이 인정된 경우에 이루어지는 것으로, 특히 계약에서 큰 기능을 발휘한다.

제3절 의사표시의 불일치와 하자

Ⅰ. 서설

법률행위가 의사표시대로 효력을 발생하기 위해서는 그 의사표시에 흠(欠)이 없어야 한다. 만약 의사표시에 문제가 있다면, 그대로 효력을 인정할 수가 없다. 이와 관련하여 민법은 4개의 유형을 규정하고 있는데, 성질상 하나는 의사와 표시가 불일치하는 경우이고 다른 하나는 의사표시의 과정에 타인의 부당한 간섭이 개입된 경우이다. 전자에는 진의 아닌 의사표시(§107), 통정한 허위의 의사표시(§108), 착오로 인한 의사표시(§109)가 있고 후자에는 사기·강박에 의한 의사표시(§110)가 있다.

Ⅱ. 진의 아닌 의사표시

1. 의의

진의 아닌 의사표시는 표의자가 의사와 표시의 불일치를 알면서 하는 의사표시를 말한다. 이를 다른 말로 비진의표시(非眞意表示), 심리유보(心裡留保)라고 한다. 예를 들어 이행할 의사가 없으면서 복권이 당첨되면 당첨금의 절반을 주겠다고 하는 경우이다. 민법 제107조 제1항은 "의사표시는 표의자가 진의 아님을 알고 한 것이라도 그 효력이 있다. 그러나 상대방이 표의

---

196 대판 2003.3.14. 2003다2109. 오늘날 대량거래에서 흔히 사용되는 약관은 소비자에게 불리한 경우가 많은데, 이를 규율하기 위해 「약관의 규제에 관한 법률」이 제정되었다. 예컨대 본법 제6조 제1항은 "신의성실의 원칙을 위반하여 공정성을 잃은 약관 조항은 무효이다."라고 규정한다.

자의 진의 아님을 알았거나 이를 알 수 있었을 경우에는 무효로 한다."라고 하여 비진의표시를 규정한다.

2. 요건

(1) 의사표시의 존재

비진의표시가 되기 위해서는 우선 일정한 효과의사를 추단할 만한 가치 있는 의사표시가 있어야 한다. 그러므로 사교상의 명백한 농담은 여기에 포함되지 않는다. 다만 유의할 점은 표의자가 진의와 다른 표시를 상대방이 알 것으로 기대하면서 하는 희언(戱言)도 비진의표시가 될 수 있다는 점이다.

(2) 의사와 표시의 불일치

비진의표시가 되려면, 표의자의 진의(眞意)와 표시(表示)가 일치하지 않아야 한다. 즉 표시행위의 의미(표시상의 효과의사)에 대응하는 의사(내심적 효과의사)가 존재하지 않아야 한다. 판례는 사직의 의사표시에 관하여, "진의란 특정한 내용의 의사표시를 하고자 하는 표의자의 생각을 말하는 것이지 표의자가 진정으로 마음속에서 바라는 사항을 뜻하는 것은 아니므로 표의자가 의사표시의 내용을 진정으로 마음속에서 바라지는 아니하였다고 하더라도 당시의 상황에서는 그것이 최선이라고 판단하여 그 의사표시를 하였을 경우에는 이를 내심의 효과의사가 결여된 진의 아닌 의사표시라고 할 수 없다."라고 한다.[197]

(3) 표의자의 불일치에 대한 인식

비진의표시가 되기 위해서는 표의자가 자신의 의사(진의)와 표시행위의 의미가 다르다는 것을 알고 있어야 한다. 이런 점에서 비진의표시는 통정한 허위의 의사표시(§108)와 같고 착오로 인한 의사표시(§109)와 다르다.

---

197   대판 1996.12.20. 95누16059; 대판 2000.4.25. 99다34475; 대판 2001.1.19. 2000다51919, 51926; 대판 2003.4.25. 2002다11458.

(4) 기타

표의자가 비진의표시를 하게 된 이유나 동기는 비진의표시의 성립에 영향을 주지 않는다. 그러므로 상대방을 속이려고 하거나, 상대방이 표의자의 진의를 당연히 알 수 있다고 생각하거나(희언), 진의를 알 것이라고 기대하지만 그렇지 않더라도 어쩔 수 없다고 생각한 경우(악의의 희언)[198]에도 모두 비진의표시가 성립하게 된다. 입증책임과 관련하여, 의사표시가 존재하였다는 요건은 상대방이 부담하지만, 나머지 요건은 표의자가 부담한다.[199]

3. 효과

(1) 원칙

비진의표시는 표시된 대로 효력이 발생한다(§107① 본문). 이는 표시주의에 따른 것으로 볼 수 있는데, 이 경우에는 표의자보다는 상대방의 신뢰 내지 거래의 안전을 보호할 필요성이 크기 때문이다.

(2) 예외

상대방이 표의자의 진의 아님을 알았거나 이를 알 수 있었을 경우에는 무효로 한다(§107① 단서). 이러한 상대방은 보호 가치가 없기 때문이다. "진의 아님을 알았거나"는 악의(惡意)를 의미하고, "알 수 있었을 경우"는 과실(過失)로 인하여 알지 못한 경우로 거래계에서 보통 일반적으로 요구되는 주의의무를 결한 것으로 해석된다. 상대방의 악의나 과실을 판단하는 시점과 관련하여 학설의 대립이 있는데, 다수의 견해는 표의자의 의사를 상대방이 요지(了知)한 때를 기준으로 판단한다. 반면 소수의 견해는 요지 시보다 빠른 의사표시가 도달(到達)한 때를 기준으로 판단한다.

비진의표시가 이처럼 무효가 된 경우, 표의자는 상대방에게 손해배상을 해야 하는가의 문제가 있다. 예를 들어 A가 자신의 희귀어종을 B에게 증여하겠다고 약속하자 이에 B는 고가의 어항을 주문·제작하였다. 하지만 B는 이러한 증여계약이 유효라고 믿었지만(선의), 보통의 일반인들이 봤을 때 이것은 충분히 농담이라고 알 수 있었던 것이라면(과실) 위 계약은 무효가

---

198   대판 1991.7.12. 90다11554.
199   대판 1992.5.22. 92다2295.

되는데, 이때 B가 입은 손해를 A에게 배상 청구할 수 있을 것인가? 학설은 상대방이 선의이지만 과실이 있는 경우에는 표의자에게 신뢰이익의 배상 책임을 부담시켜야 한다는 견해와 이에 대한 직접적인 규정이 없으므로 손해배상청구권을 부정해야 한다는 견해가 있다. 생각건대, 이는 입법정책의 문제라고 할 것이며, 불법행위의 요건(§750)이 갖추어지면 손해배상청구도 가능할 것으로 생각된다.

입증책임과 관련하여, 상대방의 악의나 과실은 그러한 의사표시의 무효를 주장하는 자가 부담해야 한다.[200]

(3) 제3자와의 관계

비진의표시의 무효는 선의의 제3자에게 대항하지 못한다(§107②). 예를 들어 A가 실제로 자신의 자전거를 증여할 의사가 없음에도 B에게 인도했는데, B가 이를 C에게 매각·인도한 경우, A와 B 사이의 증여계약이 비진의표시의 요건을 갖춰 무효가 되더라도, A는 이러한 사실을 모르는 C에게 자전거의 반환을 청구할 수 없게 된다. 이는 거래의 안전을 위한 규정이다.

4. 적용 범위

비진의표시에 대한 민법 규정은 상대방 있는 의사표시(상대방 있는 단독행위, 계약)뿐만 아니라 상대방 없는 단독행위에도 적용된다. 예를 들어 A가 자신의 부동산을 B에게 유증(遺贈)을 하였는데, 실제로 A에게 유증의 의사가 없었더라도 A의 사망으로 그 효력이 발생한다.

그런데 제107조 제1항 단서가 상대방 없는 단독행위에도 적용되는가에 대한 학설의 대립이 있다. 즉, 위의 사례에서 의사표시의 상대방은 아니지만 이로 인하여 권리를 취득하는 B가 악의이거나 과실이 있는 경우, 유증의 의사표시를 무효로 할 것인가의 문제이다. 상대방 없는 의사표시에는 제107조 제1항 단서가 적용되지 않기 때문에 그러한 의사표시는 항상 유효(§107① 본문)라는 견해와 단서의 적용을 긍정하는 견해로 나뉜다.

반면 비진의표시에 관한 규정은 표의자의 의사가 존중되는 가족법상의 행위(신분행위)에는

---

200 대판 1992.5.22. 92다2295.

적용되지 않는다.[201] 그 밖에 공법행위,[202] 소송행위, 어음·수표에 관한 행위도 마찬가지이다.

III. 통정한 허위의 의사표시

1. 의의

통정한 허위의 의사표시란 표의자가 상대방과 통정하여 하는 허위의 의사표시를 말한다. 예를 들어 채권자로부터 채권추심을 회피하기 위해 채무자 A가 친구 B와 합의하여 자신의 부동산을 허위로 B에게 양도하고 등기를 경료해준 경우가 이에 해당한다. 민법 제108조 제1항은 "상대방과 통정한 허위의 의사표시는 무효로 한다."라고 규정한다. 이러한 통정한 허위의 의사표시는 당사자가 모두 그 진의와 표시가 일치하지 않는다는 것을 알고 있다는 점에서 표의자 일방만이 이를 알고 있는 비진의표시(§107)와는 다르다.[203]

허위표시와 구별할 개념으로 신탁행위(信託行爲)가 있는데, 신탁행위란 일정한 경제적 목적을 위하여 상대방에게 필요 이상의 권리를 이전하고 상대방이 그 이전받은 권리를 당사자가 달성하려는 경제적 목적의 범위 내에서만 행사하게 하는 행위를 말한다. 신탁행위의 예로는 동산의 양도담보, 추심을 위한 채권양도 등이 있다. 신탁행위는 실제로 권리를 이전하려는 의사가 있다는 점에서 허위표시와 구별된다. 그리고 신탁행위인지 논란이 되었던 것으로 명의신탁(名義信託)이 있는데, 이는 대내적으로는 신탁자가 소유권을 갖고 이를 사용·수익하면서 등기상의 소유 명의만을 수탁자로 해두는 것을 말한다. 이러한 명의신탁의 유효성 여부에 대한 논란이 있었지만, 이를 원칙적으로 무효화하는 「부동산 실권리자 명의 등기에 관한 법률」[204]이 제정되었다.

---

201 가족법상의 행위에 대해서는 별도의 규정을 두고 있는 경우가 많다. 예컨대 민법 제815조 [혼인의 무효] 제1호 "당사자 간에 혼인의 합의가 없는 때", 민법 제883조 [입양 무효의 원인] 제1호 "당사자 간에 입양의 합의가 없는 때" 등이다.

202 대판 1994.1.11. 93누10057.

203 대판 1996.8.23. 96다18076.

204 「부동산 실권리자 명의 등기에 관한 법률」에 의하면 명의신탁약정은 원칙적으로 무효가 된다(§4). 하지만 예외적으로 조세포탈, 강제집행의 면탈(免脫) 또는 법령상 제한의 회피를 목적으로 하지 아니하는 경우에는 종중, 배우자, 종교단체에 대한 예외를 두고 있다(§8).

2. 요건

(1) 의사표시의 존재

통정의 허위표시가 성립되기 위해서는 객관적으로 일정한 효과의사를 추단할 만한 외관이 있어야 한다. 통정의 허위표시는 통상 제3자를 속일 목적으로 행해지기 때문에 실제에서는 증서의 작성, 등기 및 등록과 같은 외형을 갖추는 경우가 많다.

(2) 진의와 표시의 불일치

허위표시가 되려면 표의자의 진의와 표시가 일치하지 않아야 한다. 위의 사례에서 A가 B에게 자신의 부동산을 양도한다는 표시는 A의 진의와 다르므로, 이 요건을 충족한다.

(3) 표의자의 불일치에 대한 인식

허위표시가 되기 위해서는 표의자가 자신의 의사(진의)와 표시가 불일치함을 알고 있어야 한다. 이는 전술한 진의 아닌 의사표시(§107)와 같고 후술하는 착오로 인한 의사표시(§109)와 다르다.

(4) 상대방과의 통정(通情)

허위표시가 되려면 표의자가 진의와 다른 표시를 하는 데 대하여 상대방과 합의가 있어야 한다.[205] 그러므로 상대방이 이러한 사실을 단순히 알았거나 양 당사자의 비진의표시는 허위표시가 아니다.

(5) 기타

허위표시를 하는 목적이나 동기는 불문한다. 그리고 입증책임과 관련하여, 이러한 의사표시의 유효를 주장하는 측이 의사표시의 존재를 입증하면 되고, 무효를 주장하는 측이 나머지 요건에 대한 입증책임을 부담한다.

---

205 대판 1998.9.4. 98다17909; 대판 2008.6.12. 2008다7772, 7789.

3. 효과

(1) 당사자 사이의 효과

통정의 허위표시는 당사자 사이에서는 언제나 무효이다. 그러므로 이행 전이면 이행할 필요가 없고, 이행 후라면 부당이득(§741)으로 반환을 청구할 수 있다. 그리고 이 경우에는 불법원인급여에 관한 규정(§746)이 적용될 여지가 없는데, 그 이유는 허위표시 자체가 불법은 아니기 때문이다. 또한, 허위표시를 한 표의자의 채권자는 채권자취소권(§406)[206]의 요건이 갖추어지면 그 법률행위를 취소하고 원상회복을 법원에 청구할 수 있다.

판례는 "채무자의 법률행위가 통정허위표시인 경우에도 채권자취소권의 대상이 되고, 한편 채권자취소권의 대상으로 된 채무자의 법률행위라도 통정허위표시의 요건을 갖춘 경우에는 무효라고 할 것이다"라고 판시한다.[207]

(2) 제3자에 대한 효과

통정의 허위표시는 원칙적으로 제3자에게도 무효이지만, 선의의 제3자에게는 대항하지 못한다(§108②). 이러한 규정은 부동산에 대한 공신력(公信力)[208]을 인정하지 않는 우리 민법에서 선의취득을 인정하는 효과가 있으므로 중요하다. 민법 제108조 제2항은 "전항의 의사표시의 무효는 선의의 제3자에게 대항하지 못한다."라고 규정하는데, 이하에서는 이 규정의 의미를 설명하기로 한다.

1) "제3자"

여기서 "제3자"란 통정의 허위표시를 유효한 것으로 믿고 그것을 기초로 하여 새로운 이해관계를 맺은 자를 의미한다.[209] 왜냐하면, 민법 제108조 제2항은 통정의 허위표시임을 알지 못하고 그것이 유효하다고 믿고 거래한 제3자를 보호하기 위한 것이기 때문이다. 판례에 따

---

206 민법 제406조 [채권자취소권] ① 채무자가 채권자를 해함을 알고 재산권을 목적으로 한 법률행위를 한 때에는 채권자는 그 취소 및 원상회복을 법원에 청구할 수 있다. 그러나 그 행위로 인하여 이익을 받은 자나 전득한 자가 그 행위 또는 전득 당시에 채권자를 해함을 알지 못한 경우에는 그러하지 아니하다.

207 대판 1998.2.27. 97다50985.

208 반면 우리 민법은 동산에 대해서는 공신력을 인정한다. 즉 제249조 [선의취득] 평온, 공연하게 동산을 양수한 자가 선의이며 과실 없이 그 동산을 점유한 경우에는 양도인이 정당한 소유자가 아닌 때에도 즉시 그 동산의 소유권을 취득한다.

209 대판 1982.5.25. 80다1403; 대판 1996.4.26. 94다12074; 대판 2003.3.28. 2002다72125 등.

르면 가장매매의 매수인으로부터 당해 부동산을 다시 매수한 자,[210] 가장전세권에 대하여 저당권을 취득한 자,[211] 가장채권을 가진 파산자가 파산한 경우 파산관재인[212] 등이 여기의 제3자에 해당한다고 판시한다. 반면 가장소비대차에서 대주의 지위를 이전받은 자,[213] 퇴직금에 대한 가장양도에서의 채무자[214] 등은 여기의 제3자에 포함되지 않는다고 판시한다. 그리고 제108조 제2항의 "제3자"라는 사실은 그가 주장하고 입증하여야 한다.

2) "선의"

"선의(善意)"라는 것은 그러한 법률행위가 통정의 허위표시임을 알지 못한 것을 말한다. 만약 제3자가 대리인을 통하여 이해관계를 맺은 경우, 선의 여부는 대리인을 표준으로 하여 결정한다(§116①). 이와 관련하여 다수의 견해와 판례는 제3자가 보호되기 위해서는 선의이면 충분하고 무과실은 요건이 아니라고 한다.[215] 또한, 선의 여부를 결정하는 시기는 법률상 새로운 이해관계를 맺은 때라고 할 것이다. 그리고 제3자의 악의는 그 무효를 주장하는 자가 입증하여야 한다.[216]

그 밖에 선의의 제3자가 취득한 권리를 악의의 전득자(轉得者)에게 이전한 경우에 무효를 주장할 수 있을 것인가의 문제가 있다. 이 경우 통정의 허위표시에 대한 무효는 선의의 제3자에 의해 치유되었기 때문에 설령 전득자가 악의라고 하더라도 선의의 제3자의 지위를 승계하고 있으므로 이에 영향을 받지 않는다고 해석된다.

3) "대항하지 못한다"

"대항하지 못한다"라는 것은 원칙적으로 통정의 허위표시는 무효이지만 이러한 무효를 선의의 제3자에게는 주장하지 못한다는 것이다. 즉 선의의 제3자와의 관계에서는 허위표시대로 효력이 발생한다. 이러한 무효를 상대적 무효라고 한다. 그렇다면 선의의 제3자는 이와 다

---

210   대판 1960.2.4. 4291민상636.

211   대판 2006.2.9. 2005다59864; 대판 2008.3.13. 2006다29372, 29389.

212   대판 2003.6.24. 2002다48214; 대판 2005.5.12. 2004다68366; 대판 2010.4.29. 2009다96083 등.

213   대판 2004.1.15. 2002다31537.

214   대판 1983.1.18. 82다594.

215   대판 2006.3.10. 2002다1321.

216   대판 1970.9.29. 70다466; 대판 2006.3.10. 2002다1321; 대판 2007.11.29. 2007다53013.

르게 무효를 주장할 수 있을 것인가? 이와 관련하여 학설이 대립하지만, 다수의 견해처럼 민법 제108조 제2항의 입법 취지는 선의의 제3자를 보호하기 위한 것이므로, 선의의 제3자도 이러한 허위표시의 무효를 주장할 수 있다고 해석할 것이다.

4. 적용 범위

통정의 허위표시에 관한 민법의 규정은 계약이나 상대방 있는 단독행위에는 당연히 적용된다. 그런데 상대방 없는 단독행위에 대해서는 학설의 대립이 있다. 적용 부정설은 민법 제108조 제1항의 "상대방과 통정한 허위의 의사표시"라는 명문의 규정을 근거로, 적용 긍정설은 이러한 경우 본조의 적용을 부정하면 다른 특정인이 직접 수익하는 경우에 그 수익은 원상 복구할 수 없으므로 인정되어야 한다고 주장한다. 예를 들어 채권자 A의 채권 추심을 회피하기 위하여 채무자 B가 자신의 유일한 재산을 이러한 정(情)을 아는 C에게 유증(遺贈)한 경우, 상대방 없는 단독행위인 유증에 통정의 허위표시에 관한 규정이 적용될 것인가? 적용 긍정설은 이 경우에 B의 사망으로 C가 재산상 이익을 얻게 되는데, 이를 회복할 수 없다는 이유로 본조가 적용되어야 한다고 한다. 그러나 A는 채권자취소권(§406)과 같은 다른 제도를 통해서 구제를 받을 수 있으므로 반드시 이러한 이유만으로 상대방 없는 단독행위에 통정의 허위표시에 관한 규정을 적용할 것은 아니라고 본다.

가족법상의 행위에 대해서도 원칙적으로 제108조가 적용되지 않는다고 할 것이다. 왜냐하면, 가족법상의 행위에는 본인의 의사가 가장 중요시되기 때문이다. 그러므로 허위표시의 무효를 선의의 제3자에게도 주장할 수 있다. 반면 가족법상의 행위 중 상속법상의 행위(예컨대 상속재산 분할의 합의, 상속재산의 포기 등)에는 본조가 적용될 수 있다.

그 밖에 제108조는 공법행위에도 적용되지 않는다. 그리고 본조는 유가증권에 관한 행위, 주식인수의 청약에는 적용되지 않는다고 해석할 수 있는데, 판례는 어음행위에 제108조를 적용하고 있다.[217]

---

217 대판 1996.8.23. 96다18076; 대판 2005.4.15. 2004다70024.

Ⅳ. 착오로 인한 의사표시

1. 서설

(1) 의의

사람의 능력은 완전하지 못하기 때문에 사람의 관념이 개입되는 모든 행위 분야에서 착오는 나타날 수 있다. 착오(錯誤)란 착각으로 어떤 일을 잘못하는 것을 말하는데, 민법 제109조 제1항은 "의사표시는 법률행위의 내용의 중요 부분에 착오가 있는 때에는 취소할 수 있다."라고 하여 의사표시의 착오에 관하여 규정하고 있다.

즉 착오로 인한 의사표시란 표시로부터 추단되는 의사(표시상의 효과의사)와 진의(내심적 효과의사)가 일치하지 않는 것으로 이러한 사실을 표의자 자신이 알지 못하는 것을 의미한다.[218] 마트에서 한우를 구입한다고 생각하고 계산을 했는데, 알고 보니 옆에 진열된 수입산 소고기를 구입한 경우가 그러한 예이다.

(2) 착오의 유형

착오는 의사가 표시되는 전 과정에 거쳐서 논의될 수 있다.

1) 동기의 착오

동기의 착오는 의사 형성과정에서 착오가 발생하여 그 착오가 의사결정에 영향을 미치며, 그 결과 표의자의 의도와 실제로 행한 표시가 일치한다는 특징이 있다. 신도시개발예정지라는 잘못된 소식을 듣고 투자목적으로 그 지역 토지를 매입한 경우가 그러한 예이다. 이러한 동기의 착오가 착오에 해당하는가에 대하여 다수의 견해는 동기가 표시되고 이를 상대방이 알고 있는 경우에 한하여 민법 제109조가 적용된다고 한다. 즉 원칙적으로 동기의 착오는 착오가 아니며 예외적으로 표시된 경우에 착오로 취급된다는 것이다. 반면 소수의 견해로는 표시를 불문하고 동기의 착오도 착오라는 견해, 동기의 착오 중 중요한 사람 또는 물건의 성질에 관한 착오만이 민법 제109조가 적용된다는 견해, 동기의 착오는 고려할 필요가 없다는 견

218　이러한 의의는 다수의 견해에 따른 것으로, '동기의 착오'에 대한 입장에 따라 다른 개념 정의도 있다. 그러나 본서는 민법 제109조 제1항의 명문 규정상 본조의 적용대상은 원칙적으로 법률행위(의사표시)의 내용에 관한 착오로 이해하며, 다수의 견해에 따른다.

해 등이 있다.

판례는 다수의 견해처럼 "동기의 착오가 법률행위의 중요 부분의 착오로 되려면 표의자가 그 동기를 당해 의사표시의 내용으로 삼을 것을 상대방에게 표시하고…"라고 판시한다.[219]

2) 의미의 착오

의미의 착오란 표시행위 자체에는 착오가 없지만, 표시행위의 내용을 잘못 이해한 경우이다. 그러므로 이를 내용의 착오라고도 하는데, 착오의 가장 일반적인 모습이다. 예컨대 호주에서 호주달러(AUD)가 미국달러(USD)와 동일하다고 생각하면서 계약을 체결한 경우이다. 이러한 의미의 착오는 선택된 표시의 착오, 법률행위의 상대방이나 객체에 대한 착오, 법률효과에 대한 착오 등을 포함한다.

3) 표시상의 착오

표시상의 착오는 표의자가 자신의 진의와는 다르게 기재하거나 이야기하는 것을 말한다. 예컨대 100만 원이라고 계약서에 기재해야 하는데, 잘못하여 1,000만 원으로 기재한 경우이다. 이러한 착오도 법률행위의 착오에 해당한다.

4) 표시기관의 착오

표시기관의 착오는 의사표시를 상대방에게 직접 하는 것이 아니라 중개자를 통해서 의사표시를 하는 경우, 이러한 중개자가 표의자의 의사를 잘못 전달한 경우이다. 예컨대 비서에게 오스트리아행 항공권 예매를 부탁하였으나 오스트레일리아행 항공권을 예매한 경우이다. 이와 같은 착오는 표시상의 착오로 본다. 그리고 여기의 중개자에는 사자(使者)뿐만 아니라 우체국과 같은 공공기관도 포함된다.

2. 요건

(1) 중요 부분의 착오

착오의 의사표시가 되기 위해서는 법률행위의 내용에 착오가 존재하는 것만으로는 부족하

219　대판 1989.12.26. 88다카31507; 대판 1995.11.21. 95다5516; 대판 2000.5.12. 2000다12259 등.

고 더 나아가 법률행위 내용의 중요 부분에 착오가 존재해야 한다. 이와 관련하여 중요 부분에 관한 착오 여부를 판단하는 기준에 대해 학설의 대립이 있는데, 다수의 견해에 따르면 표의자가 그러한 착오가 없었더라면 그 의사표시를 하지 않았으리라고 생각될 정도로 중요한 것이어야 하고(주관적 요건), 보통 일반인도 표의자의 입장에 있었더라면 그러한 의사표시를 하지 않았으리라고 생각될 정도로 중요한 것이어야 한다(객관적 요건).

　판례는 일반적으로 다수의 견해처럼 주관적 요건과 객관적 요건을 모두 요구하고 있는 것으로 보인다.[220] 판례가 중요한 부분의 착오로 판시한 것으로는 채무자란이 백지로 된 근저당권설정계약서를 제시받은 근저당권설정자인 A가 채무자가 B인 것으로 알고 서명날인을 하였는데 그 후 채무자가 C로 되어 근저당권설정등기가 경료된 경우,[221] 외형적인 경계를 기준으로 D와 E 사이에 인접토지에 관한 교환계약이 이루어졌으나 그 경계가 실제와 맞지 아니하여, 결국 E가 그 소유 대지와 교환으로 제공받은 D의 대지 또한 그 대부분이 E의 소유인 것으로 판명된 경우[222] 등이 있다. 반면 부동산 매매에서 시가에 관한 착오는 부동산을 매매하려는 의사를 결정함에 동기의 착오에 불과할 뿐 법률행위의 중요 부분에 관한 착오라고 할 수 없다고 판시한다.[223]

(2) 표의자에게 중과실이 없을 것

　표의자가 의사표시에 착오가 있다는 이유로 취소하기 위해서는 중대한 과실이 없어야 한다. 따라서 표의자에게 경과실[224]만 있으면 취소권을 행사하는 데 영향을 받지 않는다. 여기서 판례는 "민법 제109조 제1항 단서에서 규정하고 있는 '중대한 과실'이라 함은 표의자의 직업, 행위의 종류, 목적 등에 비추어 보통 요구되는 주의를 현저하게 결여한 것을 말한다."라고 한다.[225] 즉 중대한 과실의 판단 기준이 되는 자는 표의자(구체적 과실)가 아닌 일반의 보통사람(추상적 과실)이다. 그리고 중과실이라는 것은 조금만 주의를 했더라면 결과를 방지했을 것인데,

---

220　대판 1985.4.23. 84다카890; 대판 1996.3.26. 93다55487; 대판 1997.8.26. 97다6063; 대판 1999. 4.23. 98다45546.

221　대판 1995.12.22. 95다37087.

222　대판 1993.9.28. 93다31634.

223　대판 1992.10.23. 92다29337.

224　경과실이란 주의를 다소(多少; 적기는 하지만 어느 정도로) 게을리한 경우이다. 우리 민법에서 추상적 경과실이 원칙이다.

225　대판 1995.12.12. 94다22453; 대판 1996.7.26. 94다25964.

이러한 주의를 현저하게 위반한 경우를 말한다.

판례에서 중대한 과실이 있는 것으로 인정한 것으로는 공장을 경영하는 자가 공장이 협소하여 새로운 공장을 설립할 목적으로 토지를 매수함에 토지상에 공장을 건축할 수 있는지 여부를 관할관청에 알아보지 아니한 경우,[226] 신용보증기금의 신용보증서를 담보로 금융채권자금을 대출해 준 금융기관이 위 대출자금이 모두 상환되지 않았음에도 착오로 신용보증기금에 신용보증서 담보설정 해지를 통지한 경우[227] 등이 있다.

반면 부동산중개업자가 다른 점포를 매매 목적물로 잘못 소개하여 매수인이 매매 목적물에 관하여 착오를 일으킨 경우,[228] 개인 소장자인 매수인이 고려청자의 구입과 관련하여 그 출처의 조회나 전문적 감정인의 감정 없이 매수하였는데, 진품이 아닌 것으로 밝혀진 경우[229] 등에서는 매수인에게 중대한 과실이 없다고 판시하였다.

유의해야 할 것은 상대방이 표의자의 착오를 알면서 이를 이용한 경우에는 표의자에게 중대한 과실이 있더라도 의사표시를 취소할 수 있다고 할 것이다.[230] 그 이유는 민법 제109조 제1항 단서의 취지가 상대방을 보호하기 위한 것인데, 이 경우까지 상대방을 보호할 필요는 없기 때문이다.

(3) 기타

착오의 의사표시와 관련된 입증책임에 대하여, 이러한 의사표시의 취소를 주장하는 측에서 착오의 존재와 그것이 법률행위 내용의 중요 부분에 관한 것임을 입증해야 한다.[231] 반면 당해 의사표시의 유효를 주장하는 측에서는 표의자에게 중과실이 있음을 입증해야 한다.[232]

---

226 대판 1993.6.29. 92다38881.
227 대판 2000.5.12. 99다64995.
228 대판 1997.11.28. 97다32772, 32789.
229 대판 1997.8.22. 96다26657.
230 대판 1955.11.10. 4288민상321.
231 대판 2008.1.17. 2007다74188.
232 대판 2005.5.12. 2005다6228.

3. 효과

착오의 의사표시에 기한 법률행위는 일단 유효하지만, 위의 요건이 갖추어지게 되면, 취소권자는 그러한 의사표시를 취소할 수 있다(§109①). 따라서 취소가 되면, 당해 법률행위는 처음부터 무효인 것으로 된다(§141 본문). 그리고 착오가 법률행위 일부에만 관계된 경우에는 그 부분만이 취소될 수 있으며, 이때 취소의 효과에 대해서는 일부 무효의 법리(§137)가 적용될 수 있다. 판례도 "하나의 법률행위 일부분에만 취소 사유가 있다고 하더라도 그 법률행위가 가분적이거나 그 목적물의 일부가 특정될 수 있다면, 나머지 부분이라도 이를 유지하려는 당사자의 가정적 의사가 인정되는 경우 그 일부만의 취소도 가능하다고 할 것이고, 그 일부의 취소는 법률행위 일부에 관하여 효력이 생긴다고 할 것이다."라고 판시한다.[233]

착오에 의한 의사표시의 취소는 선의의 제3자에게 대항하지 못한다(§109②). 여기의 "선의", "제3자", "대항하지 못한다"의 의미는 통정한 허위의 의사표시에서와 같다.

4. 적용 범위

착오의 의사표시에 관한 규정은 재산법상의 법률행위에는 일반적으로 적용이 된다. 판례에 따르면 재단법인의 설립행위인 재산출연의 경우에도 출연자가 착오에 의한 의사표시를 취소할 수 있다고 하여,[234] 상대방 없는 단독행위에도 본조는 적용이 된다고 판시한다. 가족법상의 법률행위에 제109조가 적용되는가에 대한 논의가 있지만, 다수의 견해는 가족법상의 행위에는 당사자의 의사가 절대적으로 존중되어야 한다는 점에서 본조의 적용을 반대한다.

그 밖에 화해계약은 원칙적으로 착오를 이유로 취소하지 못한다(§733).[235] 그리고 공법상의 행위나 소송행위(예컨대 소의 취하)[236]에는 제109조가 적용되지 않는다.

---

233 대판 1998.2.10. 97다44737; 대판 2002.9.4. 2002다18435.

234 대판 1999.7.9. 98다9045.

235 민법 제733조 [화해의 효력과 착오] 화해계약은 착오를 이유로 하여 취소하지 못한다. 그러나 화해당사자의 자격 또는 화해의 목적인 분쟁 이외의 사항에 착오가 있는 때에는 그러하지 아니하다.

236 대판 1964.9.15. 64다92.

5. 다른 제도와의 관계

(1) 착오와 담보책임

매도인의 담보책임이란 매매의 목적인 권리, 물건에 흠이 있는 경우에 계약의 유상성에 의해 매도인이 매수인에 대하여 부담하는 책임을 의미한다(§570~§584). 이와 같은 담보책임과 착오가 경합하는지의 여부에 관한 학설의 대립이 있다. 예를 들어 여름을 맞이하여 A는 B로부터 중고 에어컨을 1대 구매하였다. 그런데 구입 후 작동을 시켜보니 고장 난 에어컨인 경우, A는 B에게 어떤 책임을 물을 수 있을 것인지가 문제 된다. 다수의 견해는 착오보다는 담보책임을 우선 적용해야 한다고 하지만, 소수의 견해는 매수인의 보호를 위하여 양자의 경합을 인정한다. 만약 다수의 견해에 따르면 우선 A는 B에 대해 담보책임, 즉 계약의 해제 및 손해배상청구권을 행사할 수 있게 된다(§580①).

(2) 착오와 사기

하나의 사실이 착오와 사기(§110)의 요건을 모두 충족시키는 경우, 표의자는 어느 한쪽을 입증하여 그 의사표시를 취소할 수 있다고 할 것이다.

V. 사기 · 강박에 의한 의사표시

1. 의의

표의자의 의사표시가 타인의 사기나 강박과 같은 부당한 간섭을 받아 의사 형성과정에서 문제가 발생한 경우가 있는데, 이러한 의사표시를 하자(瑕疵) 있는 의사표시라고 하며, 여기에는 사기에 의한 의사표시와 강박에 의한 의사표시의 두 종류가 있다(§110). 일반적으로 사기에 의한 의사표시의 경우에는 타인의 기망행위에 따라 표의자가 표시하므로 진의(의사)와 표시는 일치한다. 즉 동기의 착오가 있는 것이다. 반면 강박에 의한 의사표시의 경우에도 진의와 표시는 일치하지만, 원칙적으로 착오가 존재하지 않는 특징이 있다.

민법 제110조를 규정하는 취지는 의사결정의 자유를 통해 사적자치를 실현하기 위한 것이다. 즉 표의자의 자유로운 의사결정에 따라 발생한 의사표시에 법적 효력을 부여하는 것이 사적자치인데, 사기나 강박은 이처럼 자유로운 의사결정을 방해하기 때문에 표의자에게 그 유효성을 결정할 수 있는 선택권을 부여하고 있다.

이하에서는 민법이 제110조에서 사기와 강박의 의사표시를 동시에 규정하고 있으므로 요건은 나누어서 설명하고 효과는 동일하므로 한 곳에서 설명하도록 한다.

2. 요건

(1) 사기(詐欺)에 의한 의사표시

1) 의의

사기에 의한 의사표시는 표의자가 타인의 고의적인 기망행위로 인하여 착오에 빠져서 행한 의사표시를 말한다. 예컨대 신경통에 아무런 효과가 없는 약을 특효약이라고 속여 판매한 경우이다.

2) 요건

(가) 기망행위자의 고의

사기에 의한 의사표시가 되기 위해서는 기망행위자의 고의가 필요한데, 여기서 고의는 2단계의 고의이다. 즉 1단계의 고의는 표의자를 기망하여 착오에 빠뜨린다는 고의이고, 2단계의 고의는 착오에 빠진 표의자에게 구체적인 의사표시를 하게 하려는 고의를 말한다.

(나) 기망행위의 존재

기망행위자는 위와 같은 고의를 가지고 기망행위를 해야 한다. 기망행위(欺罔行爲)란 표의자가 잘못된 인식을 하게 하거나 이를 강화 또는 유지하는 모든 행위를 말한다. 그러므로 침묵은 원칙적으로 기망행위가 아니지만, 설명의무가 있는 경우에는 침묵도 기망행위가 될 수 있다. 판례에 따르면, 아파트 분양자는 아파트단지 인근에 공동묘지가 조성된 사실을 수분양자에게 고지할 신의칙상의 의무를 부담한다고 한다.[237] 반면 일반적으로 교환계약의 당사자는 이해상반의 지위에 있으므로 당사자 일방이 알고 있는 정보를 상대방에게 사실대로 고지하

---

237 대판 2007.6.1. 2005다5812, 5829, 5836; 대판 2006.10.12. 2004다48515에 따르면, 아파트 분양자는 아파트단지 인근에 쓰레기 매립장이 건설 예정인 사실을 분양계약자에게 고지할 신의칙상 의무를 부담한다고 한다.

여야 할 신의칙상의 주의의무가 인정된다고 볼 수 없다고 한다.[238]

(다) 기망행위의 위법성

사기에 의한 의사표시가 성립하기 위해서는 기망행위가 위법해야 한다. 위법하다는 것은 그러한 기망행위가 거래상 요구되는 신의성실의 원칙을 위반한 것을 말한다. 그러므로 위법성의 유무는 구체적인 경우에 제반 사항을 고려하여 판단되어야 한다. 예컨대 백화점에서의 정상가격을 할인판매가격으로 표시한 변칙세일[239]과 노점상에서의 변칙세일은 다르게 평가할 수 있다. 즉 소비자의 신뢰나 기대는 전자가 높기 때문에 이러한 행위는 위법하지만, 후자의 경우에는 위법성이 부정될 수 있다.

(라) 인과관계의 존재

인과관계도 전술한 2단계의 고의에 맞춰 ① 기망행위와 표의자의 착오 사이, ② 표의자의 착오와 의사표시 사이에 인과관계가 필요하다.

(2) 강박(強迫)에 의한 의사표시

1) 의의

강박에 의한 의사표시는 표의자가 타인의 해악(害惡) 고지 때문에 공포심을 갖고서 행한 의사표시를 말한다. 매매계약서에 서명하지 않으면 죽이겠다는 협박을 받고 공포에 휩싸여 체결한 계약이 그러한 예이다.

2) 요건

(가) 강박자의 고의

사기에 의한 의사표시와 마찬가지로 2단계의 고의가 필요하다. 즉 강박행위로 표의자에게 공포심을 갖게 하려는 고의와 그 공포심에 기해 의사표시를 하게 하려는 고의가 요구된다. 물

---

238 대판 2002.9.4. 2000다54406, 54413.
239 대판 1993.8.13. 92다52665; 대판 2001.5.29. 99다55601, 55618에 따르면 상가를 분양하면서 그 운영방법 및 수익보장에 대하여 다소의 과장·허위 광고가 수반되었다 하더라도 기망행위에 해당하지 않는다고 본다.

론 강박자가 실제로 강박행위를 실현하려는 의사는 요구되지 않는다.

(나) 강박행위의 존재

강박행위 즉 해악을 가하겠다고 협박하여 공포심을 갖게 하려는 행위가 필요하다. 표의자에게 공포심을 야기하는 행위라면 충분하고 이때 강박행위의 방법이나 종류는 불문한다. 그러므로 강박행위의 대상이 표의자나 그의 친족이 될 수 있고 경우에 따라서는 강박자 자신일 수도 있다. 그리고 강박행위는 재산적인 것이나 비재산적인 것일 수도 있다. 다만 표의자가 강박행위에 의해 의사결정의 자유를 완전히 박탈당한 상태에서 이루어진 의사표시는 무효라고 할 것이다.[240]

(다) 강박행위의 위법성

강박에 의한 의사표시가 성립하기 위해서는 강박행위가 위법해야 한다. 즉 위법하다는 것은 이러한 행위를 정당한 권리의 행사라고 볼 수 없는 경우를 말한다. 유의할 것은 정당한 권리의 행사라고 하더라도 그 목적이 정당하지 않는 경우에 그러한 행위는 위법하다고 평가받을 수 있다. 판례는 "일반적으로 부정행위에 대한 고소, 고발은 그것이 부정한 이익을 목적으로 하는 것이 아닌 때에는 정당한 권리행사가 되어 위법하다고 할 수 없으나, 부정한 이익의 취득을 목적으로 하는 경우에는 위법한 강박행위가 되는 경우가 있고 목적이 정당하다 하더라도 행위나 수단 등이 부당한 때에는 위법성이 있는 경우가 있을 수 있다."라고 판시한다.[241] 정리하면 행위의 수단이나 목적 모두 위법성 판단의 대상이 된다.

(라) 인과관계의 존재

인과관계도 전술한 2단계의 고의에 맞춰 ① 강박행위와 표의자의 공포심의 유발, ② 공포심에 빠진 표의자와 의사표시 사이에 인과관계가 필요하다.[242]

---

240 대판 1974.2.26. 73다1143; 대판 1984.12.11. 84다카1402; 대판 2003.5.13. 2002다73708, 73715 등.
241 대판 1992.12.24. 92다25120; 대판 1997.3.25. 96다47951; 대판 2008.9.11. 2008다27301, 27318.
242 대판 2010.2.11. 2009다72643.

3. 효과

민법은 사기나 강박에 의한 의사표시는 취소(取消)할 수 있다고 규정한다(§110①). 그러나 상대방 있는 의사표시에 관하여 제3자가 사기나 강박을 행한 경우에는 상대방이 그 사실을 알았거나 알 수 있었을 경우에 한하여 그 의사표시를 취소할 수 있다(동조②). 예를 들어 개발제한구역 내에 있는 토지의 소유자 A가 소개인 B를 통해 C에게 위 토지를 매각하는 경우, 만약 B가 C에게 기망행위로 조만간 개발제한구역의 설정이 해제될 것임을 주장하여 이를 믿고 C가 위 토지를 매수하였다면, 그 후 C가 위 계약에서 의사표시가 사기에 의한 것으로 취소하기 위해서는 이러한 사실을 A가 알았거나 알 수 있었어야 한다는 것이다.[243]

여기서 "제3자"란 표의자와 상대방을 제외한 자로서 범위를 어디까지 볼 것인가의 문제가 있다. 생각건대, "제3자"는 상대방과의 관계를 기준으로 판단해야 한다. 만약 제3자의 행위와 상대방의 행위가 동일시될 정도라면 표의자는 언제든지 그 의사표시를 취소할 수 있지만(§110①), 제3자의 행위와 상대방의 행위가 동일시될 수 없다면 표의자는 상대방이 제3자의 그러한 행위(사기, 강박)를 알았거나 알 수 있었을 경우에만 취소할 수 있다(§110②). 판례는 "의사표시의 상대방이 아닌 자로서 기망행위를 하였으나 민법 제110조 제2항에서 정한 제3자에 해당하지 아니한다고 볼 수 있는 자란 그 의사표시에 관한 상대방의 대리인 등 상대방과 동일시할 수 있는 자만을 의미하고, 단순히 상대방의 피용자이거나 상대방이 사용자책임을 져야 할 관계에 있는 피용자에 지나지 않는 자는 상대방과 동일시할 수는 없어 이 규정에서 말하는 제3자에 해당한다."라고 판시한다.[244]

그 밖에 사기나 강박에 의한 의사표시의 취소는 선의의 제3자에게 대항하지 못한다(§110③). 여기서 "선의", "제3자", "대항하지 못한다"의 의미는 통정한 허위의 의사표시에서와 같다. 이 규정은 거래의 안전을 보호하기 위한 것으로, 제3자가 악의(惡意)라는 것은 사기나 강박에 의한 의사표시를 취소하는 측이 입증해야 한다.[245]

---

243 대판 1990.2.27. 89다카24681에서는 이러한 소개인 B의 발언 당시에 매도인 A가 그 자리에 있었다면 이러한 기망사실을 알았거나 알 수 있었다고 인정하는 것이 경험칙에 합치된다고 판시하였다.

244 대판 1998.1.23. 96다41496; 대판 1999.2.23. 98다60828, 60835.

245 대판 1970.11.24. 70다2155.

4. 적용 범위

사기, 강박에 의한 의사표시의 규정은 모든 재산법상의 법률행위에 적용된다. 그러나 당사자의 의사가 절대적인 가족법상의 법률행위에서는 본조의 적용이 없고, 혼인의 취소(§816 3호), 이혼의 취소(§838), 인지의 취소(§861), 입양의 취소(§884 3호) 등과 같은 개별규정이 적용된다.

그 밖에 전형적인 거래행위(예컨대 주식의 인수, 어음 · 수표 행위 등)나 단체적 행위(예컨대 법인의 설립행위)에는 본조의 적용이 없다. 또한, 공법상의 행위나 소송행위[246]에도 마찬가지이다.

5. 다른 제도와의 관계

(1) 하자 있는 의사표시와 담보책임

매매계약에서 사기나 강박에 의해 흠이 있는 권리나 물건을 구매한 경우, 민법 제110조에 의한 취소권과 민법 제570조 이하의 매도인 담보책임에 따른 해제권, 손해배상청구권 등이 발생하게 된다. 두 제도는 각기 다른 목적과 특징을 갖는 별개의 제도이기 때문에 매수인은 선택적으로 권리를 행사할 수 있게 된다.

(2) 하자 있는 의사표시와 불법행위 책임

사기나 강박에 의해 의사표시를 한 표의자는 민법 제750조의 불법행위 책임에 관한 요건이 구비되면 민법 제110조의 취소권과 민법 제750조의 불법행위에 기한 손해배상청구권을 선택적으로 행사할 수 있게 된다.[247]

---

246 대판 1997.10.10. 96다35484.
247 대판 1993.4.27. 92다56087에 따르면, "법률행위가 사기에 의한 것으로서 취소되는 경우에 그 법률행위가 동시에 불법행위를 구성하는 때에는 취소의 효과로 생기는 부당이득반환청구권과 불법행위로 인한 손해배상청구권은 경합하여 병존하는 것이므로, 채권자는 어느 것이라도 선택하여 행사할 수 있지만, 중첩적으로 행사할 수는 없다."라고 판시한다.

제4절 의사표시의 효력 발생

Ⅰ. 서설

일정한 법적 효과의 발생을 목적으로 하는 의사표시는 경우에 따라서 상대방에게 전달되어야 그 효력을 발생하는 경우가 있다. 상대방 없는 의사표시의 경우에는 표의자의 표시행위가 완료되면 곧바로 효력을 발생하기 때문에 특별한 문제가 없으나, 상대방 있는 의사표시의 경우에는 논의가 필요하다. 그런데 상대방 있는 의사표시의 경우에도 대화자(對話者) 사이에서는 표의자의 표시행위 완료와 동시에 상대방이 이를 인식할 수 있으므로 문제가 없으나, 격지자(隔地者) 사이에서는 표의자의 의사표시가 언제 상대방에게 전달된 것으로 볼 것인지에 대해 논의가 필요하다. 여기서 유의할 것은 격지자 사이의 의미는 공간적인 것이 아니라 시간적인 것이다. 그러므로 이탈리아 밀라노에 거주하는 매도인과 대한민국 서울에 거주하는 매수인이 전화를 이용해 의류에 관한 매매계약을 체결하는 경우에 이들은 대화자 사이가 되는 것이다.

그 밖에 민법은 의사표시의 상대방에게는 어떤 능력이 요구되는가의 문제(§112: 의사표시의 수령능력)와 의사표시의 상대방을 모르는 경우에 있어서 의사표시의 전달 방법(§113: 공시송달)에 관하여 규정을 두고 있다.

Ⅱ. 의사표시의 효력 발생 시기

1. 입법주의

격지자 사이에서 의사표시가 언제 효력을 발생하는가에 대해 다양한 입법 태도가 있다. 예를 들어 A는 B에게 금전채권을 갖고 있는데, 직접 대면해서 변제를 청구하기 어려워서 A가 편지로 B에게 변제를 청구하는 의사표시를 하는 과정을 살펴보면, ① A가 B에게 변제할 금액과 기한에 관한 내용을 편지에 쓰고(표백주의), ② A가 이를 우체통에 투입하며(발신주의), ③ A의 편지가 배달을 통해 B의 우편 수신함에 투입된다(도달주의). 그리고 ④ B는 자신의 수신함에 들어있는 A의 편지를 보고 내용을 확인한다(요지주의). 이처럼 격지자 간의 의사표시의 효력 발생 시기와 관련하여 네 가지의 입법주의가 있다.

2. 우리 민법의 태도

(1) 원칙

민법 제111조 제1항은 "상대방이 있는 의사표시는 상대방에게 도달한 때에 그 효력이 생긴다."라고 하여 도달주의를 원칙으로 하고 있다. 여기서 도달(到達)이란 다수의 견해에 의하면, 의사표시가 상대방의 지배권 내에 들어가 그 내용을 알 수 있는 상태가 생겼다고 인정되는 것을 말한다.[248] 판례는 "채권양도의 통지서가 들어있는 우편물을 채무자의 가정부가 수령한 직후 한 집에 거주하고 있는 통지인인 채권자가 그 우편물을 바로 회수해버렸다면 그 우편물의 내용이 무엇인지를 그 가정부가 알고 있었다는 등의 특별한 사정이 없었던 이상 그 채권양도의 통지는 사회 관념상 채무자가 그 통지내용을 알 수 있는 객관적 상태에 놓여 있는 것이라고 볼 수 없으므로 그 통지는 피고에게 도달되었다고 볼 수 없을 것이다."라고 판시하여 다수의 견해와 동일한 태도이다.[249]

그 밖에 상대방이 의사표시의 수령을 거절한 경우는 어떻게 볼 것인가의 문제가 있다. 예컨대 내용증명 우편물의 수취를 상대방이 거절한 경우이다. 판례는 "상대방이 정당한 사유 없이 통지의 수령을 거절한 경우에는 상대방이 그 통지의 내용을 알 수 있는 객관적 상태에 놓여 있는 때에 의사표시의 효력이 생기는 것으로 보아야 한다."라고 판시한다.[250] 생각건대, 이러한 경우 의사표시는 상대방의 지배권 내에 들어가고 그 내용을 알 수 있는 상태에 있었지만, 상대방의 자의(自意)에 의해 수령을 거부한 경우이므로 당해 의사표시는 도달되었다고 볼 것이다.

(2) 예외

민법은 도달주의를 원칙으로 하면서도 예외적으로 발신주의를 취하는 규정을 두고 있다. 예를 들어 제한능력자 상대방의 최고에 대한 제한능력자 측의 추인 여부의 확답(§15), 사원총회 소집의 통지(§71), 무권대리인 상대방의 최고에 대한 본인의 추인 여부의 확답(§131), 제3자와 채무자 사이의 계약에 의한 채무 인수에서 채권자의 승낙 여부의 확답(§455②), 격지자 사이

---

248   반면 도달이란 의사표시가 객관적으로 상대방의 영역에 진입하기만 하면 족하다는 소수의 견해가 있다.

249   대판 1983.8.23. 82다카439; 대판 2006.3.24. 2005다66411.

250   대판 2008.6.12. 2008다19973.

의 계약에서 승낙의 통지(§531) 등이 있다. 이처럼 민법이 도달주의의 예외를 인정하는 이유는 첫째, 법률관계의 신속한 확정을 요하거나 둘째, 다수의 의사표시에서 그 효력을 일률적으로 정하기 위해서이다.

3. 의사표시 도달의 효과

상대방에 대한 의사표시의 도달 여부는 표의자의 이익과 관계된다. 그러므로 의사표시가 도달했다는 사실은 표의자가 입증해야 한다. 이와 관련하여 우편을 통한 의사표시의 경우 도달이 추정되는지의 문제가 있다. 판례는 "내용증명우편이나 등기우편과는 달리, 보통우편의 방법으로 발송되었다는 사실만으로는 그 우편물이 상당 기간 내에 도달하였다고 추정할 수 없고 송달의 효력을 주장하는 측에서 증거에 의하여 도달 사실을 입증하여야 한다."라고 판시한다.[251]

의사표시는 상대방에게 도달한 때에 그 효력이 발생하므로 표의자는 의사표시가 상대방에게 도달하기 전에는 그 의사를 철회(撤回)할 수 있다. 다만 철회의 의사표시는 늦어도 먼저 발송한 의사표시와 동시에 도달해야 한다.

민법 제111조 제2항은 "의사 표시자가 그 통지를 발송한 후 사망하거나 제한능력자가 되어도 의사표시의 효력에 영향을 미치지 아니한다."라고 규정하는데, 그 이유는 표의자가 의사표시를 발송한 시점에 이미 의사표시가 성립되었기 때문이며, 이 경우 의사표시의 효력 발생은 상대방에게 도달한 시점이라고 할 것이다.

III. 의사표시의 수령능력

1. 의의

의사표시의 수령능력이란 타인의 의사표시 내용을 이해할 수 있는 능력을 말한다. 그러므로 의사표시는 이와 같은 수령능력이 있는 자에게 도달되어야 그 효력이 발생한다. 수령능력은 단독으로 유효한 법률행위를 할 수 있는 행위능력보다 낮은 정도의 정신 능력이라고 할 수

---

251 대판 2002.7.26. 2000다25002. 그러므로 대판 2007.12.27. 2007다51758에 따르면, "우편물이 등기 취급의 방법으로 발송된 경우에는 반송되는 등의 특별한 사정이 없는 한 그 무렵 수취인에게 배달되었다고 보아야 한다."라고 판시한다.

있지만, 민법 제112조 본문은 "의사표시의 상대방이 의사표시를 받은 때에 제한능력자인 경우에는 의사표시자는 그 의사표시로써 대항할 수 없다."라고 하여 행위능력과 수령능력을 동일하게 다루고 있다.

2. 수령무능력자에 대한 의사표시의 효력

(1) 원칙

표의자는 수령무능력자에게 한 의사표시의 효력 발생을 주장하지 못한다(§112 본문). 예컨대 부모의 동의를 받지 못한 미성년자와 계약을 체결한 경우, 상대방은 최고권을 행사할 때, 의사표시의 수령무능력자인 미성년자가 아닌 부모에게 최고를 해야 한다.

(2) 예외

다만, 수령무능력자의 법정대리인이 의사표시가 도달한 사실을 알게 된 후(§112 단서) 또는 수령무능력자 측에서 그러한 의사표시의 도달을 주장하면 그 의사표시는 효력을 갖게 된다. 이와 관련하여 제한능력자가 단독으로 유효한 법률행위를 할 수 있는 경우(예컨대 미성년자의 허락받은 재산의 처분행위, 피한정후견인의 법원이 정한 동의가 요구되는 행위 이외의 것, 피성년후견인의 법원이 정한 취소할 수 없는 법률행위 등)에는 당연히 의사표시의 수령능력이 있다고 할 것이다.

IV. 의사표시의 공시송달

1. 의의

의사표시는 상대방에게 도달함으로써 그 효력을 발생하는데(§111①), 표의자가 과실 없이 상대방이나 그의 주소를 알지 못하는 경우에는 곤란한 문제가 발생할 수 있다. 이에 대해 민법은 제113조에 "표의자가 과실 없이 상대방을 알지 못하거나 상대방의 소재를 알지 못하는 경우에는 의사표시는 민사소송법 공시송달의 규정에 의하여 송달할 수 있다."라고 규정하고 있다.

2. 요건

표의자가 공시송달의 방법에 따라 의사표시를 하기 위해서는 ① 상대방을 알지 못하거나 상대방의 소재를 알지 못해야 하며, ② 이에 대해 과실이 없어야 한다. 첫 번째 요건과 관련하여 예를 들면, 피상속인의 채권자가 소멸시효의 중단을 위해 청구를 하려고 하나 채무자(피상속인)의 상속인을 모르는 경우나 상대방이 부재나 실종상태인 경우이다. 그리고 과실이란 보통 일반인의 주의를 베풀었음에도 불구하고 이를 알지 못하는 것을 말한다.

3. 공시방법

공시송달의 방법은 「민사소송법」에서 구체적인 규정을 두고 있는데, 「민사소송법」 제195조는 "공시송달은 법원사무관 등이 송달할 서류를 보관하고 그 사유를 법원게시판에 게시하거나, 그 밖에 대법원규칙이 정하는 방법에 따라서 하여야 한다."라고 규정한다.

4. 의사표시의 효력 발생 시기

공시송달에 의한 의사표시의 효력에 관하여 「민사소송법」은 "첫 공시송달은 제195조의 규정에 따라 실시한 날부터 2주가 지나야 효력이 생긴다."라고 규정한다(§196① 본문).

제5절 대리(代理)

Ⅰ. 서설

1. 의의

(1) 대리의 의의

대리란 타인(대리인)이 본인의 이름으로 의사표시를 하거나 의사표시를 수령하고 이로 인하여 발생한 법률효과를 직접 본인에게 귀속시키는 제도이다. 예를 들어 A(본인)가 B(대리인)에게 본인의 주택을 적당한 가격에 매각해주기를 부탁한 경우, B가 매수인 C와 주택매매계약을 체결하지만, 이에 따른 법률효과, 즉 주택에 대한 소유권 이전 의무나 매매대금에 관한 권리는 A

에게 귀속되는 것을 말한다.

일반적으로 법률행위의 행위자에게 이로 인한 법적 효과가 귀속됨에 반해, 대리의 경우에는 법률행위의 행위자와 그 법적 효과의 귀속자가 분리된다는 특징이 있다.

(2) 종류

1) 임의대리 · 법정대리

임의대리는 본인의 의사(授權行爲)에 의해 대리권이 부여되는 대리이고, 법정대리는 법률의 규정에 따라 대리권이 부여되는 대리이다. 법정대리의 예로는 법원에 의해 선임된 부재자의 재산관리인(§22), 미성년자의 법정대리인이 되는 친권을 행사하는 부 또는 모(§911), 공동상속재산에 대해 법원이 선임하는 상속재산관리인(§1040) 등이 있다. 양자의 구별실익은 복임권의 제한(§120, §122)과 대리권의 범위 및 대리권 소멸 사유 등에서 차이점을 보인다.

2) 능동대리 · 수동대리

대리인이 본인을 위하여 적극적으로 상대방에게 의사표시를 하는 대리가 능동대리이고(§114①), 소극적으로 상대방의 의사표시를 수령하는 대리가 수동대리이다(동조②).

3) 유권대리 · 무권대리

대리인에게 본인으로부터 수여받은 정상적인 대리권이 있는 대리가 유권대리(有權代理)이고, 이러한 대리권이 없는 대리가 무권대리(無權代理)이다. 무권대리는 협의의 무권대리와 표현대리로 나뉘는데, 이에 대해서는 후술한다.

(3) 구별개념

1) 간접대리(間接代理)

간접대리는 타인의 계산으로 그러나 자기의 이름으로 법률행위를 하고 우선 그에 대한 법률효과가 행위자 자신에게 생기지만, 나중에 그가 취득한 권리를 타인에게 이전하는 것을 말한다. 대표적인 것이 위탁매매업(「상법」§101)이다. 예컨대 자동차 X의 소유자 A는 자동차매매업자 B에게 X에 대한 매매를 부탁하였는데, 이에 B가 매수인 C와 매매계약을 체결하고 받은 대금을 나중에 A에게 주는 경우, B는 간접대리인이 된다.

2) 사자(使者)

사자란 본인이 결정한 효과의사를 상대방에게 표시하거나(표시기관) 그대로 전달하는 자(전달기관)를 말한다. 대리의 경우 효과의사는 대리인이 결정하지만, 사자의 경우 효과의사는 본인이 결정한다는 차이점이 있다. 또한, 대리인은 사실행위를 할 수 없지만 사자는 가능하다.

3) 대표

법인(法人)은 이사와 같은 대표기관의 행위로 직접 권리·의무를 취득한다는 점에서 대리와 유사하지만, 대리인과 본인은 별개의 독립된 법인격인 반면 대표기관은 법인과 독립된 지위를 갖지 않는다는 차이점이 있다. 또한, 대리와 다르게 대표는 법률행위 이외에 사실행위, 불법행위도 할 수 있다. 하지만 민법에는 대표에 관한 규정이 없으므로 대리에 관한 규정을 준용하고 있다(§59②).

2. 연혁

대리제도는 근대 이후에 등장하였다. 로마법에서는 법률행위의 형식성(예컨대 장악행위)에 의해 법률행위의 효과는 그 당사자에게만 귀속되었으며, 당시 권리능력은 가장(家長)에게만 인정되었던 결과로 가족 구성원들의 법률행위로 인한 효과는 신분의 예속 관계에 따라 당연히 가장에게 귀속되었으므로 대리가 발달할 수 없었다. 대리제도는 17세기경부터 독일에서 '제3자를 위한 계약이론'이 발전·확장되면서 독립된 제도로 인정되기 시작하였고 이에 영향을 받아 각국의 민법전이 대리제도를 입법하였다.

3. 사회적 기능

(1) 사적자치의 확장

사적자치(私的自治)는 자신의 결정에 따라 자유롭게 법률관계를 형성하고 이에 따른 법률효과를 발생시키는 것을 목적으로 하는데, 현대사회에서 법률관계의 전문화, 복잡화, 기술화 그리고 시간적·공간적 제약으로 본인이 자신의 모든 법률관계를 직접 형성하는 것이 불가능하게 되었다. 이런 관점에서 볼 때, 대리제도는 본인이 대리인을 통하여 법률관계를 형성하고 자신의 영역을 넓힌다는 측면에서 사적자치의 확장이라고 할 수 있다. 이는 주로 임의대리(任意代理)의 기능이며 대리의 본질적 기능이다.

(2) 사적자치의 보충

대리제도는 민법의 제한능력제도와 관련하여 개인의 부족한 능력을 보충해 주는 역할을 한다. 본래 사적자치라는 것은 상대방과 동등한 능력을 바탕으로 자신의 법률관계를 스스로 형성하는 것이므로, 만약 능력이 부족한 자가 있으면 그 부족함을 누군가가 보충해 주는 것이 필요하다. 이는 주로 법정대리(法定代理)의 기능이며 대리의 부차적 기능이라고 할 수 있다.

4. 대리의 3면 관계

대리제도는 ① 본인과 대리인의 관계(대리권), ② 대리인과 상대방의 관계(대리행위), ③ 상대방과 본인의 관계(대리효과)의 세 가지 측면에서 고찰할 수 있다.

5. 대리의 본질(本質)

대리에 있어서는 대리인이 대리행위(법률행위)를 하게 되는데, 어떻게 해서 대리효과가 대리인이 아닌 본인에게 귀속하는가에 대한 학설의 대립이 바로 대리의 본질론이다.

이에 대해 학설은 ① 본인과 상대방을 본래의 행위 당사자로 보고 대리인은 본인의 기관에 지나지 않는다는 본인행위설, ② 대리인이 행위의 당사자이지만 그 대리효과는 법률의 규정에 따라 본인에게 귀속된다는 대리인행위설, ③ 본인과 대리인의 공동행위로부터 그 법률효과가 발생한다는 공동행위설, ④ 본인의 수권행위와 대리인의 대리의사 양자가 적법한 대리를 위한 통합요건이 된다는 통합요건설 등으로 나뉜다.

생각건대, 대리에 있어서 법률행위를 하는 자는 분명히 대리인이다. 하지만 임의대리의 경우에는 본인의 수권행위에 의해, 법정대리의 경우에는 법률의 규정에 따라 본인에게 대리효과가 발생한다고 할 것이다.

6. 대리가 인정되는 범위

(1) 법률행위(法律行爲)

대리는 법률행위에 관한 제도로 본래 법률행위에만 인정된다. 그러나 친족법상의 행위나 상속법상의 행위처럼, 본인 스스로의 의사결정이 절대적으로 중요한 법률행위에는 대리가 허용되지 않는다(예컨대 혼인, 이혼, 인지, 유언 등). 이를 '대리에 친하지 않는 행위'라고 한다. 다만 가족법상의 행위 중 재산 행위로서의 성질도 갖는 행위에 대해서는 대리가 허용된다(예컨대 부양청구권).

(2) 준법률행위(準法律行爲)

본래 준법률행위는 성질상 대리가 인정되지 않으나 감정의 표시(예컨대 사후용서)를 제외한 의사의 통지(예컨대 최고)와 관념의 통지(예컨대 소집통지, 채권양도의 통지)에는 법률행위에 관한 규정이 유추되므로 이에 대해서는 대리도 가능하다.

(3) 사실행위(事實行爲)

대리제도는 대리인의 의사표시가 있고 그 의사표시에 따른 효과가 본인에게 직접 귀속되므로, 단지 행위자의 일정한 행위에 대해 법정(法定)된 일정한 효과를 부여하는 사실행위(예컨대 무주물 선점)에서는 대리가 인정되지 않는다.

(4) 불법행위(不法行爲)

불법행위는 위법행위로서 어떠한 경우에도 대리가 허용되지 않는다.

II. 대리권

1. 의의

대리권이란 대리인이 본인의 이름으로 의사표시를 하거나 이를 수령하여 법률행위의 효과를 본인에게 귀속시킬 수 있는 법률상의 지위·자격을 말한다. 그러므로 대리권은 권리가 아니라 일종의 권한이다.

2. 대리권의 발생원인

(1) 법정대리권

법정대리권이 발생하는 유형에는 ① 본인에 대해 일정한 지위에 있는 자가 당연히 대리인이 되는 경우로 일상가사대리권을 갖는 부부(§827), 친권자(§911) 등이 그 예이고, ② 일정한 자의 지정으로 대리인이 되는 경우로 유언에 의한 미성년후견인(§931), 유언자가 지정한 유언집행자(§1093) 등이 있다. 그리고 ③ 법원의 선임으로 대리인이 되는 경우로 부재자의 재산관리인(§22), 상속재산관리인(§1023, §1040) 등이 있다.

(2) 임의대리권

임의대리권은 본인의 수권행위(授權行爲)에 의해 발생한다. 이러한 수권행위의 방식에는 제한이 없으며 보통 위임장을 교부하는 것이 일반적이나 반드시 서면에 의할 필요는 없고 구두나 묵시적인 수권도 가능하다.

수권행위와 관련하여 ① 수권행위의 독자성(獨自性) 여부, ② 수권행위의 법적 성질, ③ 수권행위의 유인성(有因性) 여부가 논의되고 있는데, 차례로 살펴본다.

첫째, 수권행위의 독자성과 관련하여 수권행위는 본인과 대리인 사이의 기초적 내부관계를 발생시키는 행위와는 별개 행위인가의 문제이다. 다수의 견해에 따르면 수권행위는 내부관계의 발생행위로부터 독립되어 있다고 하며, 판례의 태도도 동일하다.[252]

생각건대, 개념상 수권행위와 본인과 대리인 사이의 내부관계 발생행위는 분리되어 이해될 수 있다. 예를 들어 A가 B에게 자신의 일정 재산에 대한 관리를 위임하였는데, 그 후 A가 특정 부동산 X의 매매에 대한 대리권을 B에게 부여한 경우, A와 B 사이의 내부관계 발생행위(위임)와 X에 대한 매매의 권한 부여행위는 구별된다.

민법 제128조는 "법률행위에 의하여 수여된 대리권은 전조의 경우 외에 그 원인 된 법률관계의 종료에 의하여 소멸한다. 법률관계의 종료 전에 본인이 수권행위를 철회한 경우에도 같다."라고 규정하여 양자를 구별하는 입장을 취하고 있다. 그렇지만 유의할 점은 수권행위의 독자성이 인정된다고 하여 수권행위와 내부관계의 발생행위가 항상 분리되어 이루어진다는

---

252   대판 1962.5.24. 4294민상251, 252.

의미는 아니고 동시에 이루어질 수도 있다는 점이다.

둘째, 수권행위가 계약(契約)인지 아니면 단독행위(單獨行爲)인지에 관한 법적 성질의 문제가 있다. 다수의 견해에 따르면 수권행위는 대리인이 될 자의 승낙이 필요하지 않은 본인의 단독행위라고 본다. 그 이유로는 우선, 수권행위를 계약으로 보면 대리인 측의 의사표시 흠결 등에 의해 수권행위가 실효되어 거래의 안전을 해할 우려가 있고, 다음으로 대리에 관한 민법의 규정(§117, §128)이 이를 단독행위임을 전제로 하고 있기 때문이다.

셋째, 수권행위가 내부관계의 발생행위와는 별개의 행위라고 한다면, 수권행위는 내부관계의 발생행위가 무효, 취소, 기타의 이유에 의해 실효되었을 때 영향을 받는가의 문제가 있다. 이에 관해 유인설(有因說)과 무인설(無因說)이 대립하고 있다.

생각건대, 통상 수권행위는 본인과 대리인 사이의 기초적 내부관계에 기반을 두고 있는데,[253] 기초적 내부관계가 소멸하면 이에 따라 당연히 수권행위도 효력을 잃는다고 해석하는 것이 당사자의 의사에 부합한다고 할 것이다.

3. 대리권의 범위

(1) 법정대리권의 범위

법정대리권의 범위는 개별적인 법률 규정의 해석에 따라 결정된다(예컨대 §25, §913, §941, §1040②, §1047②, §1053② 등). 그러므로 당사자가 법률의 규정과 다르게 대리권의 범위를 확장 또는 축소하는 것은 무효이다.

(2) 임의대리권의 범위

임의대리권의 범위는 본인과 대리인 사이의 수권행위 해석으로 결정된다. 이러한 수권에는 본인이 대리인에게 제한 없이 관련된 모든 행위를 할 수 있도록 허용하는 경우(포괄 수권)와 일정한 사항에 한정되는 행위만을 할 수 있도록 허용하는 경우(특정 수권)가 있다. 그런데 임의대리권의 범위는 본인뿐만 아니라 상대방 및 제3자에게도 미치는 영향이 크기 때문에 그 범위의 결정은 중요한 문제가 된다.

---

253 이러한 기초적 내부관계는 고용(§655), 도급(§664), 위임(§680), 조합계약(§703) 등으로부터 발생한다.

판례는 대리권의 범위와 관련하여 다음과 같은 판시를 하고 있다. "수권행위의 통상의 내용으로서의 임의대리권은 그 권한에 부수하여 필요한 한도에서 상대방의 의사표시를 수령하는 이른바 수령대리권을 포함하는 것으로 보아야 한다."라고 하며,[254] "부동산의 소유자를 대리하여 매매계약을 체결할 권한이 있는 대리인은 특별한 사정이 없는 한 그 잔대금도 수령할 권한이 있다."라고 판시한다.[255] 반면 "대여금의 영수권한만을 위임받은 대리인이 그 대여금 채무의 일부를 면제하기 위하여는 본인의 특별수권이 필요하다."라고 한다.[256]

(3) 민법의 보충규정

대리권의 범위에 대한 해석에도 불구하고 그 범위가 명확하지 않을 경우를 대비하여 민법은 제118조에 보충규정을 두고 있다. 이 규정에 따르면 대리권의 범위가 불명확할 경우 대리인은 보존행위, 이용행위, 개량행위와 같은 관리행위만 가능하고 처분행위는 하지 못한다.

1) 보존행위(제1호)

재산의 현상을 유지하는 행위로 가옥의 수선, 소멸시효의 중단, 미등기 부동산의 등기 등이 여기에 해당한다. 대리인은 이러한 보존행위를 다음에 설명하는 이용행위, 개량행위와 다르게 무제한으로 할 수 있다.

2) 이용행위 · 개량행위(제2호)

이용행위는 재산의 수익을 꾀하는 행위로 물건의 임대, 금전의 이자부 대여 등이 이에 해당하며, 개량행위는 물건이나 권리의 사용가치나 교환가치를 증가시키는 행위로 무이자부 채권을 이자부 채권으로 변경하는 것 등이 이에 해당한다. 다만 이러한 이용행위나 개량행위는 대리의 목적인 물건이나 권리의 성질을 변하게 하지 않는 범위에서만 가능하다. 그러므로 예금을 주식으로 바꾼다거나 예금을 개인에게 빌려주는 행위 등은 본인에게 이익이 될지라도 허용되지 않는다.

---

254 대판 1994.2.8. 93다39379.
255 대판 1991.1.29. 90다9247; 대판 1992.4.14. 91다43107; 대판 1994.2.8. 93다39379.
256 대판 1981.6.23. 80다3221.

4. 대리권의 제한

(1) 자기계약(自己契約)·쌍방대리(雙方代理)의 금지

1) 자기계약·쌍방대리의 의의

자기계약이란 대리인이 한편으로는 본인을 대리하고 다른 한편으로는 대리인 자신이 상대방으로서 계약을 맺는 것을 말한다. 예컨대 A가 대리인 B에게 자신의 자전거 X의 매각과 관련된 대리권을 수여했는데, 대리인 B가 그 매매의 상대방이 되어 결국 A와 B 사이에 매매계약이 체결된 경우이다.

쌍방대리란 대리인이 한편으로는 본인을 대리하고 다른 한편으로는 상대방을 대리하여 계약을 맺는 것을 말한다. 예를 들어 A로부터 자전거 매각에 대한 수권을 받고 C로부터 자전거 매입에 대한 수권을 받은 대리인 B가 혼자서 A와 C 사이의 계약을 체결하는 것이다.

민법은 이와 같은 자기계약과 쌍방대리를 금지하고 있다(§124). 그 이유는 자기계약의 경우에는 대리인이 본인에게 손해를 가하기 쉽고, 쌍방대리에서는 본인이나 상대방 중 어느 한쪽의 이익을 해칠 염려가 있기 때문이다.[257]

2) 예외

민법이 자기계약과 쌍방대리를 금지하는 이유는 본인의 이익을 보호하기 위해서이므로 본인에게 손해를 가할 우려가 없는 경우에는 허용된다고 할 것이다. 이와 관련하여 민법 제124조는 자기계약과 쌍방대리를 금지하는 원칙에 대한 예외를 규정하고 있는데 첫째, 본인이 미리 자기계약·쌍방대리를 허락한 경우(§124 본문) 둘째, 채무이행의 경우에 자기계약·쌍방대리는 가능하다(동조 단서). 첫 번째의 경우는 본인의 허락이 있으므로 당연하며, 두 번째의 경우 채무의 이행은 이미 성립하고 있는 이해관계를 처리하는 것에 불과하기 때문에 자기계약과 쌍방대리는 가능하다고 할 것이다. 예컨대 1인의 법무사가 부동산 매매에서 매도인과 매수인 양측의 대리인이 되어 소유권이전등기를 신청하는 경우이다. 그러나 비록 채무의 이행일지라도 본인의 이익을 해할 수 있는 대물변제(代物辨濟), 기한이 도래하지 않은 채무, 다툼이 있는 채무 등에 대하여 자기계약과 쌍방대리는 허용되지 않는다.

---

[257] 대결 2004.2.13. 2003마44에 따르면, "부동산 입찰절차에서 동일물건에 관하여 이해관계가 다른 2인 이상의 대리인이 된 경우에는 그 대리인이 한 입찰은 무효이다."라고 판시한다.

3) 위반의 효과

민법 제124조의 금지에 위반한 행위는 확정적 무효가 아니라 무권대리행위가 된다. 따라서 이러한 행위는 본인에게 효력이 발생하지 않지만, 추후 본인이 이를 추인(追認)하면 완전히 유효하게 된다(§130).

4) 적용 범위

민법 제124조는 법정대리·임의대리 모두에 적용된다. 그러나 법정대리의 경우에는 본인과 대리인의 이익이 상반되는 경우에 대리권의 제한을 명시한 특별규정이 많다(예컨대 §64, §921, §951 등).

(2) 공동대리

1) 의의

공동대리란 여러 명의 대리인이 있는 경우에 그 대리인들이 함께 대리하는 것을 말한다. 그러므로 복수의 대리인 중 1인이라도 참여하지 않으면 그 대리행위는 효력을 발생하지 못하거나 흠이 생기게 된다. 따라서 공동대리도 각각의 대리인의 측면에서 보면 대리권의 제한이 된다.

복수의 대리인이 있는 경우에 공동대리인지 단독대리인지는 법률의 규정이나 수권행위에서 정해지나 이러한 정함이 없는 경우에는 각자대리가 원칙이다(§119).

2) 적용 범위

공동대리에서 대리는 능동대리를 의미하는지 아니면 수동대리도 포함하는지의 문제가 있다. 민법에 규정이 없는 관계로 학설은 나뉘는데, 다수의 견해는 공동대리의 제한이 있는 경우에도 수동대리는 각 대리인이 단독으로 할 수 있다고 해석한다.

3) '공동'의 의미

공동대리에서 '공동'의 의미를 두고, 대리인 모두가 공동으로 의사결정을 해야 하는지 아니면 표시행위까지 공동으로 해야 하는지의 문제가 있다. 다수의 견해는 공동대리인의 의사

합치가 있으면 대리행위가 일부의 대리인에 의해 이루어져도 무방하다고 해석한다.

4) 위반의 효과

공동대리의 제한에 위반하여 수인의 대리인 중 1인이 대리행위를 한 경우의 효과에 대해 다수의 견해는 권한을 넘은 무권대리행위가 된다고 한다. 따라서 대리의 효과는 원칙적으로 발생하지 않지만 제126조의 표현대리가 성립할 수 있다.

5. 대리권의 남용

(1) 의의

대리권의 남용이란 대리인이 대리권의 범위 내에서 대리행위를 하였으나 이러한 행위가 오로지 대리인 자신이나 제3자의 이익을 꾀하기 위해서 이루어진 경우를 말한다. 예를 들어 A가 대리인 B에게 금전을 차용할 권한을 부여하였으나 B가 C로부터 빌린 금전을 개인용도로 사용한 경우, 본인 A가 금전채무를 부담하는가이다. 대리이론에 따르면 이 경우, B의 대리행위는 대리권의 범위 내의 행위이므로 그 채무는 A가 부담한다고 할 것이지만, 만약 C가 그러한 배임행위를 알았거나(악의) 알 수 있었을 경우(과실)에도 본인인 A에게 책임을 인정할 것인가에 대해서는 논의의 여지가 있다. 이에 대해 학설과 판례는 이러한 경우까지 상대방을 보호할 수 없다는 입장을 취하고 있는데, 이에 대한 근거는 각기 다르다.

(2) 학설

1) 제107조 제1항 단서 유추 적용설

대리인이 본인의 이익이 아닌 대리인 자신의 이익을 위해서 행한 대리행위도 원칙적으로 유효하지만, 대리인의 이러한 배임적 의사를 상대방이 알았거나 알 수 있었을 때는 비진의표시에 관한 제107조 제1항 단서[258]의 취지를 유추 적용하여 대리행위의 효력을 부인하는 견해이다.

---

258 제107조 [진의 아닌 의사표시] ① 의사표시는 표의자가 진의 아님을 알고 한 것이라도 그 효력이 있다. 그러나 상대방이 표의자의 진의 아님을 알았거나 이를 알 수 있었을 경우에는 무효로 한다.

2) 권리남용설

대리인의 권한 남용으로 인한 대리행위도 원칙적으로 유효하지만, 상대방에게 악의·중과실 등이 있는 경우, 이러한 상대방의 권리행사는 신의칙 위반 내지 권리남용(§2)에 해당하여 대리행위의 효과는 본인에게 발생하지 않는다는 견해이다.

3) 무권대리설

대리인의 권한 남용으로 인한 대리행위에 있어 상대방이 대리인의 배임행위를 알았거나 정당한 이유 없이 알지 못한 때에는 대리권이 부정되고, 이러한 대리행위는 무권대리가 된다는 견해이다.

(3) 판례

판례는 대리권 또는 대표권의 남용에 관하여 대부분 제107조 제1항 단서 유추 적용설의 입장이나[259] 일부 판결에서는 권리남용설을 취하고 있다.[260] 이러한 판례 중 전자의 입장에 있는 것을 살펴보면, "금융기관의 임직원이 예금 명목으로 돈을 교부받을 때의 진의가 예금주와 예금계약을 맺으려는 것이 아니라 그 돈을 사적인 용도로 사용하거나 비정상적인 방법으로 운용하는 데 있었던 경우에 예금주가 그 임직원의 예금에 관한 비진의 내지 배임적 의사를 알았거나 알 수 있었다면 금융기관은 그러한 예금에 대하여 예금계약에 기한 반환책임을 지지 아니한다."라고 판시한다.[261]

6. 대리권의 소멸

(1) 임의대리·법정대리의 공통된 소멸 사유

1) 본인의 사망

본인이 사망하면 대리권이 소멸하는데(§127 제1호), 법정대리의 경우에는 더 이상 대리의 필

---

259 대리권 남용에 관한 판례로는 대판 1987.7.7. 86다카1004; 대판 1987.11.10. 86다카371; 대판 2007.4.12. 2004다51542. 대표권 남용에 관한 판례로는 대판 1988.8.9. 86다카1858; 대판 1997.8.29. 97다18059; 대판 2004.3.26. 2003다34045.

260 대판 1987.10.13. 86다카1522; 대판 1990.3.13. 89다카24360.

261 대판 2007.4.12. 2004다51542.

요성이 없기 때문이고, 임의대리의 경우에는 신임에 기초한 본인과 대리인의 관계가 유지될 수 없거나 상속인에게 그러한 관계를 강요할 수 없기 때문이다. 다만 예외로서 임의대리에서 내부관계의 발생행위가 본인의 사망에도 불구하고 존속하는 경우에 대리권도 그 범위 내에서 존속한다(예컨대 위임종료 시의 긴급처리[262]).

2) 대리인의 사망

대리인이 사망하면 대리권이 소멸한다(§127 제2호). 그러므로 대리권은 대리인의 상속인에게 상속되지 않는 것이 원칙이다. 그러나 본인의 사망에서와 마찬가지로 대리인의 사망 후에도 기초적 내부관계가 계속되는 경우에는 대리인의 상속인에게 대리권이 존속한다고 할 것이다(§691).

3) 대리인의 성년후견 개시 또는 파산

대리인은 행위능력자임을 요구하지 않으므로(§117), 피성년후견인도 대리인이 될 수 있다. 그러나 대리인이 된 후 성년후견이 개시되거나 파산선고를 받으면 대리권의 발생 기초가 되는 본인과 대리인 사이의 신임관계에 영향을 미치게 되므로 대리권은 소멸하게 된다(§127 제2호).

(2) 임의대리의 특유한 소멸 사유

1) 원인 된 법률관계의 종료

민법 제128조 전단은 "법률행위에 의하여 수여된 대리권은 전조의 경우 외에 그 원인 된 법률관계의 종료로 소멸한다."라고 규정한다. 여기서 원인 된 법률관계란 고용, 도급, 위임, 조합 등이며 기초적 내부관계를 말한다.

2) 수권행위의 철회

민법 제128조 후단은 "법률관계의 종료 전에 본인이 수권행위를 철회한 경우에도 같다."라고 규정한다. 수권행위는 다수의 견해에 따르면 단독행위로 본인은 부여한 대리권을 언제

---

262 제691조 [위임종료 시의 긴급처리] 위임종료의 경우에 급박한 사정이 있는 때에는 수임인, 그 상속인이나 법정대리인은 위임인, 그 상속인이나 법정대리인이 위임사무를 처리할 수 있을 때까지 그 사무의 처리를 계속하여야 한다. 이 경우에는 위임의 존속과 동일한 효력이 있다.

든지 철회하여 소멸시킬 수 있다. 이때 수권행위 철회의 상대방은 대리인뿐만 아니라 상대방인 제3자라도 무방하다.

3) 관련 문제

대리인의 파산은 대리권의 소멸 사유가 되는데 본인이 파산한 경우에도 대리권은 소멸하는가의 문제가 있다. 다수의 견해는 수권행위가 위임계약과 비슷하므로 파산을 위임계약의 종료원인으로 규정하고 있는 민법 제690조[263]를 수권행위에도 적용해야 한다고 한다. 반면 소수의 견해는 민법 제128조에 의해 원인 된 법률관계가 종료되면 대리권이 소멸하므로, 특별히 본인의 파산을 대리권 소멸 사유로 볼 필요는 없다고 한다. 생각건대, 두 견해는 결론에서 차이가 없을뿐더러 대립의 실익도 없다.

(3) 법정대리의 특유한 소멸 사유

법정대리의 특유한 소멸 사유는 법정대리를 규정하고 있는 각각의 조문에 명시되어 있다. 예컨대 법원이 부재자의 재산관리인을 선임했는데 그 후 본인(부재자)이 재산관리인을 정한 경우(§22②), 친권자의 친권남용 등으로 인해 법원이 친권상실의 선고를 하는 경우(§924), 결격사유가 발생한 후견인의 경우(§937) 등이다.

III. 대리행위

1. 현명주의(顯名主義)

본인으로부터 대리권을 수여받은 대리인은 상대방과 대리행위를 하게 된다. 그런데 민법 제114조 제1항은 "대리인이 그 권한 내에서 본인을 위한 것임을 표시한 의사표시는 직접 본인에게 대하여 효력이 생긴다."라고 하여 현명주의를 선언하고 있다. 예컨대 현명이란 A의 대리인 B, C 회사의 이사 D 등과 같이 대리행위가 대리인을 위한 것이 아니라 본인을 위한 것임을 밝히는 것을 말한다. 현명은 대리행위의 효과를 본인에게 직접 귀속시키려는 의사이다.

---

[263] 제690조 [사망·파산 등과 위임의 종료] 위임은 당사자 한쪽의 사망이나 파산으로 종료된다. 수임인이 성년후견개시의 심판을 받은 경우에도 이와 같다.

그러나 본인의 이익을 위한 것일 필요는 없다.

판례에 따르면, "대리인은 대리인임을 표시하여 의사표시를 하여야 하는 것이 아니고 본인 명의로도 할 수 있다."라고 하여,[264] 대리인이 본인의 이름으로 대리행위를 하더라도 현명이 되었다고 판시한다.

현명의 방식에는 제한이 없으므로, 서면이든 구두이든 묻지 않는다.[265] 또한, 본인을 위한 것임을 밝힌다는 점에서 반드시 본인이 명백하게 표시될 필요는 없고 다만 제반 사항에 비추어 본인을 알 수 있으면 된다.

2. 현명주의에 위반한 행위

(1) 원칙

대리인이 본인을 위한 것임을 표시하지 아니한 때에는 그 의사표시는 자기를 위한 것으로 본다(§115 본문). 본조는 이러한 경우 대리인이 착오를 이유로 당해 법률행위를 취소할 수 없게 하고 또한, 거래 당사자가 변경됨으로써 상대방이 입게 되는 불측의 손해를 방지함에 목적이 있다.

(2) 예외

대리인이 본인을 위한 것임을 표시하지 않았지만, 상대방이 대리인으로서 한 것임을 알았거나 알 수 있었을 때에는 대리의 효과가 본인에게 귀속된다(§115 단서). 그리고 상법의 상행위와 관련해서는 현명주의가 적용되지 않는다(「상법」§48).

3. 타인 명의를 사용한 법률행위

(1) 서설

본래 대리는 대리인이 본인의 이름으로 상대방과 법률행위를 하고 그로부터 발생한 법률효과를 본인에게 귀속시키는 제도이다. 그런데 실제 거래 관계에서는 여러 가지 이유로 자신

---

264   대판 1963.5.9. 63다67; 대판 1987.6.23. 86다카1411.
265   대판 1946.2.1. 4278민상205.

의 이름이 아닌 타인의 이름을 사용하여 거래하는 경우가 있다. 예컨대 A가 부동산을 구입하려고 하면서 외부에 노출을 꺼려 B의 이름으로 부동산을 매입하는 경우이다. 이처럼 타인 명의로 법률행위를 했을 때, 그 법률행위의 당사자가 행위자(A)인지 아니면 명의자(B)인지가 문제 되며, 만약 명의자의 행위라고 할 경우, 대리에 관한 규정을 적용할 것인지도 문제 된다.

(2) 판례

과거 판례는 타인 명의로 전화 가입 청약을 한 경우,[266] 타인 명의로 토지를 매수한 경우[267] 등에는 명의신탁을 인정하였다. 또한, 동업자 관계에 있는 A(대리인)가 대리권의 범위 내에서 다른 동업자 B(본인)의 부동산을 담보로 마치 A가 B인 것처럼 하여 농협과 근저당권설정계약을 체결한 경우에 그 효력은 B에게 미친다고 판시한다.[268] 반면 임대차계약의 임차인이 타인인 것같이 행세하여 임대차계약을 체결하고 임대인도 임차인과 타인이 동일인으로 알았다면 위 계약의 효력은 행위자인 임차인에게 미친다고 한다.[269]

그 이후의 판례는 "타인의 이름을 임의로 사용하여 계약을 체결한 경우에는 누가 그 계약의 당사자인가를 먼저 확정하여야 할 것으로서, 행위자 또는 명의인 가운데 누구를 당사자로 할 것인지에 관하여 행위자와 상대방의 의사가 일치한 경우에는 그 일치하는 의사대로 행위자의 행위 또는 명의자의 행위로서 확정하여야 할 것이지만, 그러한 일치하는 의사를 확정할 수 없을 경우에는 계약의 성질, 내용, 체결 경위 및 계약체결을 전후한 구체적인 제반 사정을 토대로 상대방이 합리적인 인간이라면 행위자와 명의자 중 누구를 계약 당사자로 이해할 것인가에 의하여 당사자를 결정하고, 이에 터 잡아 계약의 성립 여부와 효력을 판단함이 상당하다"라고 판시하여,[270] 타인 명의의 임의사용을 법률행위의 해석문제로 파악하고 있다.

266　대판 1971.9.28. 71다1382.

267　대판 1989.11.14. 88다카19033.

268　대판 1987.6.23. 86다카1411.

269　대판 1974.6.11. 74다165.

270　대판 1995.9.29. 94다4912; 대판 2007.9.6. 2007다31990; 대판 2010.4.29. 2009다29465 등.

4. 대리행위의 하자

(1) 판단의 기준

민법 제116조 제1항은 "의사표시의 효력이 의사의 흠결, 사기, 강박 또는 어느 사정을 알았거나 과실로 알지 못한 것으로 인하여 영향을 받을 경우에 그 사실의 유무는 대리인을 표준하여 결정한다."라고 규정한다. 즉 대리에 있어서 직접 법률행위를 하는 당사자는 대리인이기 때문에 의사표시에 영향을 미치는 요건은 본인이 아닌 대리인을 기준으로 판단해야 한다.

그러나 유의할 점은 만약 대리인이 타인의 사기나 강박에 의해 의사표시를 한 경우 취소권자는 대리인이 아니라 본인이며, 대리인이 하자 있는 의사표시를 취소하기 위해서는 본인으로부터 취소권의 행사에 관한 수권을 부여받아야 한다. 이와 같은 제116조 제1항의 규정은 임의대리뿐만 아니라 법정대리에도 적용된다.

(2) 예외

민법 제116조 제2항은 "특정한 법률행위를 위임한 경우에 대리인이 본인의 지시에 좇아 그 행위를 한 때에는 본인은 자기가 안 사정 또는 과실로 인하여 알지 못한 사정에 관하여 대리인의 부지를 주장하지 못한다."라고 규정한다. 그 이유는 대리에서 법률행위를 하는 자는 대리인이지만, 그 법률효과를 받는 자는 본인으로 본인에게 악의나 과실이 있다면 본인을 보호할 필요가 없기 때문이다. 예를 들어 A가 B에게 C 소유 자동차의 매입에 관한 대리권을 부여했는데, 그 자동차의 시동 불량 증상을 A가 이미 알고 있었던 경우, 이를 이유로 C에 대해 하자담보책임(§580① 단서)을 물을 수 없다.

민법 제116조 제2항은 일단 임의대리에 적용되지만, 과연 법정대리에도 적용될 수 있을 것인가에 대한 학설의 대립이 있다. 생각건대, 본조의 규정은 민법이 특별히 보호하는 제한능력자(예컨대 미성년자)와 같은 경우 등은 제외하고 법정대리에도 제한적으로 적용될 수 있다고 할 것이다.

5. 대리인의 능력

대리인은 행위능력자임을 요하지 않는다(§117). 그 이유는 대리행위로 발생하는 대리효과는 본인에게 귀속되기 때문이며, 본인이 제한능력자를 대리인으로 정한 이상 그로 인한 불이익도 본인이 감수하는 것이 합리적이기 때문이다. 다만 대리인은 최소한 의사능력은 가지고 있어야 한다. 즉 대리인이 의사무능력자인 경우, 그 대리행위는 무효가 되어 본인에게 법적 효과가 발생할 수가 없기 때문이다.

대리인의 능력에 관한 민법 제117조가 법정대리에도 적용되는지의 문제가 있다. 이와 관련하여 특별규정(예컨대 §937의 후견인의 결격사유)이 있으면, 이에 따르면 되지만 그러한 규정이 없는 경우, 학설은 대립하고 있다. 생각건대, 법정대리의 경우에는 임의대리에 비해 대리 권한의 범위가 넓고 그만큼 이해관계자도 많을뿐더러 게다가 법정대리인은 법원에 의해 선임되는 경우가 많은데 법원이 제한능력자를 대리인으로 임명할지 의문이다. 그러므로 위와 같은 특별규정이 없더라도 법정대리에는 제117조가 적용되지 않으며, 법정대리인은 행위능력자여야 한다고 새길 것이다.

Ⅳ. 대리의 효과

대리권을 가진 대리인이 한 대리행위의 효과는 직접 본인에게 발생한다(§114). 여기서 "직접"이란 법률행위의 효과가 일단 대리인에게 발생하였다가 본인에게 이전되는 것이 아니라 곧바로 본인에게 발생한다는 의미이다. 이런 의미에서 간접대리와 다르다. 본인에게 발생하는 법률행위의 효과는 당해 법률행위와 관련된 급부의무뿐만 아니라 부수적 의무도 포함된다. 예를 들어 기계 판매자 A로부터 대리권을 수여받은 B가 매수인 C와 매매계약을 체결하면, A는 C에 대해 위 기계의 인도 의무 외에 설명의무도 부담한다.

대리인의 불법행위나 사실행위로 인하여 발생한 효과는 본인에게 발생하지 않고 대리인에게 발생한다. 왜냐하면, 대리는 원칙적으로 법률행위에 대해서만 인정되기 때문이다. 다만 대리인의 불법행위에 대해, 본인과 대리인의 내부관계에 따라 본인에게 불법행위, 즉 사용자책임(§756)이 인정될 수 있다.

Ⅴ. 복대리(復代理)

1. 의의와 법적 성질

복대리란 복대리인에 의한 대리를 의미한다. 여기서 복대리인은 대리인이 그의 권한 내에서 대리인 자신의 이름으로 선임하는 대리인이다. 그리고 대리인이 복대리인을 임명하는 행위를 복임행위라고 한다.

복대리인은 ① 대리인이 자신의 이름으로 선임한 대리인이지만, ② 대리인의 대리인이 아니라 본인의 대리인이며, ③ 대리인의 권한 내에서만 대리행위를 할 수 있다. 또한, ④ 대리인이 복대리인을 선임하더라도 자신의 대리권은 소멸하지 않는다. 즉 대리인의 대리권과 복대리인의 대리권은 병존(竝存)한다.

2. 복임권과 책임

대리인이 복대리인을 선임할 수 있는 권능을 복임권(復任權)이라고 한다. 이러한 복임권의 유무와 책임은 대리의 종류에 따라 차이를 보인다.

(1) 임의대리인

1) 복임권의 유무

임의대리인에게는 원칙적으로 복임권이 없다(§120). 그 이유는 본래 임의대리인은 본인의 신임을 받는 자이고 또한 언제든지 사임할 수 있기 때문이다. 그러나 예외적으로 본인의 승낙이 있거나 부득이한 사유가 있을 때에는 복임권이 있다(동조). 여기서 본인의 승낙은 명시적·묵시적 방법을 불문하며, 승낙 여부는 결국 수권행위의 해석에 따라 정해질 것이다.

판례에 따르면, "대리의 목적인 법률행위의 성질상 대리인 자신에 의한 처리가 필요하지 아니한 경우에는 본인이 복대리 금지의 의사를 명시하지 아니하는 한 복대리인의 선임에 관하여 묵시적인 승낙이 있는 것으로 보는 것이 타당하다."라고 판시한다.[271] 반면 "아파트 분양 업무는 그 성질상 분양 위임을 받은 수임인의 능력에 따라 그 분양사업의 성공 여부가 결정되는 사무로서, 본인의 명시적인 승낙 없이는 복대리인의 선임이 허용되지 아니하는 경우로 보아야 한다."라고 한다.[272]

임의대리인의 복임권에 관한 규정인 제120조에서 '부득이한 사유'란 본인의 소재가 불분명하여 대리인이 본인의 승낙을 받거나, 또는 사임할 수 없는 경우를 말한다.

271　대판 1996.1.26. 94다30690.
272　대판 1999.9.3. 97다56099.

2) 책임

임의대리인이 복대리인을 선임한 때에는 본인에 대하여 그 선임·감독에 관한 책임이 있다(§121①). 그러나 임의대리인이 본인의 지명에 의하여 복대리인을 선임한 경우에는 그 부적임 또는 불성실함을 알고 본인에게 대한 통지나 그 해임을 태만한 때가 아니면 책임이 없다(동조②).

(2) 법정대리인

1) 복임권의 유무

법정대리인에게는 원칙적으로 복임권이 있다(§122). 그 이유는 법정대리인은 임의대리인과 다르게 본인의 신임으로 대리인이 된 자가 아니며, 사임하기도 쉽지 않고 또한 법정대리인의 권한이 광범위하여 이를 자신만이 처리하도록 하는 것은 너무 많은 부담을 주기 때문이다.

2) 책임

법정대리인은 복대리인의 행위에 관하여 선임·감독에 과실이 있는지를 묻지 않고 모든 책임을 부담한다(§122 본문). 다만 부득이한 사유로 복대리인을 선임한 경우에는 선임·감독에 관하여만 책임을 부담한다(동조 단서).

3. 복대리인의 지위

복대리인의 대리권은 대리인의 대리권을 기초로 한 것이므로 대리인의 대리권보다 그 범위가 넓을 수 없다. 복대리인은 본인의 이름으로 대리하며 본인이나 제3자에 대하여 대리인과 동일한 권리·의무가 있다(§123②). 본래 복대리인과 본인 사이에는 아무런 내부관계가 없지만, 복대리제도의 운용 측면에서 이러한 규정을 명시하였다. 그리고 다수의 견해에 의하면 복대리인은 다시 복대리인을 선임할 수 있다고 한다.

4. 복대리권의 소멸

복대리권은 일반적인 대리권의 소멸원인(§127)에 의해 소멸하며, 대리인과 복대리인 사이의 수권관계의 소멸, 복임행위(수권행위)의 철회 등의 사유에 의해 소멸한다.

Ⅵ. 무권대리(無權代理)

1. 서설

무권대리란 대리권 없이 행한 대리행위를 말한다. 이러한 무권대리의 경우 대리의 효과는 당연히 본인에게 발생하지 않는다. 그러나 민법은 본인의 이익을 부당하게 침해하지 않으면서 대리제도의 실효성을 확보하기 위해 이처럼 대리권이 없는 경우에도 일정한 경우 본인에게 책임을 지우고 있다. 이를 본인의 일정한 책임의 유무를 기준으로 유형화하면, 첫째 본인의 책임이 전혀 없는 순수한 무권대리(협의의 무권대리)와 둘째 본인의 책임이 어느 정도 가미된 표현대리(表見代理)로 양분된다.[273]

2. 표현대리(表見代理)

(1) 의의

표현대리란 대리인에게 대리권이 없음에도 불구하고 마치 대리권이 있는 것과 같은 외관이 있는데, 그러한 외관의 발생에 본인의 일정한 책임이 있고 또한 상대방의 신뢰 보호의 필요성이 있을 때, 본인에게 대리효과를 발생시키는 것이다. 결국, 표현대리제도는 상대방 및 거래의 안전을 보호하려는 제도이다.

표현대리의 법적 성질과 관련하여, 다수의 견해는 표현대리를 무권대리로 보고 있으며, 판례도 표현대리가 성립된다고 하여 무권대리의 성질이 유권대리로 전환되는 것은 아니라고 판시한다.[274]

민법은 표현대리로 ① 대리권 수여의 표시에 의한 표현대리(§125), ② 권한을 넘은 표현대리(§126), ③ 대리권 소멸 후의 표현대리(§129)의 3가지 유형을 규정하고 있다.

---

273 무권대리의 종류에 대하여 이와는 달리 무권대리의 원칙적인 모습은 협의의 무권대리이며, 표현대리는 무권대리의 특수한 경우라고 하는 설이 있다. 본문의 견해와 다른 점은 협의의 무권대리에 관한 민법 제135조의 적용 여부에 있다. 즉 본문의 견해에 따르면 본조가 표현대리에 적용되지 않으나 다른 견해에 따르면 본조는 표현대리에도 적용된다.

274 대판(전합) 1983.12.13. 83다카1489.

(2) 대리권 수여의 표시에 의한 표현대리

1) 의의

민법 제125조 본문은 "제3자에 대하여 타인에게 대리권을 수여함을 표시한 자는 그 대리권의 범위 내에서 행한 그 타인과 그 제3자 간의 법률행위에 대하여 책임이 있다."라고 규정한다. 예를 들어 건물 X의 소유자 A가 상대방 C에게 장차 X는 자신(A)의 대리인 B를 통해 처분할 것임을 말했으나, 실제 A가 B에게 대리권을 수여하지 않았음에도 불구하고 B가 X를 C에게 매각한 경우이다. 본조의 요건을 갖추게 되면 대리권이 없는 무권대리인이 행한 법률행위의 효과가 본인에게 발생한다.

2) 요건

(가) 대리권 수여의 표시가 있을 것

본인이 제3자에 대하여 어떤 자에게 대리권을 수여하였음을 표시하여야 한다. 표시의 방법에는 제한이 없으므로 서면, 구두를 불문한다. 판례에 따르면, "본인에 의한 대리권 수여의 표시는 반드시 대리권 또는 대리인이라는 말을 사용하여야 하는 것이 아니라 사회통념상 대리권을 추단할 수 있는 직함이나 명칭 등의 사용을 승낙 또는 묵인한 경우에도 대리권 수여의 표시가 있은 것으로 볼 수가 있다."라고 판시한다.[275] 그리고 "표시"의 성질과 관련하여, 본조의 표시는 수권행위가 아니므로 의사표시가 아니고 관념의 통지라고 할 것이다.

(나) 대리권이 없을 것

대리인으로 행위하는 자에게 대리권이 없어야 한다. 만약 대리인에게 대리권이 부여되었다면, 유권대리가 되거나 민법 제126조의 표현대리가 문제 된다.

(다) 표시된 대리권의 범위 내의 대리행위일 것

대리인으로 행위 하는 자는 표시된 대리권의 범위 내의 대리행위를 해야 한다. 예컨대 본인이 제3자에게 주택의 임대에 관한 대리권의 표시를 하였는데, 표현대리인이 당해 주택을 매각한 경우에는 본조가 아닌 민법 제126조의 표현대리가 적용된다.

---

275 대판 1998.6.12. 97다53762.

(라) 대리권 수여를 통지받은 상대방과의 행위일 것

대리행위는 대리권 수여 표시를 통지받은 상대방과의 사이에서 이루어진 것이어야 한다. 본인이 특정인에게 이러한 사실을 통지한 경우에는 그 특정인이, 불특정인에게 통지한 경우(예컨대 인터넷 광고)에는 모든 제3자가 그 보호받을 상대방이 된다.

(마) 상대방의 선의 · 무과실

상대방은 표현대리인에게 대리권이 없다는 사실을 알지 못해야 하며, 그렇게 믿는데 과실이 없어야 한다(§125 단서). 상대방의 악의 · 과실에 대한 입증책임은 본인에게 있다.

3) 효과 및 적용 범위

위의 요건이 충족되면 본인은 표현대리인의 대리행위에 대하여 책임을 진다(§125 본문). 즉 대리행위로 인해 발생한 권리와 의무는 본인에게 귀속된다. 물론 표현대리의 결과 본인에게 손해가 발생한 경우에는 표현대리인에게 불법행위(§750)를 이유로 손해배상을 청구할 수 있을 것이다.

민법 제125조는 임의대리에 적용이 되는데, 과연 법정대리에도 적용이 되는가에 대해 학설의 대립이 있으며, 다수의 견해는 법정대리에는 적용이 되지 않는다고 해석한다. 생각건대, 본조의 표현대리의 특징은 대리권 수여의 표시에 있는 바, 이는 법정대리에서는 생각하기 어려우므로 다수의 견해와 입장을 같이한다.

(3) 권한을 넘은 표현대리(越權代理)

1) 의의

민법 제126조는 "대리인이 그 권한 외의 법률행위를 한 경우에 제3자가 그 권한이 있다고 믿을 만한 정당한 이유가 있는 때에는 본인은 그 행위에 대하여 책임이 있다."라고 규정한다. 예를 들어 건물 임대업자 A는 일부 건물의 임대계약 체결 및 차임수령 권한을 B에게 부여했는데, B가 이러한 대리권을 바탕으로 위 건물을 C에게 매각한 경우이다. 이러한 경우 본조의 요건을 갖추게 되면, 대리효과가 본인에게 발생하게 된다. 권한을 넘은 표현대리의 특징은 민법 제125조 및 제129조와 다르게 대리인에게 기본적인 대리권이 있다는 점이다.

2) 요건

(가) 기본대리권이 존재할 것

대리인에게 본인으로부터 부여받은 기본적인 대리권이 존재해야 한다. 만약 기본대리권이 없는 경우에는 협의의 무권대리가 된다. 예컨대 타인의 인감이나 위임장을 절취·위조하여 계약을 체결한 경우에는 기본대리권 자체가 없으므로 표현대리의 문제는 발생하지 않는다. 판례에 따르면, 건축허가와 토지분할을 위해 부동산소유권자의 권리문서와 인감증명서, 인감도장을 소지한 자가 소유권자의 대리인임을 표명하고 나선 이상 특별한 사정이 없는 한 그자가 소유권자를 대리하여 근저당권설정계약을 체결할 권한이 있다고 믿을 만한 정당한 사유가 있다고 판시한다.[276]

또한, 본조의 표현대리가 되려면, 기본대리권이 요구되나 그 대리권이 권한을 벗어난 행위와 같은 종류의 대리권이거나 비슷한 것일 필요는 없다.[277]

(나) 권한을 넘은 대리행위가 있을 것

권한 내의 대리행위를 하면 유권대리가 되며, 본조의 표현대리가 되기 위해서는 권한을 넘은 대리행위가 있어야 한다. 그리고 본조의 표현대리가 성립하기 위해서는 표현대리인과 상대방 사이에 대리행위가 있어야 한다. 그러므로 판례는 종중을 대리한 것이 아니라 자신이 임야의 소유자라고 하면서 타인으로부터 금전을 차용하고 그 임야에 대해 양도담보계약을 체결한 경우에 민법 제126조는 적용되지 않는다고 판시한다.[278]

(다) 정당한 이유가 있을 것

권한을 넘은 표현대리에 해당하기 위해서는 제3자에게 그러한 권한이 있다고 믿을 만한 '정당한 이유'가 있어야 한다. 여기서 '정당한 이유'를 어떻게 해석할 것인가와 관련하여 견해의 대립이 있다. 그 이유는 다른 표현대리 즉 제125조와 제129조에서는 선의·무과실을 요건으로 하고 있는데, 유독 제126조에서만 '정당한 이유'를 요건으로 하기 때문이다. 다수의 견

---

[276] 대판 1968.11.26. 68다999.

[277] 대판 1963.8.31. 63다326; 대판 1978.3.28. 78다282, 283.

[278] 대판 2001.1.19. 99다67598.

해는 본조의 정당한 이유도 선의 · 무과실로 이해한다. 판례도 전반적으로 다수의 견해와 동일한 태도이다.[279]

정당한 이유의 판단 시기는 대리행위 당시이며 변론종결 시까지의 모든 자료와 사정은 포함되지 않는다고 할 것이다. 판례도 이와 같은 입장이다.[280]

다음으로 정당한 이유의 입증책임은 누가 부담할 것인가의 문제가 있다. 이에 대해 입증책임은 본인에게 있다는 견해와 상대방에게 있다는 견해로 나뉜다. 판례는 "본조에 의한 표현대리 행위로 인정된다는 점의 주장 및 입증책임은 그것을 유효하다고 주장하는 자에게 있는 것이다."라고 판시하여 후자의 견해에 있다.[281] 생각건대, 제126조는 다른 표현대리와 다르게 정당한 이유라는 표현을 사용하고 있고 또한 선의 · 무과실은 조문상 독립된 요건 사실로 보기 어려우므로 입증책임은 상대방에게 있는 것으로 보인다.

3) 효과 및 적용 범위

위의 요건이 충족되면 본인은 표현대리인의 대리행위로 인한 효과를 받게 된다(§126 본문). 그리고 본조에 의해 보호되는 상대방은 표현대리 행위의 직접 상대방만을 가리키며, 전득자는 포함되지 않는다.[282]

권한을 넘은 표현대리에 관한 민법 제126조는 임의대리 외에 법정대리에도 적용되는가의 문제에 대해 견해의 대립이 있는데, 판례는 "민법 제126조 소정의 권한을 넘는 표현대리 규정은 거래의 안전을 도모하여 거래 상대방의 이익을 보호하려는 데에 그 취지가 있으므로 법정대리라고 하여 임의대리와는 달리 그 적용이 없다고 할 수 없고…"라고 하여 본조는 법정대리의 경우에도 적용 가능하다고 판시한다.[283] 생각건대, 민법 제126조 규정은 법정대리에도 적용 가능하지만, 제한능력자의 보호와 관련해서는 적용이 부정되어야 한다고 생각한다.

이와 관련하여 부부의 일상가사대리권(日常家事代理權)에 관한 문제가 있다. 민법 제827조 제

---

279   대판 1987.5.26. 86다카1821; 대판 1992.6.23. 91다14987; 대판 2009.5.28. 2008다56392 등.

280   대판 1987.7.7. 86다카2475; 대판 1997.6.27. 97다3828; 대판 2009.2.26. 2007다30331 등.

281   대판 1968.6.18. 68다694.

282   대판 1986.9.9. 84다카2310; 대판 1994.5.27. 93다21521; 대판 2002.12.10. 2001다58443.

283   대판 1997.6.27. 97다3828에 따르면, 한정치산자의 후견인이 친족회의 동의를 얻지 않고 한정치산자의 부동산을 처분한 경우, 상대방에게 친족회의 동의가 있었다고 믿은 데에 정당한 이유가 있는 때에는 본인인 한정치산자에게도 그 효력이 미친다고 한다(참고로 2011.3.7.부로 친족회는 폐지되었음).

1항은 "부부는 일상의 가사에 관하여 서로 대리권이 있다."라고 규정한다. 그런데 이러한 일상가사대리권이 민법 제126조의 기본대리권이 될 수 있는지에 관해 학설이 대립한다. 다수의 견해와 판례는 일상가사대리권을 기본대리권으로 제126조가 성립할 수 있다고 한다. 판례는 일상가사에 관하여 남편인 피고를 대리할 권한이 있는 처가 남편 몰래 남편의 인감도장, 인감증명서 등을 소지하고 그 대리인인 양 행세하여 금원을 차용하고 그 담보로 남편 소유의 부동산에 가등기를 경료하여 준 경우에 그 상대방이 위 처에게 그 남편을 대리할 권한이 있다고 믿음에 정당한 사유가 있다고 인정한다.[284] 그러나 "민법 제827조에서 말하는 '일상의 가사'라 함은 부부가 공동생활을 영위하는 데 필요한 통상의 사무를 말하는 것이어서 특별한 사정이 없는 한 부동산을 처분하는 행위는 일상의 가사에 속한다고 할 수 없고, 처가 특별한 수권 없이 남편을 대리하여 위와 같은 행위를 하였을 경우에 그것이 민법 제126조 소정의 표현대리가 되려면 처에게 일상가사대리권이 있었다는 것만이 아니라 상대방이 처에게 남편이 그 행위에 관한 대리의 권한을 주었다고 믿었음을 정당화할 만한 객관적인 사정이 있어야 한다."라고 판시한다.[285]

판례의 입장을 정리하면, 일상가사대리권은 제126조의 기본대리권이 될 수 있지만, 표현대리로서 본인(다른 배우자)에게 그 책임을 묻기 위해서는 그 대리행위가 상대방에게 일상가사 범위 내에 속한다고 믿을 만한 정당한 이유가 있어야 한다.

대리인이 수권의 범위를 넘어서 대리행위를 한 경우, 무권대리행위의 유효범위와 관련하여 그 행위가 양적으로 분할될 수 있다면 일부 무효의 법리(§137)가 적용되어 본래 대리권의 범위 내에서 그 대리행위가 유효할 수 있다.[286] 예컨대 본인이 자신의 부동산을 담보로 2,000만 원을 은행으로부터 차용할 권한을 대리인에게 수여하였는데, 대리인이 그 권한을 넘어서 1억 원을 차용한 경우라도 대리권의 범위 내인 2,000만 원의 한도 내에서는 본인에게 그 효력이 미친다고 할 것이다.

---

284 대판 1981.6.23. 80다609.

285 대판 1998.7.10. 98다18988; 대판 2009.4.23. 2008다95861.

286 대판 1987.9.8. 86다카754; 대판 1989.1.17. 87다카1698.

(4) 대리권 소멸 후의 표현대리

1) 의의

민법 제129조는 "대리권의 소멸은 선의의 제3자에게 대항하지 못한다. 그러나 제3자가 과실로 인하여 그 사실을 알지 못한 때에는 그러하지 아니하다."라고 하여 대리권 소멸 후의 표현대리에 관하여 규정하고 있다. 예를 들어 건설회사의 분양업무를 담당하는 직원이 퇴사 후 이러한 사실을 모르고 또한 과실이 없는 제3자와 분양계약을 체결한 경우이다.

2) 요건

(가) 대리권의 소멸

대리인은 이전에 대리권을 가지고 있었으나, 대리행위 당시에는 그 대리권이 소멸하고 없어야 한다. 그러므로 처음부터 대리권이 없었던 경우에는 본조의 표현대리가 성립할 수 없다.[287]

(나) 기존의 대리권의 범위 내의 대리행위

표현대리인의 대리행위는 기존 대리권의 범위 내에 속한 것이어야 한다. 만약 기존의 대리권의 범위를 넘어서 대리행위를 하면 민법 제126조와 본조가 경합하는데, 이 경우에는 제126조의 표현대리가 적용된다.[288]

(다) 상대방의 선의 · 무과실

표현대리인과 거래한 상대방은 대리행위 당시에 대리권이 소멸한 사실을 알지 못하거나 그와 같이 믿는데 과실이 없어야 한다. 그리고 본조의 "제3자"란 대리행위의 상대방만을 가리키는 것이고 그 상대방과 거래한 자를 포함하지 않는다.

상대방의 선의와 무과실의 입증책임에 관하여 학설이 대립하는데 첫째, 양자 모두 본인에게 입증책임이 있다는 설 둘째, 선의는 제3자에게 과실은 본인에게 입증책임이 있다는 설로 나뉜다. 생각건대, 표현대리는 상대방 및 거래의 안전을 위한 민법상의 제도이다. 그러므로 각각의 표현대리에서 본인 책임의 경중에 따라 이에 관한 입증책임도 분배되어야 한다. 즉 제

---

287   대판 1984.10.10. 84다카780.

288   대판 1979.3.27. 79다234; 대판 2008.1.31. 2007다74713.

125조의 경우에는 본인 측 책임이 보다 무겁고, 이에 비해 제126조는 상대방 측의 책임이 보다 무겁다. 그리고 제129조는 다른 표현대리와 비교했을 때, 중간적인 입장에 있다. 따라서 대리권 소멸 후의 표현대리에 관한 제129조에서 조문의 형태상 선의는 상대방이, 과실에 대해서는 본인이 입증책임을 부담한다고 해석할 것이다.[289]

3) 효과 및 적용 범위

이상의 요건이 갖추어지면 본인은 표현대리인의 대리행위로 인한 책임을 부담한다. 그 밖에 본조는 임의대리 이외에 법정대리에도 적용되는가에 관하여 학설의 대립이 있다. 판례는 선조로부터 상속받은 재산을 미성년인 자가 성년이 되기까지 그 재산을 관리해 오던 모친(법정대리인)이 자녀가 성년이 된 후 당해 토지를 제3자에게 매각한 경우에 제129조를 적용하여 성년이 된 자녀에게 그 효력을 인정하였다.[290] 생각건대, 본조는 법정대리에도 적용이 되는 것이 원칙이나 제한능력자의 보호가 필요한 한도에서 그 적용이 제한될 필요가 있다.

3. 협의의 무권대리

(1) 의의

무권대리(無權代理) 중에서 표현대리에 해당하지 않는 경우가 협의의 무권대리이다. 즉 대리권 없이 타인의 이름으로 의사표시를 하거나 이를 수령하는 경우로 본인에게 아무런 책임이 없어 표현대리도 성립하지 않는 경우를 말한다. 예를 들어 A로부터 어떤 대리권도 수여받지 못한 B가 A의 이름으로 C와 A 소유의 상가건물에 대한 임대차계약을 체결한 경우이다. 이러한 경우 대리인에게는 대리권 자체가 없으므로 이로 인한 대리의 효과는 본인에게 발생하지 않는다. 하지만 민법은 이러한 무권대리를 확정적 무효로 하지 않고 일정한 경우 본인에게 효과가 발생하도록 규정하여 무권대리인을 신뢰한 상대방을 보호하고 있다.

---

289   대리권 수여의 표시에 의한 표현대리(제125조)에서는 본인에게 선의·무과실에 대한 입증책임이, 권한을 넘은 표현대리(제126조)에서는 상대방에게 정당한 이유(선의·무과실)에 대한 입증책임이 있다.

290   대판 1975.1.28. 74다1199.

(2) 계약의 무권대리

계약에서 무권대리는 대리의 3면 관계에 따라 파악할 수 있다.

1) 본인과 상대방의 관계
(가) 본인의 권리
가) 추인권

협의의 무권대리에서 원칙적으로 본인은 무권대리 행위에 대하여 아무런 책임을 부담하지 않는다. 또한, 상대방도 본인에 대하여 책임을 물을 수 없다. 그러나 예외적으로 본인이 이를 추인(追認)하면 자신에게 그 대리의 효과를 발생시킬 수 있다(§130). 여기서 추인이란 일단 이루어진 불완전한 법률행위를 후에 확정하여 효력을 갖게 하는 일방적인 의사표시로서 상대방 있는 단독행위이며, 형성권의 성질을 갖는다.

추인은 의사표시로서 명시적 또는 묵시적으로 할 수도 있다. 판례에 따르면 "원고가 그 장남이 일건 서류를 위조하여 매도한 부동산을 피고에게 인도하고 10여 년간 아무런 이의를 제기하지 않았다면 원고는 무권대리인인 그 장남의 위 매매행위를 묵시적으로 추인한 것으로 볼 것이다."라고 하며,[291] 반면 "무권대리행위에 대하여 본인이 그 직후에 그것이 자기에게 효력이 없다고 이의를 제기하지 아니하고 이를 장시간에 걸쳐 방치하였다고 하여 무권대리행위를 추인하였다고 볼 수 없다."라고 판시한다.[292]

추인의 의사표시는 상대방에 대하여 함이 원칙이지만, 무권대리인에게도 할 수 있다. 그러나 무권대리인에게 추인하였으나 상대방이 추인의 사실을 알지 못한 때에는 본인은 상대방에 대하여 추인의 효과를 주장하지 못한다(§132 본문).

본인의 추인이 있으면 유동적 무효였던 무권대리행위는 계약 시로 소급하여 유권대리행위였던 것과 같은 효과가 발생한다(§133 본문). 그러나 여기에는 두 가지 예외가 있는데, 첫째는 당사자 간에 다른 의사표시가 있거나(동조 본문), 둘째는 추인의 소급효로 제3자의 이익을 해하는 경우에는 소급효가 배제된다(§133 단서).

---

291   대판 1981.4.14. 81다151.
292   대판 1990.3.27. 88다카181.

나) 추인거절권

본인이 무권대리인의 행위를 추인하는 것은 그의 자유에 맡겨져 있으며, 그대로 두어도 본인에게 대리의 효과가 발생하지 않는다. 하지만 그보다 적극적으로 추인의 의사가 없음을 표시하여 무권대리행위를 확정적 무효로 만들 수 있는데, 이를 추인거절권이라고 한다. 추인거절의 상대방과 방법은 추인과 동일하다(§132).

(나) 상대방의 권리

가) 최고권

대리권 없는 자가 타인의 대리인으로 계약을 한 경우에 상대방은 상당한 기간을 정하여 본인에게 그 추인 여부의 확답을 최고할 수 있다. 본인이 그 기간 내에 확답을 발(發)하지 아니한 때에는 추인을 거절한 것으로 본다(§131). 이러한 최고권은 상대방 자신의 선의·악의를 불문하고 행사할 수 있다.

나) 철회권

대리권 없는 자가 한 계약은 본인의 추인이 있을 때까지 상대방은 본인이나 그 대리인에 대하여 이를 철회하여 그 법률행위를 무효화시킬 수 있다(§134 본문). 그러나 이러한 철회권은 계약 당시에 무권대리인에게 대리권이 없음을 몰랐던 선의의 상대방만이 갖는다(동조 단서).

2) 상대방과 무권대리인의 관계

협의의 무권대리가 표현대리의 요건을 갖추지 못하고 또한 본인이 이를 추인하지 않거나 상대방이 철회하지 않는 경우, 민법은 무권대리인에게 상대방의 선택에 좇아 계약의 이행 또는 손해배상의 무거운 책임을 지우고 있다(§135). 이와 같은 무권대리인의 책임은 귀책사유를 요건으로 하지 않는 무과실책임이며[293] 법정책임이다.

(가) 책임 발생의 요건

가) 무권대리인의 대리행위가 있을 것

---

293   대판 1962.4.12. 4294민상1021.

나) 대리인이 대리권을 증명할 수 없을 것(§135①)

이 요건은 무권대리인이 책임을 면하려면 자기에게 당시 대리권이 있었음을 적극적으로 입증해야 한다.

다) 본인의 추인을 얻지 못할 것(§135①)

본인이 무권대리행위를 추인하면 소급하여 유권대리가 되기 때문이다(§130, §133).

라) 표현대리가 성립하지 않을 것

무권대리행위라도 표현대리가 성립하면 상대방은 무권대리인에게 책임을 물을 수 없고 본인에게만 효력을 주장할 수 있다(§125, §126, §129).

마) 상대방이 철회권을 행사하지 않을 것

상대방이 철회권을 행사하면 무권대리행위가 확정적 무효가 되기 때문이다(§134).

바) 상대방이 선의·무과실일 것

상대방이 대리권 없음을 알았거나 알 수 있었을 때에는 무권대리인에게 책임을 물을 수 없다(§135②). 이러한 선의·무과실은 상대방이 입증할 필요가 없고 무권대리인이 책임을 부담하지 않기 위해서는 상대방의 악의·과실 있음을 입증해야 한다.[294]

사) 무권대리인이 행위능력자일 것

대리인으로서 계약을 맺은 사람이 제한능력자일 때에는 책임이 없다(§135②). 이는 민법이 제한능력자를 보호하기 위해 둔 규정이다.

(나) 책임의 내용

위의 요건이 갖추어지면 무권대리인은 상대방의 선택에 따라 계약의 이행 또는 손해배상의 책임을 부담한다(§135①). 이는 선택채권으로 선택채권에 관한 규정이 적용된다(§380 이하).

---

294   대판 1962.1.11. 4294민상202; 대판 1962.4.12. 4294민상1021.

가) 계약의 이행책임

상대방이 계약의 이행책임을 선택하면, 무권대리인은 본인이 대리행위로 부담하였을 것과 같은 내용의 채무를 이행해야 한다. 물론 그러한 무권대리행위가 쌍무계약이라면 무권대리인은 상대방에게 반대급부를 청구할 수 있음은 물론이다.

나) 손해배상책임

상대방이 손해배상책임을 선택한 경우, 그 범위가 이행이익(履行利益)인지 신뢰이익(信賴利益)인지 문제가 될 수 있는데, 학설은 이행이익의 배상이라고 하는데 다툼이 없다.

제135조에서 규정하는 선택채권의 청구권의 소멸시효 기간이 일반채권처럼 10년인지(§162①), 아니면 무권대리행위가 유권대리라면 상대방이 본인에 대하여 갖는 청구권의 성질에 따라 결정되는지(10년, 3년, 1년)에 관한 문제가 있으나 학설은 후자로 보는 데 이견이 없다.

3) 무권대리인과 본인의 관계

무권대리행위에 대해 본인이 추인하지 않으면 본인과 무권대리인 사이에는 아무런 법률관계도 생기지 않는다. 그러나 본인과 무권대리인 사이에 법률의 규정에 따른 법률관계, 즉 사무관리(§734), 부당이득(§741), 불법행위(§750) 등이 성립할 수는 있다.

(3) 단독행위의 무권대리

민법은 계약의 무권대리와는 다르게 단독행위의 무권대리는 원칙적으로 무효로 하고 있으며, 예외적으로 계약의 무권대리에 관한 규정을 준용하고 있다.

1) 상대방 없는 단독행위

무권대리인이 상대방 없는 단독행위를 한 경우 그 효력은 언제나 절대무효이다. 예컨대 무권대리인이 본인의 이름으로 특정 동산에 대한 소유권 포기의 의사표시를 한 경우, 본인이 추인하더라도 그 효력이 발생하지 않는다. 왜냐하면, 본인의 추인을 인정하면 본인의 의지에 따라 법률효과가 좌우되기 때문이다.

2) 상대방 있는 단독행위

무권대리인이 상대방 있는 단독행위를 한 경우(예컨대 채무면제)에도 그 효력은 원칙적으로 무효이다. 그러나 민법은 일정한 경우 예외를 인정하고 있다. 즉 능동대리의 경우, 행위 당시에 상대방이 무권대리인의 대리권 없는 행위에 동의하거나 그 대리권을 다투지 아니한 때에 계약의 무권대리에 관한 규정을 준용한다(§136 1문). 또한, 수동대리의 경우, 상대방이 무권대리인의 동의를 얻어 행위를 한 때에만 계약의 무권대리에 관한 규정을 준용한다(동조 2문).

제6절 법률행위의 무효와 취소

I. 서설

법률행위는 성립요건과 효력요건을 갖춘 경우에 당사자의 의사표시에 따라 법률효과가 발생한다. 그런데 법률행위가 성립요건을 갖추었으나 효력요건을 갖추지 못해서 법률효과가 발생하지 않은 경우가 있는데, 이와 관련된 대표적인 것이 법률행위의 무효와 취소이다.[295]

무효나 취소의 효과로서 법률행위가 효력을 상실하게 되는데, 이는 법률행위의 불성립과는 구별해야 한다. 왜냐하면, 무효나 취소는 일단 법률행위가 성립한 다음의 문제이기 때문이다.

무효와 취소는 이하에서 설명하듯이 많은 차이점이 있음에도 불구하고 취소권이 행사되면 그 효력은 무효와 동일하게 된다는 공통점이 있다. 그러므로 어떤 경우에 법률행위를 무효로 하고 어떤 경우에 법률행위를 취소로 할 것인가는 입법정책의 문제이다. 민법은 제137조부터 제146조까지 무효와 취소에 관한 일반규정을 두고 있다.

II. 무효(無效)

1. 의의

법률행위의 무효란 법률행위가 성립한 때부터 법률상 효력이 당연히 발생하지 않는 것을

---

295 그 밖에 법률행위에서 그 효력이 발생하지 않는 경우로는 해제조건의 성취, 기한(종기)의 도래, 계약의 해제·해지(§543 이하) 등이 있다.

말한다. 그러므로 무효의 원칙적 모습은 절대적 · 확정적 무효이다.

2. 무효의 원인

민법상 무효사유로는 의사무능력자의 법률행위, 목적과 관련하여 원시적 불능, 강행규정
(효력규정) 위반행위, 반사회질서의 법률행위(§103), 불공정한 법률행위(§104), 진의 아닌 의사표
시의 예외의 경우(§107① 단서), 통정한 허위의 의사표시(§108①), 단독행위의 무권대리(§136), 불
법조건부 법률행위(§151①) 등이 있다.

3. 무효의 종류

(1) 절대적 무효 · 상대적 무효

법률행위의 당사자뿐만 아니라 제3자에게도 주장할 수 있는 무효를 절대적 무효라고 하
며, 법률행위의 당사자 사이에서만 인정되는 무효를 상대적 무효라고 한다. 원칙적인 무효의
모습은 절대적 무효이지만, 법률이 거래의 안전을 위해 상대적 무효로 규정하는 경우도 있다
(예컨대 §107②, §108②).

(2) 당연무효 · 재판상 무효

당연무효는 당해 법률행위를 무효로 하기 위해 어떤 특별한 행위나 절차를 요하지 않는 무
효이며, 재판상 무효는 소(訴)를 통한 법원의 무효선고가 필요한 무효이다(예컨대 회사설립 무효의
소「상법」§184①).

(3) 전부무효 · 일부무효

전부무효는 법률행위 전부가 무효인 경우이고 일부무효는 법률행위 일부만이 무효인 경우
이다. 민법은 제137조에서 "법률행위의 일부분이 무효인 때에는 그 전부를 무효로 한다. 그러나
그 무효 부분이 없더라도 법률행위를 하였을 것이라고 인정될 때에는 나머지 부분은 무효가 되
지 아니한다."라고 규정한다. 이를 일부 무효의 법리라고 한다. 이때 무효 부분이 없더라도 법률

행위를 하였을 것인지의 여부는 당사자의 실재(實在) 의사가 아니라 가정적 의사를 말한다.[296]

일부 무효의 법리에 관한 민법 제137조는 임의규정이며,[297] 이와 다른 개별규정이 있는 경우에는 그 규정이 우선 적용된다(예컨대 §385, §591①).

(4) 확정적 무효 · 유동적 무효

확정적 무효는 당해 법률행위가 유효로 될 가능성이 전혀 없는 무효이고, 유동적 무효는 추후 유효가 될 가능성이 남아 있는 무효이다. 원칙적인 무효의 모습은 확정적 무효이다. 유동적 무효의 예로는 협의의 무권대리의 무효(§130)가 있으며, 「부동산 거래신고 등에 관한 법률」[298]에 의한 국토교통부 장관 또는 시·도지사의 허가 없는 토지거래허가 규제지역 내의 토지의 매매계약이 있다(동법 §11). 즉 무효인 법률행위가 나중에 본인의 추인이나 관할관청의 허가를 받게 되면 소급해서 유효가 된다.

판례는 「국토이용관리법」상의 규제구역 내의 토지거래계약과 관련하여 거래계약은 관할관청의 허가를 받아야만 그 효력이 발생하고 허가를 받기 전에는 물권적 효력은 물론 채권적 효력도 발생하지 아니하여 무효이지만, 일단 허가를 받으면 그 계약은 소급하여 유효한 계약이 되고 이와 달리 불허가가 된 때에는 무효로 확정되므로 허가를 받기까지는 유동적 무효의 상태에 있다고 보는 것이 타당하다고 판시한다.[299]

4. 무효의 효과

법률행위가 성립하였더라도 무효이면 표의자의 의사표시대로 효력은 발생하지 않는다. 그러므로 무효인 법률행위에 따른 의무가 이행되지 않았으면 이행할 필요가 없고, 만약, 이행이 되었다면 이를 부당이득(§741)으로 반환을 청구할 수 있으나 경우에 따라서는 불법원인급여(§746)와 같은 제한이 있을 수 있다.

그 밖에 무효는 특정한 권리자에게만 인정되는 것은 아니고 누구라도 무효를 주장할 수 있

---

296   대판 1996.2.27. 95다38875; 대판 2010.3.25. 2009다41465.

297   대판 2004.6.11. 2003다1601; 대판 2007.6.28. 2006다38161, 38178; 대판 2010.7.22. 2010다23425.

298   「국토의 계획 및 이용에 관한 법률」의 토지거래허가에 관한 규정은 부동산거래 관련 인허가 제도의 근거 법률의 일원화를 위해 폐지되고 「부동산 거래신고에 관한 법률」에 신설되었다(2016.1.19. 제정, 2017.1.20. 시행).

299   대판(전합) 1991.12.24. 90다12243; 대판(전합) 1999.6.17. 98다40459.

다. 이러한 점에서 무효는 취소와 차이를 보인다.

5. 무효행위의 전환(轉換)

(1) 의의

무효인 법률행위가 다른 법률행위의 요건을 구비하고 당사자가 그 무효를 알았더라면 다른 법률행위를 하였을 것이라고 인정될 때에는 다른 법률행위로서 효력을 가지는데, 이를 무효행위의 전환이라고 한다(§138). 예컨대 대기업 A에 물품을 공급한 중소기업 B는 매매대금으로 A가 발행한 약속어음을 지급받았는데, 이 약속어음에 흠이 있는 경우 약속어음은 무효가 되지만,[300] 당사자의 가정적 의사로부터 당해 매매대금채무를 소비대차로 전환하는 것으로 인정할 수 있는 경우이다.[301]

무효행위의 전환에 관한 본조는 임의규정이며, 민법은 위와 같은 내용을 개별규정에서 명시하고 있는 경우도 있다(예컨대 §530, §534, §1071 등).

(2) 요건

1) 무효인 법률행위의 존재

성립된 법률행위가 무효이어야 한다. 법률행위가 단독행위인 경우에도 전환 가능한가에 대하여 학설의 대립이 있지만, 이를 인정하여도 무방하다고 생각한다(예컨대 §1071[302]).

2) 다른 법률행위의 요건 구비

당사자 사이에 별도의 행위가 없었음에도 불구하고 다른 법률행위에 관한 요건이 갖추어져 있어야 한다. 그러므로 효과의 면에서 무효인 법률행위는 다른 법률행위를 포함할 수 있어야 한다.

---

300 「어음법」 제75조 [어음의 요건] 약속어음에는 다음 각 호의 사항을 적어야 한다. 1. 증권의 본문 중에 그 증권을 작성할 때 사용하는 국어로 약속어음임을 표시하는 글자 2. 조건 없이 일정한 금액을 지급할 것을 약속하는 뜻 3. 만기 4. 지급지 5. 지급받을 자 또는 지급받을 자를 지시할 자의 명칭 6. 발행일과 발행지 7. 발행인의 기명날인 또는 서명.

301 제605조 [준소비대차] 당사자 쌍방이 소비대차에 의하지 아니하고 금전 기타의 대체물을 지급할 의무가 있는 경우에 당사자가 그 목적물을 소비대차의 목적으로 할 것을 약정한 때에는 소비대차의 효력이 생긴다.

302 제1071조 [비밀증서에 의한 유언의 전환] 비밀증서에 의한 유언이 그 방식에 흠결이 있는 경우에 그 증서가 자필증서의 방식에 적합한 때에는 자필증서에 의한 유언으로 본다.

법률행위의 방식과 관련하여, 전환행위(다른 법률행위)가 불요식행위인 경우에는 문제가 되지 않으나 전환행위가 요식행위(要式行爲)인 경우에는 논의의 여지가 있다. 이러한 경우에는 요식성을 요구하는 입법 취지에 따라 판단해야 할 것이다. 판례에 따르면, 혼인외 출생자를 혼인 중의 친생자로 신고한 때에는 인지로서의 효력이 있다고 판시하고,[303] 입양의 의사로 친생자 출생신고를 하고 거기에 입양의 실질적 요건이 모두 구비된 경우에는 입양의 효력을 인정하고 있다.[304]

3) 전환 의사

당사자가 본래의 법률행위가 무효임을 알았다면 다른 법률행위를 하였을 것이라고 인정되어야 한다. 일반적으로 전환의 의사는 가정적 의사로 해석한다.

6. 무효행위의 추인(追認)

(1) 의의

무효행위의 추인이란 무효인 법률행위의 효력을 나중에 유효하게 만드는 의사표시이다. 원칙적으로 무효인 법률행위는 추인하여도 소급하여 유효가 되지 않지만(§139 본문), 민법은 "당사자가 그 무효임을 알고 추인한 때에는 새로운 법률행위로 본다."라고 하여 예외적으로 비소급적 추인을 인정하고 있다(동조 단서). 예컨대 만취자가 친구에게 100만 원을 주겠다고 약속하였는데, 술이 깬 후 그 사실을 알고 이를 이행하기로 한 경우이다.

(2) 요건

1) 무효 원인의 소멸

무효인 법률행위에 대한 추인은 무효의 원인이 소멸한 이후에 가능하다. 그러므로 법률행위가 반사회질서 위반 및 폭리행위이거나 강행법규(효력법규) 위반인 경우에는 후에 추인하더라도 무효인 법률행위가 유효로 되지 않는다.[305]

---

303 대판 1976.10.26. 76다2189.
304 대판 1977.7.26. 77다492; 대판 2001.8.21. 99므2230.
305 대판 1994.6.24. 94다10900.

2) 법률행위가 무효임을 알 것

추인권자는 그 법률행위가 무효임을 알고 추인을 해야 한다. 무효임을 의심하면서 하는 추인도 이러한 요건을 충족시킨다.

3) 새로운 법률행위에 필요한 요건을 갖출 것

무효인 법률행위를 추인하게 되면 새로운 법률행위를 한 것으로 간주되기 때문에 만약 법의 개정으로 관할관청의 허가가 필요하거나 일정한 방식이 요구되면 이를 갖추어야 한다.

III. 취소(取消)

1. 의의

법률행위의 취소란 일단 유효하게 성립한 법률행위의 효력을 취소권자의 의사표시에 따라 법률행위 시로 소급하여 무효로 하는 것을 말한다. 그러므로 법률행위에 취소의 원인이 있더라도 취소권자가 취소권을 행사하지 않으면 그 법률행위는 계속해서 유효하게 된다. 또한, 취소권은 취소권자의 일방적인 의사표시에 따라 법률관계의 변동을 가져오므로 이는 형성권이다.

2. 취소의 원인

취소 사유로는 제한능력자의 법률행위(§5②, §10①, §13④), 착오로 인한 의사표시(§109①), 사기·강박에 의한 의사표시(§110①) 등이 있다.

3. 구별개념

(1) 철회(撤回)

철회란 아직 최종적인 법률효과가 발생하기 전에 그 효과의 발생을 저지하거나 일단 발생한 의사표시의 효력을 장래에 향하여 소멸시키는 표의자의 일방적인 의사표시를 말한다. 예를 들어 매매계약에서 매도인이 청약의 의사표시가 매수인에게 도달되기 전에 그것을 회수한 경우[306]가 전자의 예이고, 친권자가 미성년자에게 일정한 매매계약을 체결함에 대해 동의를 하였는데, 그 계약의 체결 전에 그 동의를 취소[307]한 경우(§7)는 후자의 예이다.

취소는 일단 유효하게 성립된 법률행위를 나중에 소급하여 무효로 만드는 반면, 철회는 종국적인 효력의 발생 여부가 불확실한 법률행위를 장래를 향하여 확정적으로 효력 발생을 저지한다는 점에서 양자는 구별된다.

(2) 해제(解除)

해제란 일단 유효하게 성립한 계약(契約)의 효력을 일방 당사자의 의사표시로 그 계약이 처음부터 없었던 것과 같은 상태로 복원시키는 것이다(§543). 예컨대 웨딩드레스 제작에 관한 계약을 체결했는데, 드레스가 결혼식 당일 배송되지 않은 경우 신부가 위 계약을 소멸시키는 것이 해제이다.[308]

취소와 해제의 공통점은 소급효가 있다는 것이고, 차이점은 취소는 법률행위 일반에 인정되지만 해제는 계약에 한해서 인정된다는 것이다.

4. 취소권

(1) 취소권자

무효와 다르게 취소는 일정한 자, 즉 취소권자만이 행사할 수 있다. 민법 제140조는 "취소할 수 있는 법률행위는 제한능력자, 착오로 인하거나 사기·강박에 의하여 의사표시를 한 자, 그의 대리인 또는 승계인만이 취소할 수 있다."라고 하여 취소권자를 규정하고 있다.

취소도 의사표시이므로 취소에 관해 대리권을 수여받은 대리인은 취소권을 행사할 수 있다. 유의할 점으로는 임의대리에서 대리행위에 취소원인이 있다면, 그 취소권은 본인에게 귀속하므로 만약 임의대리인이 취소권을 행사하려면 이에 관한 별도의 수권이 있어야 한다.

취소권자로서 승계인에는 포괄승계인(예컨대 상속인, 합병 후의 존속회사)은 당연히 포함되지만,

---

306 다만 계약에서 청약은 구속력이 있으므로 상대방에게 청약이 도달된 후에는 철회하지 못한다(§527).

307 민법 제7조에서 "취소"는 철회의 의미로 새겨야 한다.

308 제545조 [정기행위와 해제] 계약의 성질 또는 당사자의 의사표시에 의하여 일정한 시일 또는 일정한 기간 내에 이행하지 아니하면 계약의 목적을 달성할 수 없을 경우에 당사자 일방이 그 시기에 이행하지 아니한 때에는 상대방은 전조의 최고를 하지 아니하고 계약을 해제할 수 있다.

특정승계인에 관하여는 학설의 대립이 있다. 그러나 다수설은 특정승계인도 본조의 승계인에 포함된다고 한다.

(2) 행사방법

취소권은 형성권이므로 이는 취소권자의 일방적인 의사표시에 의한다. 그리고 취소의 의사표시에 대한 방식의 제한은 없으며, 또한 명시적 · 묵시적으로도 가능하다. 판례에 따르면 "법률행위의 취소는 상대방에 대한 의사표시로 하여야 하나 그 취소의 의사표시는 특별히 재판상 행하여짐이 요구되는 경우 이외에는 특정한 방식이 요구되는 것이 아니고, 취소의 의사가 상대방에 의하여 인식될 수 있다면 어떠한 방법에 의하더라도 무방하다고 할 것이고, 법률행위의 취소를 당연한 전제로 한 소송상의 이행청구나 이를 전제로 한 이행거절 가운데는 취소의 의사표시가 포함되어 있다고 볼 수 있다."라고 판시한다.[309] 그러므로 사기에 의하여 부동산을 매각한 자가 상대방에게 당해 목적물을 반환청구하는 경우에는 위 매매계약을 취소하는 의사표시가 포함되어 있다고 할 것이다.

취소의 상대방과 관련하여 민법 제142조는 "취소할 수 있는 법률행위의 상대방이 확정한 경우에는 그 취소는 그 상대방에 대한 의사표시로 하여야 한다."라고 규정한다. 이 규정의 의미는 법률행위의 상대방이 특정되어 있으면, 그자에 대하여 취소권을 행사해야 한다는 것이다. 예컨대 A가 B의 강박에 의해 B에게 가옥을 헐값에 매도하였는데, 그 후 B가 위 가옥을 C에게 증여한 경우, A는 전득자 C가 아닌 B에게 취소권을 행사해야 한다.

5. 취소의 효과

(1) 소급적 무효

법률행위가 취소되면 그 법률행위는 처음부터 무효였던 것으로 된다(§141 본문). 즉 취소는 소급효가 있다. 이러한 취소의 소급적 무효는 행위능력과 관련된 경우에는 선의의 제3자에게도 대항할 수 있는 절대적 효력을 갖지만, 그 밖의 착오, 사기 · 강박에 의한 경우에는 선의의 제3자에게 대항할 수 없는 상대적 효력만을 갖는다(§109②, §110③).

---

309   대판 1993.9.14. 93다13162.

(2) 이득반환

취소할 수 있는 법률행위에 의해 채무의 이행이 있는 경우, 취소로 소급적 무효가 되면 당사자는 자신이 받은 이익을 부당이득으로서 반환하여야 한다(§741). 여기에서 일반적인 반환범위는 민법 제748조[310]에 따라 이루어진다. 그런데 행위능력에 따른 취소의 경우에는 "제한능력자는 그 행위로 인하여 받은 이익이 현존하는 한도에서 상환(償還)할 책임이 있다."라고 규정한 특칙이 적용된다(§141 단서). 이와 관련하여 판례는 미성년자가 신용카드거래 후 신용카드 이용계약을 취소한 경우의 법률관계에 있어 신용카드발행인의 가맹점에 대한 신용카드이용대금의 지급으로써 신용카드회원은 자신의 가맹점에 대한 매매대금 지급채무를 법률상 원인 없이 면제받는 이익을 얻었으며, 이러한 이익은 금전상의 이득으로서 특별한 사정이 없는 한 현존하는 것으로 추정된다고 판시한다.[311]

6. 취소할 수 있는 법률행위의 추인(追認)

(1) 의의

취소할 수 있는 법률행위의 추인이란 취소할 수 있는 법률행위를 취소하지 않겠다고 하는 취소권자의 의사표시를 말한다. 즉 여기서 추인은 한편으로는 취소권의 포기이며, 다른 한편으로는 취소할 수 있는 법률행위를 확정적으로 유효하게 만드는 것이다.

(2) 추인의 당사자

추인권자는 취소권자이다(§143①). 제한능력자의 법률행위에서 제한능력자와 법정대리인이 취소권을 갖는 경우, 법정대리인이 추인하면 그 법률행위는 확정적으로 유효하게 되고 법정대리인이나 제한능력자의 취소권은 소멸한다고 할 것이다. 추인의 상대방은 취소의 상대방과 동일하다(동조②).

---

310   제748조 [수익자의 반환범위] ① 선의의 수익자는 그 받은 이익이 현존한 한도에서 전조의 책임이 있다. ② 악의의 수익자는 그 받은 이익에 이자를 붙여 반환하고 손해가 있으면 이를 배상하여야 한다.

311   대판 2005.4.15. 2003다60297, 60303, 60310, 60327.

(3) 추인의 요건

1) 취소의 원인이 종료할 것

추인은 취소의 원인이 소멸한 후에 하여야만 그 효력이 발생한다(§144①). 그러므로 제한능력자는 능력자가 된 후에, 착오 및 사기·강박에 의한 의사표시를 한 자는 그 상태를 벗어난 후에 추인하여야 한다. 그러나 법정대리인이나 후견인은 이러한 제한 없이 추인할 수 있다(동조②).

2) 취소할 수 있는 것임을 알면서 할 것

이는 명문의 규정이 없지만, 추인은 취소권의 포기이므로 추인권자는 취소할 수 있음을 알면서 추인을 해야 한다. 판례도 "추인은 취소권을 가지는 자가 취소원인이 종료한 후에 취소할 수 있는 행위임을 알고서 추인의 의사표시를 하거나 법정추인 사유에 해당하는 행위를 행할 때에만 법률행위의 효력을 유효로 확정시키는 효력이 발생한다."라고 판시하여 동일한 태도를 취한다.[312]

(4) 추인의 효과

취소할 수 있는 법률행위를 추인하면 그 법률행위는 유효로 확정된다. 그리고 추인 후에는 다시는 취소할 수 없다(§143①).

7. 법정추인(法定追認)

(1) 의의

법정추인이란 취소할 수 있는 법률행위에 관하여 일정한 사실이 있으면 법률상 당연히 추인하는 것으로 보는 제도이다(§145). 이는 법률행위의 취소 여부가 취소권자에게 달려있기 때문에 불안정한 지위에 있는 상대방을 보호하기 위한 제도이다. 예를 들어 미성년자가 친권자의 동의 없이 PC에 대한 매매계약을 체결하였는데, 이를 알게 된 친권자가 매도인에게 위 PC의 인도를 청구한 경우이다. 이러한 경우에 친권자의 추인은 없지만, 취소권자 측의 "이행의

---

312 대판 1997.5.30. 97다2986.

청구"라고 하는 법에서 규정한 일정한 사실이 있으므로 당연히 추인한 것으로 보는 것이다.

(2) 법정추인의 요건

민법 제145조는 법정추인 사유를 규정하고 있는데, 이를 위해서는 첫째, 취소원인이 종료한 후에 법정추인 사유가 발생해야 하며 둘째, 이러한 사유에 대해 이의를 보류하지 않아야 한다.

1) 전부나 일부의 이행

취소권자가 취소할 수 있는 법률행위에 의해 발생한 채무 전부나 일부를 이행하거나 상대방의 이행을 수령한 경우이다.

2) 이행의 청구

취소권자가 상대방에 대하여 이행을 청구하는 경우에 한한다. 그러므로 상대방이 청구하는 경우는 이에 해당하지 않는다.

3) 경개(更改)

경개란 채무의 중요한 부분을 변경함으로써 신채무를 성립시키는 동시에 구채무를 소멸시키는 계약을 말한다(§500 이하). 예를 들어 위의 사례에서 친권자와 매도인이 PC에 대한 매매계약을 소멸시키고 매수인의 집에 있는 구형 컴퓨터를 수리 및 개량할 것을 약정한 경우이다.

4) 담보의 제공

취소권자가 채무자로서 담보를 제공하는 것뿐만 아니라 채권자로서 담보를 제공받는 경우도 포함한다. 여기의 담보에는 물적 · 인적 담보를 불문한다.

5) 취소할 수 있는 행위로 취득한 권리 전부나 일부의 양도

여기의 양도는 취소권자가 하는 경우에 한정된다. 그리고 취소할 수 있는 행위로 취득한 권리 위에 제한적 권리를 설정하는 것도 이에 포함된다. 예컨대 위의 사례에서 친권자가 PC

를 지인에게 임대해주는 경우이다.

6) 강제집행

취소권자가 채권자로서 집행하거나 채무자로서 집행을 받는 경우를 포함한다. 후자의 경우와 관련하여 학설의 대립이 있지만, 만약 채무자로서 집행을 받는다면 소송상 이의를 할 수 있으므로, 이의를 하지 않는 경우에는 취소권이 배제된다고 할 것이다.

(3) 법정추인의 효과

이상의 요건이 갖추어지면 취소할 수 있는 법률행위를 추인한 것으로 본다(§145). 따라서 취소할 수 있는 법률행위는 확정적으로 유효하게 된다.

8. 취소권의 단기소멸

민법 제146조는 "취소권은 추인할 수 있는 날로부터 3년 내에 법률행위를 한 날로부터 10년 내에 행사하여야 한다."라고 규정한다. 이 규정의 취지는 취소할 수 있는 법률행위를 장기간 불확정한 상태로 방치하는 것은 상대방을 불안정한 지위에 두기 때문에 취소권을 단기에 소멸시키려고 한 것이다. 그러므로 위 기간은 제척기간이라고 보는 데 이설이 없다.[313]

본조의 "추인할 수 있는 날"이란 취소의 원인이 종료된 날을 의미한다. 그러므로 제한능력의 상태, 착오, 사기 · 강박의 상태에서 벗어난 때부터 3년의 기산점이 시작된다.

제7절 법률행위의 부관(附款)

Ⅰ. 서설

법률행위의 부관이란 법률행위의 효과(발생, 소멸)를 제한하기 위하여 법률행위의 내용으로 부가되는 약관을 말한다. 이러한 부관은 사적자치의 원칙상 당연히 인정된다.

---

313   대판 1964.3.31. 63다214; 대판 1996.9.20. 96다25371; 대판 1998.11.27. 98다7421; 대판 2008.9.11. 2008다27301, 27318.

법률행위의 부관에는 조건, 기한, 부담의 3가지가 있는데, 민법은 조건과 기한에 대하여만 일반적 규정을 두고 부담에 대하여는 부담부 증여(§561)와 부담부 유증(§1088)과 같은 개별규정을 두고 있다.

II. 조건(條件)

1. 의의

조건이란 법률행위의 효력 발생 또는 소멸을 장래의 불확실(不確實)한 사실의 성취 여부에 의존하게 하는 법률행위의 부관이다. 내일 비가 오면 커피를 한 잔 사주겠다고 하는 것이 그 예이다.

이러한 조건은 첫째, 법률행위의 효력에 관한 요건(유효요건)이며 성립요건은 아니다. 그러므로 정지조건부 법률행위에서 법률행위가 성립된 이후 조건이 성취되기 전에 급부가 불능이 되더라도 이는 후발적 불능이지 원시적 불능이 아니다. 둘째, 조건이 되는 사실은 장래에 객관적으로 성취가 불확실한 사실이어야 한다. 그러므로 당사자가 모르는 과거나 현재의 사실에 의존하는 것은 조건이 아니며, 장래에 객관적으로 성취가 확실한 것은 기한이지 조건이 아니다. 셋째, 조건은 당사자가 사적자치에 의하여 당해 법률행위에 부가한 것이어야 한다. 그러므로 법률행위의 효력 발생을 위해 법률이 요구하는 법정조건은 조건이 아니다.

2. 조건의 종류

(1) 정지조건 · 해제조건

정지조건(停止條件)은 법률행위의 효력 발생을 장래의 불확실한 사실의 성취에 의존하게 하는 조건이다. 예컨대 대학에 입학하면 유럽여행을 보내주겠다고 약속하는 경우이다. 반면 해제조건(解除條件)은 법률행위의 효력 소멸을 장래의 불확실한 사실의 성취에 의존하게 하는 조건이다. 예컨대 대학에 입학하기 전까지만 용돈을 지급하겠다고 하는 경우이다.

판례는 동산의 매매계약과 관련하여 소유권유보의 특약을 한 경우, 소유권의 이전은 매매대금의 완납이라는 정지조건이 성취되어야 발생하는 것으로 판시하였고,[314] 약혼예물의 수수

---

314 대판 1996.6.28. 96다14807; 대판 1999.9.7. 99다30534; 대판 2010.2.11. 2009다93671.

는 혼인의 불성립을 해제조건으로 하는 증여와 유사한 성질을 가진다고 판시한다.[315]

(2) 수의조건 · 비수의조건

수의조건(隨意條件)은 조건사실의 성취가 당사자의 일방적 의사에 달린 조건을 말한다. 이러한 수의조건은 순수 수의조건과 단순 수의조건으로 나뉘는데, 전자는 조건사실의 성취가 당사자 일방의 의사에만 달린 것을 말하고, 후자는 당사자의 일방적 의사에 추가로 일정한 사실상태의 성립까지도 필요한 조건이다. 예컨대 내 마음에 들면 식사를 사주겠다고 한 경우는 순수 수의조건이고, 내가 내일 출근한다면 노트북을 주겠다고 한 경우는 단순 수의조건이다. 그런데 순수 수의조건의 유효성에 관하여 학설의 대립이 있다. 생각건대, 법률행위에 순수 수의조건을 붙이는 것은 사적자치에 부합하는 것으로 일단 유효하다고 할 것이며, 경우에 따라서는 구속력이 없는 것으로 판단될 수도 있다.

비수의조건(非隨意條件)은 조건사실의 성취가 당사자의 일방적 의사에만 의존하지 않는 조건을 말한다. 이러한 비수의조건은 우성조건(偶成條件)과 혼성조건(混成條件)으로 나뉘는데, 전자는 조건사실의 성취가 당사자의 의사와는 상관없는 자연적인 사실이나 제3자의 의사 및 행위에 달린 것이고, 후자는 조건사실의 성취가 당사자 일방의 의사 외에 제3자의 의사에도 달린 조건이다. 예컨대 내일 비가 오면 영화를 보여주겠다고 하는 것은 우성조건이고, 네가 그 여자와 혼인한다면 사업자금을 빌려주겠다고 하는 것은 혼성조건이다.

(3) 가장조건

가장조건(假裝條件)이란 형식적으로는 조건이나 실질적으로는 조건이 아닌 것이다.

1) 법정조건

법정조건(法定條件)이란 법률이 요구하는 조건으로 이는 법률행위의 당사자가 붙인 것이 아니므로 조건이 아니다. 예컨대 법인설립에서 주무관청의 허가(§32), 유언의 효력 발생에서 유언자의 사망(§1073) 등이다.

---

315 대판 1994.12.27. 94므895; 대판 1996.5.14. 96다5506.

2) 불법조건

불법조건(不法條件)이란 조건이 선량한 풍속 기타 사회질서에 위반한 것으로, 이러한 불법조건이 붙어 있는 법률행위는 무효가 된다(§151①). 즉 불법조건만이 무효가 되는 것이 아니라 당해 법률행위 전체가 무효로 된다.[316]

3) 기성조건

기성조건(旣成條件)이란 조건사실이 법률행위 당시에 이미 성립하고 있는 경우이다. 네가 대학생이면 이 책을 선물로 주겠다고 한 때, 상대방이 이미 대학생인 경우가 그 예이다. 하지만 조건이란 장래의 불확실한 사실의 성취 여부에 법률행위의 효력을 의존하게 하는 것이므로 기성조건은 엄격한 의미에서 조건이라고 볼 수 없다. 이러한 기성조건이 정지조건이면 조건 없는 법률행위가 되고, 해제조건이면 그 법률행위는 무효가 된다(§151②).

4) 불능조건

불능조건(不能條件)이란 객관적으로 실현 불가능한 사실을 내용으로 하는 조건을 말한다. 100m를 5초 안에 주파하면 운동화를 사주겠다고 한 경우가 그 예이다. 이러한 조건이 해제조건이면 조건 없는 법률행위가 되고, 정지조건이면 그 법률행위는 무효가 된다(§151③).

3. 조건을 붙일 수 없는 법률행위

(1) 의의

법률행위에 조건을 붙이는 것은 사적자치에 따라 자유롭게 인정되는 것이 원칙이다. 하지만 확정성이 요구되는 일정한 법률행위에서는 조건이 부가되면 법률행위의 효력이 불안정하게 되는데, 이러한 경우에 조건의 부가는 허용되지 않는다. 그리고 조건을 붙일 수 없는 법률행위를 '조건과 친하지 않은 법률행위'라고 한다.

---

316 대판 1966.6.21. 66다530에 따르면, 부첩관계인 부부생활의 종료를 해제조건으로 하는 증여계약은 그 조건만이 무효인 것이 아니라 증여계약 자체가 무효라고 판시한다.

(2) 내용

1) 가족법상의 행위

혼인, 인지, 이혼, 입양, 파양, 상속의 승인 및 포기와 같은 가족법상의 행위에는 원칙적으로 조건을 붙이지 못한다. 왜냐하면, 가족법상의 행위에 조건을 붙이는 경우에는 대부분 그것이 선량한 풍속 기타 사회질서에 위반되기 때문이다. 그러나 유언의 경우에는 조건을 붙일 수 있다(§1073②).[317]

2) 어음 · 수표 행위

어음과 수표는 유통성의 확보가 중요하므로, 이러한 행위의 효력은 즉시 확정적으로 발생해야 한다. 그러므로 어음 · 수표 행위에는 조건을 부가하지 못한다(「어음법」§1 2호, 「수표법」§1 2호).

3) 단독행위

단독행위에는 원칙적으로 조건을 붙일 수 없음이 원칙이다. 왜냐하면, 단독행위의 효력 발생은 당사자 일방의 의사표시에 의존하므로 상대방의 지위를 불안정하게 하는데, 여기에 조건이 부가되면 이러한 지위가 더욱 불안정하게 되기 때문이다. 이러한 단독행위에는 취소, 상계(§493①), 계약의 해제 · 해지(§543) 등이 있다. 그러나 상대방의 동의가 있거나 상대방에게 이익이 되는 경우(예컨대 채무면제, 유증 등)에는 조건을 붙일 수 있다.

4. 조건부 법률행위의 효력

(1) 조건의 성취 여부 확정 전(前)의 효력

조건부 법률행위에서 조건의 성취 여부가 확정되기 전에는 당사자가 원하는 법률효과가 발생하지 않으나 당사자의 일방은 조건의 성취로 일정한 이익을 얻게 되리라는 기대를 하게 되는데, 이를 일종의 기대권(期待權)인 조건부 권리라고 한다. 이와 같은 조건부 권리와 관련하여 민법은 2개의 규정을 두고 있는데, 하나는 조건부 권리의 침해금지 규정(§148)과 다른 하나는 조건부 권리의 처분 등에 관한 규정(§149)이다. 전자와 관련하여 조건부 권리를 침해하게

---

[317] 제1073조 [유언의 효력 발생 시기] ② 유언에 정지조건이 있는 경우에 그 조건이 유언자의 사망 후에 성취한 때에는 그 조건 성취한 때로부터 유언의 효력이 생긴다.

되면 의무자에게 손해배상책임이 발생하게 되며, 후자와 관련해서는 조건부 권리·의무는 일반규정에 따라 처분, 상속, 보존 또는 담보의 목적이 될 수 있다.

(2) 조건의 성취 여부 확정 후(後)의 효력

정지조건부 법률행위는 조건이 성취되면 그 효력을 발생하고 불성취로 확정되면 무효로 된다(§147①). 해제조건부 법률행위는 조건이 성취되면 그 효력은 소멸하고 불성취로 확정되면 효력은 소멸하지 않는 것으로 확정된다(동조②). 조건성취의 효력은 소급하지 않는 것이 원칙이지만, 당사자의 의사에 따라 소급시킬 수 있다(동조③).

5. 조건의 성취·불성취

(1) 의의

조건부 법률행위의 효력은 장래의 불확실한 사실의 성취 여부에 따라 결정되는데, 이러한 조건사실이 신의칙(信義則)에 반해서 성취되거나 불성취되는 경우, 그 효력에 대하여 민법은 제150조에서 규정하고 있다.

(2) 조건의 성취로 의제되는 경우

조건의 성취로 인하여 불이익을 받을 당사자가 신의성실에 반하여 조건의 성취를 방해한 때에는 상대방은 그 조건이 성취한 것으로 주장할 수 있다(§150①). 판례에 따르면, "상대방이 하도급 받은 부분에 대한 공사를 완공하여 준공필증을 제출하는 것을 정지조건으로 하여 공사대금채무를 부담하거나 위 채무를 보증한 사람은 위 조건의 성취로 인하여 불이익을 받을 당사자의 지위에 있다고 할 것이므로, 이들이 위 공사에 필요한 시설을 해주지 않았을 뿐만 아니라 공사장에의 출입을 통제함으로써 위 상대방으로 하여금 나머지 공사를 수행할 수 없게 하였다면, 그것이 고의에 의한 경우만이 아니라 과실에 의한 경우에도 신의성실에 반하여 조건의 성취를 방해한 때에 해당한다고 할 것이므로, 그 상대방은 민법 제150조 제1항의 규정에 의하여 위 공사대금채무자 및 보증인에 대하여 그 조건이 성취된 것으로 주장할 수 있다"라고 판시한다.[318]

---

318   대판 1998.12.22. 98다423.

그 밖에 조건의 성취를 신의칙에 반하여 방해한 경우, 상대방은 그 조건의 성취를 주장하거나[319] 조건부 법률행위의 침해(§148)를 이유로 손해배상청구를 할 수 있다.

(3) 조건의 불성취로 의제되는 경우

조건의 성취로 인하여 이익을 받을 당사자가 신의성실에 반하여 조건을 성취시킨 때에는 상대방은 그 조건이 성취하지 아니한 것으로 주장할 수 있다(§150②).

Ⅲ. 기한(期限)

1. 의의

기한이란 법률행위의 효력 발생·소멸 또는 채무의 이행을 장래에 발생할 것이 확실한 사실에 의존하게 하는 법률행위의 부관을 말한다. 그러므로 기한은 장래에 발생할 것이 불확실한 사실에 의존하는 조건과 다르다.

2. 종류

(1) 시기·종기

시기(始期)란 법률행위의 효력 발생 또는 채무이행의 시기를 장래의 확실한 사실의 발생에 의존하게 하는 기한을 말하고, 종기(終期)란 법률행위의 효력 소멸을 장래의 확실한 사실의 발생에 의존하게 하는 기한을 말한다. 예를 들어 다음 달부터 매월 일정한 금전을 지급하겠다는 것은 시기이고, 올해 말까지만 임대하겠다고 하는 것은 종기이다.

(2) 확정기한·불확정기한

확정기한은 발생 시기가 확정된 기한이고, 불확정기한은 발생 시기가 불확정한 기한이다. 예를 들어, 내년 1월 1일부터 근무하겠다는 것은 전자의 예이고, 벚꽃이 피면 반지를 선물하겠다는 것은 후자의 예이다.

---

319 조건이 성취된 것으로 주장할 수 있는 권리는 일종의 형성권(形成權)으로 이해되고 있다.

3. 기한을 붙일 수 없는 법률행위

(1) 의의

조건을 붙일 수 없는 법률행위는 대체로 기한도 붙이지 못하는 것이 일반적이다. 하지만 몇 가지 예외가 있다.

(2) 내용

1) 가족법상의 행위

혼인, 인지, 이혼, 입양, 파양, 상속의 승인 및 포기와 같은 가족법상의 행위에는 원칙적으로 기한을 붙이지 못한다. 왜냐하면, 이러한 행위는 곧바로 효력을 발생시킬 필요가 있기 때문이다.

2) 어음 · 수표 행위

어음과 수표 행위는 조건을 붙일 수 없으나 시기(이행기)를 붙이는 것은 가능하다.

3) 소급효가 있는 법률행위

소급효가 있는 법률행위(예컨대 상계, 취소 등)에는 시기를 붙이지 못한다. 시기를 붙이게 되면 소급효의 의미가 없어지기 때문이다.

4. 기한부 법률행위의 효력

(1) 기한 도래 전(前)의 효력

기한부 권리는 조건부 권리보다 발생할 것이 확실하므로 기한의 도래로 이익을 받을 자의 권리는 보호되어야 한다. 이에 민법은 조건부 권리의 침해금지에 관한 규정(§148)과 조건부 권리의 처분 등에 관한 규정(§149)을 기한부 법률행위에 준용하고 있다(§154).

(2) 기한 도래 후(後)의 효력

시기부 법률행위는 기한이 도래한 때부터 법률행위의 효력이 발생하고(§152①), 종기부 법률행위는 기한이 도래한 때부터 법률행위의 효력이 소멸한다(동조②). 그리고 기한의 효력은 조건의 효력과 다르게 당사자의 특약에 의해서도 소급효를 인정할 수 없다. 그 이유는 기한부 법률행위에 소급효를 인정하게 되면 기한의 의미가 없어지기 때문이다.

5. 기한의 이익

(1) 의의

기한의 이익이란 기한이 도래하지 않음으로 인해 당사자가 받는 이익을 말한다. 예컨대 A가 B에게 금전을 1개월 동안 대여해준 경우, 그 기간 동안 B는 대여금을 지급하지 않아도 되므로 변제에 대한 부담을 갖지 않게 되는데, 이것이 기한의 이익이다.

(2) 기한의 이익을 갖는 자

기한의 이익은 채권자만이 갖는 경우(예컨대 무상임치)가 있고 채무자만이 갖는 경우(예컨대 무이자소비대차)가 있으며, 채권자·채무자 쌍방이 갖는 경우(예컨대 이자부 소비대차)도 있다. 결국, 이는 법률행위의 내용에 따라 결정되는데, 당사자의 특약이나 법률행위의 성질상 불분명한 경우에 기한의 이익은 채무자의 이익을 위한 것으로 추정한다(§153①).

(3) 기한의 이익 포기

기한의 이익은 포기할 수 있다. 그러나 상대방의 이익을 해하지 못한다(§153②). 즉 기한의 이익이 당사자 일방에게만 있는 경우에는 자유롭게 이를 포기할 수 있으나 기한의 이익이 상대방에게 있는 경우에는 손해를 배상하고 기한의 이익을 포기할 수 있다.

(4) 기한의 이익 상실

기한의 이익은 원칙적으로 채무자에게 있는데, 채무자에게 신용을 담보할 수 없는 사유가 발생한 경우에는 기한의 이익을 상실하며, 이러한 경우 채권자가 원한다면 곧바로 채무자에게 이행을 청구할 수 있다. 기한의 이익 상실 사유로는 ① 채무자가 담보를 손상, 감소 또는 멸실하게 한 때(§388 1호), ② 채무자가 담보제공의 의무를 이행하지 아니한 때(동조 2호), ③ 채무자의 파산(「채무자 회생 및 파산에 관한 법률」§425)이 있다.

제5장

기간(期間)

제1절 총설

Ⅰ. 의의

기간이란 어느 시점에서 어느 시점까지 계속된 시간을 말한다. 이러한 기간은 법률행위에 의해 정해지는 경우가 일반적이지만 법률의 규정이나 재판상의 처분으로 정해지는 경우도 있다. 임대차계약을 체결하면서 그 기간을 오늘부터 1년으로 정한 경우 또는 성년(§4), 실종기간(§27), 소멸시효(§162 이하) 등이 그러한 예이다.

Ⅱ. 법적 성질

기간의 법적 성질은 법률사실 중 사건에 속하는데, 다른 법률사실과 결합하여 법률요건이 되는 경우가 많다. 예컨대 5년 동안 생사가 불분명한 자의 이해관계인이나 검사는 법원에 실종선고를 청구할 수 있는데, 이때 법원의 실종선고 심판이 확정되면 실종자는 위 기간이 만료한 때에 사망한 것으로 보는 효과가 발생한다. 이 경우 5년이라는 기간의 경과(법률사실)와 일정한 자의 청구 및 법원의 실종선고 등이 결합하여 실종선고의 법적 효과가 발생하게 되는 것이다.

Ⅲ. 적용 범위

민법은 제155조 이하에서 기간의 계산에 관한 규정을 두고 있는데, 본 규정은 기간에 관한 보충적인 규정이다. 그러므로 법률, 재판상의 처분 또는 법률행위에 의해 기간이 별도로 정해진 경우에는 본 규정은 적용되지 않는다(§155). 그러나 민법상 기간의 계산에 관한 규정은 사법관계는 물론 공법관계에도 적용된다.[320]

제2절 기간의 계산방법

I. 서론

기간의 계산방법에는 자연적 계산방법과 역법적 계산방법이 있다. 전자는 기간을 시간에 따라서 그대로 계산하는 방법이고, 후자는 역(曆)에 따라서 계산하는 방법이다. 자연적 계산방법은 기간을 정확하게 계산할 수 있다는 장점이 있는 반면 불편하다는 단점이 있다. 반면 역법적 계산방법은 정확성은 떨어지지만 편리하다는 장점이 있다.

민법은 단기간에 대해서는 자연적 계산방법을, 장기간에 대해서는 역법적 계산방법을 취한다.

II. 자연적 계산방법

1. 기간의 기산점

기간을 시, 분, 초로 정한 때에는 즉시로부터 기산한다(§156).

2. 기간의 만료점

기간을 시, 분, 초로 정한 때에는 정해진 시, 분, 초가 경과하면 만료한다. 예컨대 오전 10시부터 3시간 후에 대여한 자전거를 반납해야 하는 경우, 오후 1시에 그 기간이 만료하게 된다.

---

320 대판 2009.11.26. 2009두12907에 따르면, 광업권설정 출원제한 기간의 기산일인 2007.7.28.로부터 6개월의 기간이 경과하는 마지막 날인 2008.1.27.이 일요일인 경우, 그 출원제한 기간은 민법 제161조의 규정에 따라 그 다음 날인 2008.1.28. 만료된다고 판시한다.

Ⅲ. 역법적 계산방법

1. 기간의 기산점

(1) 원칙

기간을 일(日), 주(週), 월(月) 또는 년(年)으로 정한 때에는 기간의 초일(初日)은 산입하지 않는 것이 원칙이다(§157 본문). 이를 초일불산입(初日不算入)의 원칙이라고 한다. 예컨대 6월 15일부터 3일간 금전을 빌려주겠다고 한 경우, 기산일은 6월 16일부터이다.

(2) 예외

초일불산입의 원칙에는 두 가지 예외가 있는데, 첫째는 기간이 오전 0시부터 시작되는 경우(§157 단서)이고, 둘째는 연령계산의 경우이다(§158). 예컨대 오는 6월 15일부터 3일간이라고 하는 경우는 초일인 6월 15일이 기산일이 되며, 2024년 1월 3일 출생한 자는 출생일인 1월 3일부터 기산하여 2043년 1월 2일 24:00부로 성년이 된다.

2. 기간의 만료점

기간을 일, 주, 월 또는 년으로 정한 때에는 기간 말일의 종료로 기간이 만료한다(§159). 그리고 기간을 주, 월, 년으로 정한 경우에는 이를 일(日)로 환산하지 않고 역(曆)에 의해 계산한다(§160①). 즉 주, 월, 년의 처음부터 계산하는 경우에는 그 주, 월, 년의 말일 종료로 기간이 만료한다. 예를 들어 5월 31일에 앞으로 1개월이라고 한 경우, 기산일은 다음날인 6월 1일이고 만료일은 6월 30일 24:00가 된다. 반면 위와 다르게 주, 월, 년의 처음부터 계산하지 않는 경우에는 최후의 주, 월, 년에서 그 기산일에 해당하는 날의 전일(前日)로 기간이 만료한다(§160②). 예를 들어 5월 15일에 앞으로 1년 후라고 한 경우, 만료일은 다음 해 5월 15일 24:00이다.[321] 그리고 월 또는 년으로 기간을 정한 경우에 최종의 월에 해당일이 없는 경우에는 그 월의 말일로 기간이 만료한다(§160③). 이는 윤년(閏年)이 있거나 월(月)의 일수가 각각 다르기 때문이다. 예컨대 12월 30일에 2개월 후라고 한 경우, 기산일은 12월 31일이고 만료일은 다음 해 2월 30일이 되는데, 2월에 해당하는 날이 없으므로 다음 해 2월 28일이 만료일이 된다.

---

321 기산일에 해당하는 날은 5월 16일이지만, 그 날의 전일로 기간이 만료하기 때문이다.

기간의 말일이 토요일 또는 공휴일에 해당하는 때에는 그 기간은 익일(翌日) 즉 다음날 만료한다(§161). 그러나 기간의 초일이 공휴일인 것은 영향을 미치지 않는다.[322]

제3절 기간의 역산 방법

일정한 기산일로부터 과거에 소급하여 계산되는 기간에도 민법의 기간에 관한 규정이 유추적용된다. 즉 민법이나 기타의 법령에는 간혹 기간을 역산(逆算)해야 하는 경우가 있는데, 이러한 때에 민법의 기간에 관한 규정이 적용된다. 예를 들어 민법 제71조는 "총회의 소집은 1주간 전에 그 회의의 목적 사항을 기재한 통지를 발하고 기타 정관에 정한 방법에 의하여야 한다."라고 규정하는데, 만일 4월 30일이 총회소집일이라면 기산일은 4월 29일이고 이때부터 7일을 역산하면 4월 23일이 말일이 된다. 그러면 위 사원총회의 소집통지는 최소한 4월 22일 24:00까지는 발송되어야 한다.

---

322   대판 1982.2.23. 81누204.

제6장

소멸시효

제1절 서설

Ⅰ. 시효의 의의

시효(時效)란 일정한 사실 상태가 오랜 기간 계속된 경우에 그 상태가 진실한 권리 관계에 합치하는가를 묻지 않고, 그 사실 상태를 권리 관계로 인정하는 제도이다. 이러한 시효에는 소멸시효와 취득시효의 두 가지가 있는데, 먼저 취득시효(取得時效)란 어떤 자가 오랫동안 타인의 물건을 점유한 경우, 진실한 권리자인지를 묻지 않고 그를 권리자로 인정하는 제도이다. 예를 들어 A가 인접한 B 소유의 토지를 자기의 것으로 생각하고 오랜 기간 경작한 경우, 일정한 요건이 갖추어지면 그 토지에 대한 소유권을 A가 취득하게 된다.[323]

그리고 소멸시효(消滅時效)란 권리자가 자신의 권리를 행사하지 않는 상태가 오랫동안 계속된 경우, 그의 권리를 소멸시키는 제도이다.[324] 예를 들어 C가 D에게 금전을 빌려줬는데, 그 후 D에게 차용금 반환을 청구할 수 있음에도 불구하고 10년 이상 그 권리를 행사하지 않는 경우, C의 금전채권은 소멸하게 된다.

민법은 총칙 편에서 소멸시효에 관한 규정을 두고 있고(§162 이하) 물권 편에서 취득시효에

---

323 제245조 [점유로 인한 부동산소유권의 취득 기간] ① 20년간 소유의 의사로 평온, 공연하게 부동산을 점유하는 자는 등기함으로써 그 소유권을 취득한다. ② 부동산의 소유자로 등기한 자가 10년간 소유의 의사로 평온, 공연하게 선의이며 과실 없이 그 부동산을 점유한 때에는 소유권을 취득한다.

324 이와 유사한 제도로 신의성실의 파생원리인 "실효의 원칙"이 있다. 양자의 차이점은 첫째, 근거 조문이 다르다는 점 둘째, 실효의 원칙은 소멸시효의 대상이 되지 않는 권리(예컨대 소유권)도 그 대상으로 한다는 점 셋째, 실효의 원칙에 따르면 소멸시효 기간이 완성되기 전이라도 권리행사를 저지할 수 있다는 점 등이다.

관한 규정을 두고 있는데(§245 이하), 시효에 관한 규정은 강행규정이다.

II. 시효제도의 존재 이유

시효제도에 따르면, 진정한 권리자가 희생되고 그 외의 자가 보호받게 되는 결과에 이르게 된다.[325] 그럼에도 불구하고 민법이 시효제도를 인정하는 이유에 대해 통상 다음의 세 가지로 설명된다.[326]

1. 법질서의 안정

일정한 사실 상태가 오랫동안 계속되면 사회 구성원들은 이를 정당한 것으로 믿고 그것을 기초로 새로운 법률관계를 형성하게 되는데, 만약 이를 진정한 권리 관계에 맞도록 환원시킨 다면 거래의 안정을 크게 해치게 된다. 그러므로 이러한 거래의 안정이나 사회질서의 혼란을 피하려고 시효는 존재하는 것이다. 예를 들어 A 소유의 토지를 B가 자신의 것으로 알고 20년 이상 점유하다가 이를 C에게 매도하고 그 후 C가 이를 D에게 임대를 해 준 상황에서 A가 B에게 토지를 반환 청구한다면, 거래의 불안정이 초래된다.

2. 증거보전의 곤란을 구제

일정한 사실 상태가 오랫동안 지속된 후, 이에 관한 분쟁이 발생하게 되면 시간의 경과로 인해 관련 증서의 분실, 관련된 증인의 사망 등에 의해 입증이 곤란하게 된다. 이러한 결과는 법률관계의 당사자에게 불이익을 가져올 수 있는데, 이때 시효제도가 역할을 하게 된다. 예를 들어 소비차주가 차용금을 변제하고 영수증을 받았는데 시간이 지나 이를 분실한 상황에서 다시 소비대주가 차용금의 반환을 청구한다면, 소비차주는 소멸시효를 주장하여 차용금의 반환을 거절할 수 있다.

---

325   물론 다른 측면에서 보면 권리를 취득하였으나 이를 입증하지 못하는 경우, 이러한 자를 보호하는 측면도 있다. 예컨대 부동산을 매수하였으나 등기를 하지 않고 점유만 오랫동안 계속해 온 경우, 후일 매도인이 당해 부동산을 반환 청구한다면 이를 소멸시효를 통해 저지할 수 있다.

326   내판(전합) 1976.11 6. 76다148; 대판(전합) 1992.3.31. 91다32053.

3. 보호 가치의 약화

진정한 권리 관계와 부합하지 않는 사실 상태가 계속되었음에도 불구하고 권리자가 이를 그대로 방치한 경우, 이는 이른바 "권리 위에 잠자는 자"로 법이 보호할 가치가 없다는 것이다. 예를 들어 타인에게 금전을 빌려준 자가 변제기가 지나 반환청구를 할 수 있음에도 차일피일 미루다가 10년이 지난 후 그 권리를 행사한 경우, 이러한 자는 자신의 권리를 오랜 기간 적극적으로 행사하지 않은 까닭에 법이 조력하지 않겠다는 것이다.

III. 제척기간

1. 의의

소멸시효와 유사하면서 구별할 개념으로 제척기간이 있다. 제척기간(除斥期間)이란 권리의 행사 기간을 한정하는 기간으로 예정기간이라고도 한다. 이를 인정하는 이유는 당해 권리와 관련된 법률관계를 신속하게 확정하기 위함이다.

2. 권리의 행사방법

제척기간으로 해석되는 권리는 그 행사 기간에 어떤 행위가 있어야 실효하지 않고 보전되는가의 문제가 있다. 이와 관련하여 학설의 대립이 있는데, 첫째, 제척기간 내에 재판상의 행사가 있으면 권리가 보전된다는 견해(출소기간)와 둘째, 제척기간 내에 재판상 또는 재판 외의 권리행사가 있으면 권리가 보전된다는 견해 등이 있다. 판례는 후자의 견해와 같지만[327] 예외적인 경우에는 이를 출소기간으로 보기도 한다.[328]

---

327 대판 1990.3.9. 88다카31866; 대판 1993.7.27. 92다52795; 대판 2004.1.27. 2001다24891.

328 대판 2002.4.26. 2001다8097, 8103에 따르면, 민법 제204조 제3항과 제205조 제2항 소정의 점유보호청구권의 행사 기간은 출소기간이라고 판시한다. 그 이유로는 본조의 권리는 형성권이 아닌 청구권이라는 점, 일정한 기간이 지난 후에는 원상회복을 허용하지 않는 것이 점유제도의 취지에 부합한다는 점, 점유의 회수 또는 방해제거 등 청구권에 단기의 제척기간을 두는 이유가 있는 점을 든다.

3. 소멸시효와 차이점

(1) 구별기준

제척기간과 소멸시효를 구별하는 방법에 대하여 학설은 법률 규정의 문구에 "시효로 인하여…"라고 명시되어 있으면 소멸시효이고 그러한 문구가 없으면 제척기간이라고 하지만, 명확한 기준은 아니다. 그러므로 이러한 문구뿐만 아니라 권리의 성질, 규정의 취지 등도 함께 고려하여 판단해야 한다. 예를 들어 민법 제146조는 "취소권은 추인할 수 있는 날로부터 3년 내에 법률행위를 한 날로부터 10년 내에 행사하여야 한다."라고 규정하는데, 이는 문구상 그리고 취소권이 형성권이라는 측면에서 보면 위 기간은 제척기간으로 해석된다.

(2) 중단의 여부

소멸시효는 시효의 진행 도중에 일정한 사유가 있으면 그 진행이 중단되는 데 반해(§168), 제척기간의 목적은 권리 관계의 신속한 확정에 있으므로 소멸시효와 같은 중단이 없다.

(3) 정지의 여부

소멸시효의 정지에 관한 규정(§179~§182)이 제척기간에 유추 적용되는가에 관하여 학설의 대립이 있다. 만약 부정설의 입장이라면 이는 소멸시효와 차이점이 된다.

(4) 시효이익의 포기

소멸시효는 시효가 완성된 후에는 포기할 수 있으나(§184①), 제척기간은 기간의 만료로 당연히 소멸하므로 이익의 포기가 인정될 수 없다.

(5) 주장의 필요성

소멸시효의 경우에는 이로 인하여 이익을 받을 자가 시효의 완성을 주장해야 하지만, 제척기간의 경우에는 당사자의 주장과 관계없이 법원이 직권으로 고려한다.[329]

---

329   대판 1996.9.20, 96다25371; 대판 1999.4.9. 98다46945.

(6) 소급효의 유무

소멸시효는 권리소멸의 효과가 소급하는 반면(§167), 제척기간은 권리소멸의 효과가 장래를 향하여 발생한다.

제2절 소멸시효의 요건

Ⅰ. 서설

소멸시효로 인하여 권리가 소멸하기 위해서는 첫째, 당해 권리가 소멸시효에 걸리는 것이어야 하며 둘째, 권리자가 법률상 그 권리를 행사할 수 있음에도 불구하고 행사하지 않아야한다. 그리고 이와 같은 권리 불행사의 상태가 법에서 규정한 기간 동안 계속되어야 한다. 이하에서는 이러한 요건을 중심으로 살펴본다.

Ⅱ. 소멸시효의 대상이 되는 권리

어떤 권리를 소멸시효에 걸리는 것으로 할 것인지는 입법정책의 문제이다. 이에 대해 우리 민법은 소멸시효에 걸리는 권리로서, "채권"과 "소유권 이외의 재산권"을 규정하고 있다(§162). 그러므로 소유권은 재산권이지만 항구성이 있으므로 소멸시효의 대상이 아니고 재산권이 아닌 가족권, 인격권도 그 대상이 아니다. 그 밖에 문제 되는 권리는 다음과 같다.

1. 물권적 청구권

물권은 지배권(支配權)으로 대내적으로는 물건을 배타적으로 지배하고 대외적으로는 이에 대한 방해를 제거하거나 예방을 청구할 수 있는 권리이다. 여기서 대외적인 권리가 물권적 청구권인데,[330] 이러한 물권적 청구권이 소멸시효의 대상이 되는가에 관하여 학설의 대립이 있다. 즉 모든 물권적 청구권은 소멸시효에 걸린다는 견해, 모든 물권적 청구권은 소멸시효에

---

330 민법은 점유권에 관하여는 제204조(점유의 회수), 제205조(점유의 보유), 제206조(점유의 보전), 소유권에 관하여는 제213조(소유물반환청구권), 제214조(소유물방해제거, 방해예방청구권)에서 물권적 청구권을 규정하고 있다.

걸리지 않는다는 견해, 소유권에 기한 물권적 청구권은 소멸시효에 걸리지 않지만, 제한물권에 기한 물권적 청구권은 소멸시효에 걸린다는 견해가 있다. 판례는 "매매계약이 합의해제된 경우에도 매수인에게 이전되었던 소유권은 당연히 매도인에게 복귀하는 것이므로 합의해제에 따른 매도인의 원상회복청구권은 소유권에 기한 물권적 청구권이라고 할 것이고 이는 소멸시효의 대상이 되지 아니한다."라고 판시한다.[331] 생각건대, 모든 물권에 인정되는 물권적 청구권은 물권이 지배권이라는 성질에서 비롯된 것으로, 물권이 존재함에도 불구하고 이에 따른 물권적 청구권이 소멸한다는 것은 이해하기 어렵다. 그러므로 물권적 청구권은 소멸시효의 대상이 되지 않는다고 해석해야 한다.

2. 등기청구권

부동산에 관한 법률행위로 인한 물권의 득실변경은 등기해야 효력이 발생하는데,[332] 등기청구권이란 등기권리자가 등기의무자에게 등기신청에 협력할 것을 청구할 수 있는 권리를 말한다. 예를 들어 A가 자기 소유의 토지를 B에게 매각한 경우, B는 A에게 매매 잔대금을 지급하면서 위 토지를 이전해줄 것을 청구할 수 있는데, 이러한 청구에 등기청구권이 포함되어 있다. 즉 등기권리자인 B는 등기의무자 A에 대하여 등기에 협조해 줄 것을 청구할 수 있는데, 이 권리가 등기청구권이다. 이러한 등기청구권이 소멸시효의 대상이 되는가에 관하여 학설의 대립이 있는데, 등기청구권은 채권적 청구권으로서 10년의 소멸시효에 걸린다는 견해와 판례를 지지하는 견해로 나뉜다.

판례에 따르면, 부동산을 매수한 자가 그 목적물을 인도받은 경우에 매수인은 권리 위에 잠자는 것으로 볼 수 없으므로 매수인의 등기청구권은 소멸시효에 걸리지 않는다고 한다.[333] 또한, 부동산 매수인이 부동산을 인도받아 사용 · 수익하다가 제3자에게 그 부동산을 처분하고 점유를 승계하여 준 경우, 이는 매수인의 적극적인 권리행사로 볼 수 있으므로 소유권이전등기청구권은 소멸시효에 걸리지 않는다고 한다.[334]

---

331 대판 1982.7.27. 80다2968.

332 민법 제186조(부동산물권변동의 효력) 부동산에 관한 법률행위로 인한 물권의 득실변경은 등기하여야 그 효력이 생긴다.

333 대판(전합) 1976.11.6. 76다148; 대판 1988.9.27. 86다카2634; 대판 2010.1.28. 2009다73011 등.

334 대판(전합) 1999.3.18. 98다32175.

3. 그 밖의 권리

점유권(占有權)은 점유라는 사실 상태에 따르는 권리이므로 소멸시효의 대상이 되지 않는다. 그리고 질권, 저당권과 같은 담보물권은 피담보채권이 존재하는 한 그것만이 독립하여 소멸시효에 걸리지 않는다.

III. 권리의 불행사

소멸시효에 의해 권리가 소멸하기 위해서는 권리자가 권리를 행사할 수 있음에도 불구하고 이를 행사하지 않아야 한다. 이러한 요건과 관련하여 문제 되는 것은 권리를 행사할 수 있을 때, 즉 소멸시효의 기산점이 언제인가 하는 것이다.

1. 소멸시효의 기산점

소멸시효는 권리를 행사할 수 있는 때로부터 진행한다(§166①). 그러므로 권리가 발생했더라도 당연히 권리의 발생 시부터 소멸시효가 진행하는 것은 아니다. 예를 들어 A가 B에게 1년 동안 금전을 빌려준 경우, A의 B에 대한 금전채권은 곧바로 시효가 진행되는 것은 아니고 1년 뒤 변제기가 도래한 때부터 소멸시효가 진행된다.

여기서 "권리를 행사할 수 있는 때"라는 것은 권리를 행사하는 데 법률상의 장애가 없는 것을 의미한다. 그러므로 조건이 성취되지 않았거나 기한이 도래하지 않은 것은 법률상의 장애가 있는 것으로 이 경우 소멸시효는 진행하지 않는다. 반면 권리자의 개인적 사정이나 법률적 지식의 부족 등은 사실상의 장애로서 소멸시효의 진행에 영향을 미치지 않는다.[335]

판례에 따르면, "건물에 관한 소유권이전등기청구권에 있어서 그 목적물인 건물이 완공되지 아니하여 이를 행사할 수 없었다는 사유는 법률상의 장애 사유에 해당한다."라고 판시한다.[336]

---

335   대판(전합) 1992.3.31. 91다32053; 대판 2005.4.28. 2005다3113.
336   대판 2007.8.23. 2007다28024, 28031.

2. 각종 권리의 소멸시효의 기산점

(1) 확정기한부 채권

기한이 도래한 때가 소멸시효의 기산점이 된다. 예컨대 7월 15일에 대여금을 반환한다고 약정한 경우, 그때부터 권리자는 대여금 반환청구권을 행사할 수 있으므로 소멸시효는 7월 16일부터 진행된다. 만약 기한이 연기되면 연기된 기한이 새로운 기산점이 된다.[337]

(2) 불확정기한부 채권

불확정기한부 채권에 대한 소멸시효의 기산점은 기한이 객관적(客觀的)으로 도래한 때이다. 그러나 유의할 점은 불확정기한부 채권에서 채무자가 지체책임을 부담하게 되는 것은 채무자가 기한이 도래함을 안 때부터이다(§387①). 예를 들어 A가 B에게 자신의 2층 주택을 건축해 줄 것을 요청하고 보수는 1층이 완성되면 총건축비의 1/2을, 2층까지 완성되면 나머지 1/2을 지급하기로 약정하였다. 그 후 1층이 완성되고 A는 B에게 건축비의 1/2에 해당하는 채무를 부담하게 되는데, 이러한 금전채권의 소멸시효는 채무자인 A가 1층이 건축되었음을 안 때가 아니라(이때는 다음날부터 지체책임을 부담), 객관적으로 1층이 건축되었을 때가 기산점이 되는 것이다.

(3) 기한을 정하지 않는 채권

기한을 정하지 않는 채권에서 소멸시효의 기산점은 채권이 발생한 때이다. 왜냐하면, 이러한 채권은 채권자가 언제든지 그 권리를 행사할 수 있기 때문이다. 그러나 유의할 점은 기한을 정하지 않는 채권에서 채무자가 지체책임을 부담하게 되는 것은 채권자로부터 이행청구를 받은 때부터이다(§387②).

(4) 채무불이행에 의한 손해배상청구권

채무자가 자신의 귀책사유에 의해 채무의 내용에 좇은 이행을 하지 않으면 그 효과로서 채권자에게는 채무불이행에 기한 손해배상청구권이 발생한다(§390). 이러한 손해배상청구권의 소멸시효는 언제부터 기산이 되는가에 대해 학설의 대립이 있는데 첫째, 본래의 채권을 행사

337　대판 1992.12.22. 92다40211.

할 수 있는 때라는 견해 둘째, 채무불이행이 생긴 때라는 견해 셋째, 이행불능의 경우에는 이행불능 시이고 이행지체의 경우에는 본래의 채권을 행사할 수 있는 때라고 하는 견해가 있다. 판례는 채무불이행으로 인한 손해배상청구권의 소멸시효는 채무불이행 시로부터 진행한다고 판시한다.[338]

생각건대, 채무불이행에 기한 손해배상청구권은 채무불이행으로 인하여 발생한 것이므로 그 종류를 불문하고 채무불이행이 생긴 때부터 소멸시효는 진행된다고 해석되어야 한다.

IV. 소멸시효 기간

1. 채권의 소멸시효 기간

(1) 보통의 채권

보통의 채권의 소멸시효 기간은 10년이다(§162①). 그러나 불법행위로 인한 손해배상청구권은 3년의 특칙(§766①)이 있고 상행위로 생긴 채권의 소멸시효는 5년이다.[339]

(2) 3년의 단기소멸시효에 걸리는 채권

민법 제163조는 3년의 단기시효가 적용되는 채권을 규정하고 있다. 이처럼 단기소멸시효를 인정한 이유는 이러한 채권들은 일상적으로 빈번하게 발생하고 금액도 소액이므로 가능한 법률관계를 조속하게 확정할 필요가 있기 때문이다.

1) 이자, 부양료, 급료, 사용료 기타 1년 이내의 기간으로 정한 금전 또는 물건의 지급을 목적으로 한 채권(§163 1호)

"1년 이내의 기간으로 정한~채권"이란 변제기가 1년 이내의 채권이라는 의미가 아니고, 1년 이내의 기간 내에서 정기적으로 지급되는 채권을 의미한다.[340] 1개월 단위로 청구되는 집

---

338 대판 1973.10.10. 72다2600; 대판 1995.6.30. 94다54269; 대판 2005.1.14. 2002다57119.

339 「상법」 제64조(상사시효) 상행위로 인한 채권은 본법에 다른 규정이 없는 때에는 5년간 행사하지 아니하면 소멸시효가 완성한다. 그러나 다른 법령에 이보다 단기의 시효규정이 있는 때에는 그 규정에 따른다.

340 대판 1980.2.12. 79다2169; 대판 1996.9.20. 96다25302.

합건물의 관리비 채권이 그러한 예이다.[341]

2) 의사, 조산사, 간호사 및 약사의 치료, 근로 및 조제에 관한 채권(동조 2호)

여기에는 무자격자도 포함된다. 그 이유는 만약 무자격자의 의료행위 등에 관한 채권이 3년의 소멸시효에 걸리지 않는다면, 이는 보통의 채권으로 10년의 소멸시효가 적용되어 자격자보다 더 보호를 받게 되기 때문이다.

3) 도급받은 자, 기사 기타 공사의 설계 또는 감독에 종사하는 자의 공사에 관한 채권(동조 3호)

본 호의 "도급"은 채권법의 전형계약인 도급계약만을 의미하는 것은 아니고, 광범위하게 공사의 완성을 맡은 것으로 볼 수 있는 경우까지도 포함된다.[342]

4) 변호사, 변리사, 공증인, 공인회계사 및 법무사에 대한 직무상 보관한 서류의 반환을 청구하는 채권(동조 4호)

본 호의 "서류"에는 의뢰인의 등기필증과 같이 소유권이 의뢰인에게 있는 것은 제외된다.

5) 변호사, 변리사, 공증인, 공인회계사 및 법무사의 직무에 관한 채권(동조 5호)

6) 생산자 및 상인이 판매한 생산물 및 상품의 대가(동조 6호)

본 호의 채권은 상행위에 의한 것이므로 5년의 소멸시효에 걸려야 하지만(「상법」§64 본문), 민법에 이보다 단기의 시효규정이 있으므로 3년의 소멸시효에 걸린다(동법 단서).[343]

7) 수공업자 및 제조자의 업무에 관한 채권(동조 7호)

수공업자는 자기의 일터에서 주문을 받아 그 주문자와 고용 관계를 맺지 않고 타인을 위하여 일하는 자이고(예컨대 미용사), 제조자는 주문을 받아 물건을 가공하여 다른 물건을 제조하는

---

341 대판 2007.2.22. 2005다65821.
342 대판 1987.6.23. 86다카2549.
343 대판 1966.6.28. 66다790.

것을 직업으로 하는 자를 말한다(예컨대 가구수리업자).

(3) 1년의 단기소멸시효에 걸리는 채권

민법 제164조는 1년의 최단기 소멸시효를 규정하고 있는데, 이는 제163조의 경우보다 더욱 빈번하게 발생하고 즉시 이행청구가 되는 것들이기 때문이다.

1) 여관, 음식점, 대석, 오락장의 숙박료, 음식료, 대석료, 입장료, 소비물의 대가 및 체당금의 채권(§164 1호)

2) 의복, 침구, 장구 기타 동산의 사용료의 채권(동조 2호)

3) 노역인, 연예인의 임금 및 그에 공급한 물건의 대금채권(동조 3호)

본 호의 노역인은 사용자와 고용 관계를 맺지 않고 주로 육체적 노동을 하는 자를 말한다(예컨대 목수, 미장공).

4) 학생 및 수업자의 교육, 의식 및 유숙에 관한 교주, 숙주, 교사의 채권(동조 4호)

(4) 판결 등으로 확정된 권리

판결에 따라 확정된 채권은 단기의 소멸시효에 해당한 것이라도 그 소멸시효는 10년으로 한다(§165①). 그리고 확정판결뿐만 아니라 파산절차에 의하여 확정된 채권 및 재판상의 화해, 조정 기타 판결과 동일한 효력이 있는 것(청구의 인낙조서, 확정된 지급명령)에 의하여 확정된 채권도 동일한 효력이 발생한다(동조②).

한편 위의 규정은 판결 확정 당시에 변제기가 도래하지 아니한 채권에 적용하지 아니한다(동조③). 본 규정의 취지는 판결 확정 시까지 채권의 변제기가 미도래한 경우, 굳이 그 소멸시효 기간을 연장할 필요가 없기 때문이다.

2. 채권 이외의 재산권의 소멸시효 기간

채권 및 소유권 이외의 재산권의 소멸시효 기간은 20년이다(§162②).

제3절 소멸시효의 중단

Ⅰ. 의의

소멸시효의 대상이 되는 권리는 권리 불행사의 상태가 일정 기간 계속되면 소멸하는데, 이와 같은 소멸시효의 진행을 방해하는 것으로 소멸시효의 중단과 소멸시효의 정지가 있다. 이러한 소멸시효의 중단과 정지를 통칭하여 소멸시효의 장애라고도 한다.

소멸시효의 중단(中斷)이란 그동안 진행되었던 소멸시효의 기간을 없애고 새롭게 다시 소멸시효를 시작하게 하는 것이다(§178①).

민법은 제168조부터 제178조까지 소멸시효의 중단에 관한 규정을 두고 있으며, 이는 취득시효에도 준용된다(§247②).

Ⅱ. 소멸시효의 중단 사유

민법은 소멸시효의 중단 사유로 ① 청구 ② 압류·가압류·가처분 ③ 승인의 3가지를 규정하고 있다(§168).

1. 청구

청구란 권리자가 소멸시효의 완성으로 이익을 얻을 자에 대하여 권리를 주장하는 것으로, 여기에는 재판상 청구뿐만 아니라 재판 외의 청구도 포함한다.

(1) 재판상의 청구

재판상의 청구라는 것은 소(訴)를 제기하는 것을 말한다. 여기의 소는 원칙적으로 민사소송에 의한 것만을 의미하며, 형사소송이나 행정소송에 의한 것은 제외된다. 그러나 판례는 "과

세처분의 취소 또는 무효확인청구의 소가 비록 행정소송이라고 할지라도 조세환급을 구하는 부당이득반환청구권의 소멸시효중단 사유인 재판상 청구에 해당한다고 볼 수 있다."라고 하여 예외적으로 행정소송에 의한 소멸시효의 중단을 인정한다.[344]

또한, 소의 종류와 관련하여 이행의 소, 확인의 소, 형성의 소[345] 중 어떤 것이라도 상관없으며, 본소(本訴)이든 반소(反訴)이든 무관하다.

재판상의 청구로 시효중단의 효력이 발생하는 시기는 소를 제기한 때이며, 재판상의 청구가 있더라도 소의 각하, 기각 또는 취하가 있으면 시효중단의 효력은 발생하지 않는다(§170①). 그러나 소의 각하, 기각 또는 취하가 있더라도 6개월 이내에 재판상의 청구, 파산절차의 참가, 압류 또는 가압류, 가처분을 한 때에는 시효는 최초의 재판상 청구로 인하여 중단된 것으로 본다(동조②).

(2) 파산절차 참가

파산절차 참가란 채권자가 파산재단의 배당에 참여하기 위하여 그의 채권을 신고하는 것을 말하는데(「채무자 회생 및 파산에 관한 법률」§447), 권리자가 이러한 파산절차에 참가하게 되면 소멸시효는 중단된다. 그러나 파산절차참가는 채권자가 이를 취소하거나 그 청구가 각하된 때에는 시효중단의 효력이 없다(§171).

그 밖에 파산선고의 신청이나 강제집행절차에서 배당요구를 하는 것도 파산절차 참가와 유사하므로 시효중단의 효력이 있다고 할 것이며,[346] 「채무자 회생 및 파산에 관한 법률」에 따른 회생절차 참가(동법 §32 1호)와 개인회생절차 참가(동법 동조 3호)도 시효중단의 효력이 있다.

(3) 지급명령[347]

지급명령이란 금전, 그 밖에 대체물이나 유가증권의 일정한 수량의 지급을 목적으로 하는 청구에 대하여 소송절차에 의하지 않는 간이절차로 채권자의 신청에 따라 법원이 하는 명령

---

344 대판(전합) 1992.3.31. 91다32053.

345 이에 관하여는 학설의 대립이 있다.

346 대판 2002.2.26. 2000다25484.

347 지급명령을 규정한 「민법」 제172조의 규정은 「민사소송법」의 개정으로 채권자의 가집행신청제도가 삭제되어 무의미한 규정이 되었다.

이다(「민사소송법」§462 이하). 시효중단의 효력은 지급명령신청서를 관할법원에 제출하였을 때 발생한다(동법 §464, §265).

채무자는 지급명령을 송달받은 날부터 2주일 이내에 이의신청할 수 있고(동법 §470①), 적법한 이의신청이 있으면 지급명령을 신청한 때부터 소의 제기로 간주한다(동법 §472②). 이 경우에는 소의 제기에 따라 시효중단의 효력이 계속된다. 그러나 지급명령에 대하여 이의신청이 없거나, 이의신청을 취하하거나, 각하결정이 확정된 때에는 지급명령은 확정판결과 같은 효력이 있다(동법 §474).

(4) 화해를 위한 소환

민사상 다툼에 관하여 당사자는 청구의 취지·원인과 다투는 사정을 밝혀 상대방의 보통재판적이 있는 곳의 지방법원에 화해를 신청할 수 있는데(「민사소송법」§385①), 이처럼 화해의 신청이 있으면 시효가 중단된다. 그러나 화해를 위한 소환은 상대방이 출석하지 아니하거나 화해가 성립되지 아니한 때에는 1월 내에 소를 제기하지 아니하면 시효중단의 효력이 없다(「민법」§173 1문). 조정도 재판상의 화해와 같은 효력이 있으므로(「민사조정법」§29), 조정신청도 시효중단의 효력이 있다(동법 §35①).

(5) 임의출석

임의출석이란 당사자 쌍방이 임의로 법원에 출석하여 소송에 관하여 구두 변론함으로써 소를 제기하는 제도인데(「소액사건심판법」§5), 임의출석이 있으면 시효가 중단된다. 그러나 화해가 성립되지 않은 때에는 1월 내에 소 제기가 없으면 시효중단의 효력이 발생하지 않는다(「민법」§173 2문).

(6) 최고

최고(催告)란 채권자가 채무자에 대하여 채무의 이행을 청구하는 행위로, 특별한 형식이 요구되지 않는 재판 외의 행위이다.[348] 민법 제174조는 "최고는 6월 내에 재판상의 청구, 파산절

---

[348] 대판 2003.5.13. 2003다16238에 따르면, 최고의 법적 성질은 준법률행위이고 이에는 특별한 형식이 요구되지 않으며, 행위 당시 당사자가 시효중단의 효과를 발생시킨다는 점을 알거나 의욕하지 않았다 하더라도 상관없다고 한다.

차참가, 화해를 위한 소환, 임의출석, 압류 또는 가압류, 가처분을 하지 아니하면 시효중단의 효력이 없다."라고 규정한다.[349] 그리고 최고가 수차례 있는 경우에는 6개월 이내에 보완조치가 있는 최고만이 시효중단의 효력을 발생시킨다.[350] 그러므로 최고는 시효기간의 만료가 임박할 경우, 다른 강력한 중단방법을 취할 예비수단으로서 실익이 있을 뿐이다.

2. 압류 · 가압류 · 가처분

민법은 소멸시효의 중단 사유로 압류 또는 가압류, 가처분을 명시하고 있는데(§168 2호), 이들은 모두 권리의 실행행위이고 반드시 재판상의 청구를 전제로 하지 않기 때문에 전술한 청구(동조 1호)와는 별도의 시효중단 사유로 인정하고 있다.

(1) 압류

압류(押留)란 금전채권의 실행을 확보하기 위하여 집행기관이 확정판결 기타의 집행권원에 기하여 채무자의 재산처분을 금지하는 강제집행을 말한다(「민사집행법」§24, §83, §188). 시효중단의 효력은 집행신청 시에 발생한다.

(2) 가압류

가압류(假押留)란 금전채권 또는 금전으로 환산할 수 있는 채권의 집행을 보전하기 위하여 채무자 일반재산의 현상유지를 목적으로 하는 보전처분을 말한다(「민사집행법」§276).

(3) 가처분

가처분(假處分)이란 첫째, 청구권의 목적물 현상을 유지하게 하거나(계쟁물에 관한 가처분) 둘째, 다툼이 있는 권리 관계에 대하여 임시의 지위를 정해주는 것(임시의 지위를 정하는 가처분)을 말한다(「민사집행법」§300).

---

349 여기에는 지급명령이 누락되어 있는데, 이는 입법상의 잘못으로 당연히 포함된다고 할 것이다.
350 대판 1970.3.10. 69다1151, 1152; 대판 1983.7.12. 83다카437; 대판 1987.12.22. 87다카2337.

(4) 위와 같은 압류, 가압류, 가처분은 권리자의 청구에 따라 또는 법률의 규정에 따르지 아니함으로 인하여 취소된 때에는 시효중단의 효력이 없다(§175). 그리고 압류, 가압류, 가처분은 시효의 이익을 받을 자에 대하여 하지 않은 때에는 이를 그에게 통지한 후가 아니면 시효중단의 효력이 발생하지 않는다(§176). 예컨대 A에 대한 금전채무의 담보로 채무자 B의 친구인 C가 자신의 토지에 저당권을 설정해 준 경우, 만약 A가 C의 토지를 가압류한 때에는 이를 B에게 통지해야 위 금전채권의 시효가 중단된다.

3. 승인

승인이란 시효의 이익을 받을 자가 그 시효의 완성으로 권리를 상실하게 될 자에게 당해 권리를 인정한다고 표시하는 것이다. 이때 표시의 방법에는 특별한 방식이 요구되지 않기 때문에 명시적이건 묵시적이건 불문한다.[351] 그러므로 일부 변제,[352] 기한유예의 청구 등도 승인에 해당한다. 그리고 승인은 권리자나 대리인에게 해야 하며, 승인으로 시효중단의 효력이 발생하는 시기는 승인의 통지가 상대방에게 도달한 때이다.[353]

III. 소멸시효 중단의 효력

1. 효과

시효가 중단된 때에는 그때까지 경과한 시효기간은 산입하지 아니하고 중단 사유가 종료한 때로부터 새로이 진행한다(§178①). 그러므로 소멸시효의 중단 사유가 재판상 청구인 경우에는 재판이 확정된 때(동조②), 압류·가압류·가처분인 경우에는 이러한 절차가 종료되었을 때, 승인인 경우에는 그러한 통지가 상대방에게 도달한 때부터 중단된 시효는 다시 시작된다.

2. 인적범위

민법 제169조는 "시효의 중단은 당사자 및 그 승계인 간에만 효력이 있다."라고 규정하는

---

351 대판 1992.4.14. 92다947; 대판 1995.9.29. 95다30178; 대판 2005.2.17. 2004다59959 등.

352 대판 1980.5.13. 78다1790; 대판 1996.1.23. 95다39854; 대판 2011.10.27. 2011다52031.

353 대판 1995.9.29. 95다30178.

데,[354] 여기의 "당사자"란 시효의 대상이 된 권리의 당사자가 아니라 시효의 중단행위에 관여한 자를 의미한다. 그러므로 손해배상청구권을 공동상속한 자 중 1인이 자기의 상속분을 행사하여 승소판결을 얻었더라도 다른 공동상속인의 상속분에까지 소멸시효 중단의 효력이 미치는 것은 아니다.[355]

또한, 본조의 "승계인"이란 시효중단에 관여한 당사자로부터 중단의 효과를 받는 권리를 그 중단 효과 발생 이후에 승계한 자로서, 여기에는 포괄승계인뿐만 아니라 특정승계인도 포함된다.[356]

제4절 소멸시효의 정지

I. 의의

소멸시효의 정지(停止)란 권리자에게 시효를 중단시키는 것이 곤란하거나 불가능한 사유가 발생한 경우, 일정한 기간 시효의 진행을 저지하다가 이러한 사유가 제거된 때에 나머지 시효기간을 진행시키는 제도이다. 이는 시효기간의 진행을 방해한다는 점에서 소멸시효의 중단과 공통점이 있으나 시효기간을 처음으로 되돌리지 않는다는 점에서 차이점이 있다. 민법은 소멸시효의 정지 사유로 4가지를 규정하고 있다.

II. 소멸시효의 정지 사유

1. 제한능력자와 시효정지

소멸시효의 기간만료 전 6개월 이내에 제한능력자에게 법정대리인이 없는 경우에는 그가 능력자가 되거나 법정대리인이 취임한 때부터 6개월 내에는 시효가 완성되지 않는다(§179).

재산을 관리하는 아버지, 어머니 또는 후견인에 대한 제한능력자의 권리는 그가 능력자가

---

354 이러한 원칙에는 예외가 있다. 예컨대 민법 제416조는 "어느 연대채무자에 대한 이행청구는 다른 연대채무자에게도 효력이 있다."라고 규정한다.

355 대판 1967.1.24. 66다2279.

356 대판 1997.4.25. 96다46484.

되거나 후임 법정대리인이 취임한 때부터 6개월 내에는 소멸시효가 완성되지 않는다(§180①).

2. 부부 사이의 권리와 시효정지

부부 중 한쪽이 다른 쪽에 대하여 가지는 권리는 혼인 관계가 종료된 때부터 6개월 내에는 소멸시효가 완성되지 않는다(§180②). 본조는 혼인 관계 중에 상대방 배우자에 대하여 자신의 권리를 주장한다는 것(소멸시효의 중단)이 실질적으로 어려우므로 인정된 것이다.

3. 상속재산에 관한 권리와 시효정지

상속재산에 속한 권리나 상속재산에 대한 권리는 상속인의 확정, 관리인의 선임 또는 파산 선고가 있는 때로부터 6월 내에는 소멸시효가 완성하지 않는다(§181).

4. 천재 기타 사변과 시효정지

천재(天災) 기타 사변(事變)으로 인하여 소멸시효를 중단할 수 없을 때에는 그 사유가 종료한 때로부터 1월 내에는 시효가 완성하지 않는다(§182). 여기의 사변은 자연재해로 인한 교통, 통신의 두절이나 전쟁, 폭동 등을 말하며, 권리자의 주관적인 사유(예컨대 질병, 해외 출장)는 여기에 포함되지 않는다.

제5절 소멸시효의 효력

Ⅰ. 소멸시효 완성의 효과

1. 서설

민법은 소멸시효의 효과에 관하여 "소멸시효가 완성한다."라고 규정(§162~§164)할 뿐 이에 대한 효과와 관련하여 아무런 규정도 두고 있지 않다. 그러므로 이에 대한 학설이 대립하고 있는데, 이하에서는 학설과 판례의 태도를 살펴본다.

2. 학설

(1) 절대적 소멸설

소멸시효의 완성으로 권리는 당연히 소멸한다는 견해이다. 이에 대한 근거로 현행민법은 구민법과는 달리 시효의 원용에 관한 규정을 삭제했다는 점과 다른 규정의 해석(예컨대 §369, §766①)에 비추어 이처럼 해석해야 한다고 주장한다.

(2) 상대적 소멸설

소멸시효의 완성으로 권리가 당연히 소멸하는 것은 아니고, 다만 시효의 이익을 받을 자에게 당해 권리의 소멸을 주장할 수 있는 원용권이 생길 뿐이라는 견해이다. 이에 대한 근거로 절대적 소멸설에 의하면 시효이익의 포기에 관한 설명이 어렵다는 점, 소멸시효의 완성 후에 채무자가 이러한 사실을 모르고 변제한 때 절대적 소멸설에 의하면 이는 도의관념에 적합한 비채변제(§744)[357]로 그 반환을 청구할 수 없게 되는데 이는 사회관념에 부합하지 않는다는 점을 든다.

3. 판례

판례는 당사자의 원용이 없어도 시효완성의 사실로서 권리는 당연히 소멸한다는 태도를 취하고 있다.[358] 즉 절대적 소멸설의 태도이다. 그런데 판례는 변론주의의 원칙상 "소멸시효의 이익을 받는 자가 소멸시효 이익을 받겠다는 뜻을 항변하지 않는 이상 그 의사에 반하여 재판할 수 없을 뿐이다."라고 하여 소송에서는 시효완성의 사실을 원용해야 한다고 판시한다.[359]

II. 소멸시효의 소급효

소멸시효는 그 기산일에 소급하여 효력이 생긴다(§167). 그러므로 소멸시효가 완성된 권리는 그 권리를 처음 행사할 수 있었을 때 소멸한 것으로 된다. 또한, 소멸시효의 소급효로 인하

---

357 제744조 [도의관념에 적합한 비채변제] 채무 없는 자가 착오로 인하여 변제한 경우에 그 변제가 도의관념에 적합한 때에는 그 반환을 청구하지 못한다.

358 대판 1966.1.31. 65다2445; 대판 1979.2.13. 78다2157.

359 대판 1979.2.13. 78다2157; 대판 1991.7.26. 91다5631.

여, 채권의 소멸시효가 완성된 때에는 채무자는 기산일 이후의 이자를 지급할 필요가 없다.

III. 소멸시효 이익의 포기

1. 의의

소멸시효 이익의 포기란 소멸시효로 인하여 발생하는 법률상의 이익을 받지 않겠다는 일방적인 의사표시이다.

2. 소멸시효 완성 전(前)의 포기

소멸시효의 이익은 미리 포기하지 못한다(§184①). 그 이유는 채권자가 자신의 우월적인 지위를 이용하여 미리 채무자에게 소멸시효의 이익을 포기하도록 강요할 우려가 있기 때문이다(예컨대 금전소비대차계약서에 소멸시효의 이익을 주장하지 않겠다는 특약을 기재하는 경우). 이런 취지에서 소멸시효는 법률행위에 의해 이를 배제, 연장 또는 가중하지 못하지만 이를 단축 또는 경감할 수 있다(동조②).

3. 소멸시효 완성 후(後)의 포기

소멸시효의 이익은 시효가 완성한 후에는 자유롭게 포기할 수 있다. 소멸시효가 완성된 후에는 채권자가 자신의 지위를 남용할 우려가 없으며, 또한 채무자의 자유로운 의사에 따라 자신의 시효이익을 포기하는 것은 사적자치에도 부합하기 때문이다. 그리고 포기는 명시적 · 묵시적으로도 가능하다. 판례는 "채권의 소멸시효가 완성된 후에 채무자가 그 기한의 유예를 요청하였다면 그때 소멸시효의 이익을 포기한 것으로 보아야 한다."라고 하며,[360] "채무자가 소멸시효 완성 후 채무를 일부 변제한 때에는 그 액수에 대하여 다툼이 없는 한 그 채무 전체를 묵시적으로 승인한 것으로 보아야 하고, 이 경우 시효완성의 사실을 알고 그 이익을 포기한 것으로 추정된다."라고 판시한다.[361]

360 　대판 1965.12.28. 65다2133.
361 　대판 2010.5.13. 2010다6345.

Ⅳ. 종속된 권리에 대한 소멸시효의 효력

　주된 권리의 소멸시효가 완성한 때에는 종속된 권리에 그 효력이 미친다(§183). 예를 들어 금전소비대차계약에서 원본채권이 시효완성으로 소멸하면, 당시 이자채권은 시효가 완성되지 않았더라도 함께 소멸하게 된다.

민법총칙

초판인쇄 2023년 12월 22일
초판발행 2023년 12월 22일

지은이 윤일구
펴낸이 채종준
펴낸곳 한국학술정보(주)
주 소 경기도 파주시 회동길 230(문발동)
전 화 031-908-3181(대표)
팩 스 031-908-3189
홈페이지 http://ebook.kstudy.com
E-mail 출판사업부 publish@kstudy.com
등 록 제일산-115호(2000. 6. 19)

ISBN 979-11-6983-883-2 93360